教育事业统计工作优秀案例（第一辑）

教育部发展规划司
教育部学校规划建设发展中心 ◎编
复旦大学管理学院

编委会

编委会主任

刘昌亚　陈　锋　陆雄文

编委会副主任

郭春鸣　楼旭庆　邬国强　陈建荣　郑　明

编委会委员（按姓氏笔画排序）

于保平　马晓强　王颖颖　朱奕慰　关　欣
李　涛　李远军　李燕丽　杨殿学　张　智
张振助　季卉慧　郑　明　郝　钢　洪　煜
秦建平　倪颂巧　郭春鸣　龚卫华　龚正华
崔吉芳　康世联　蒋志华　靳振华　魏　鹏

主　编

李燕丽

副主编

张　智　关　欣　于保平　王颖颖

编辑人员

季卉慧　倪颂巧　郭韶华　黄金凤

序

教育统计事关教育改革发展大局,是教育规划和科学决策的基础。近年来,党中央、国务院作出一系列统计改革决策部署,在部党组的领导下,在几代教育统计工作者的艰苦努力下,教育统计工作不断得到改进和加强,基本满足了教育决策、教育管理和服务社会的需要,在我国社会事业的发展特别是教育事业的改革与发展中作出了重要贡献,发挥了不可替代的重要作用。

随着国家改革发展进入新时代,经济社会发展进入新阶段,人民生活水平显著提高,人们对教育的质量、层次、形式提出更多新要求,教育事业改革发展和国际教育的新趋势需要进一步提升统计服务能力,为管理部门和决策者提供更加便利的数据服务和研究支撑。建立"用数据说话、用数据决策、用数据管理、用数据创新"的管理机制,对提升教育治理体系和治理能力建设具有重要意义和深远影响。

随着人工智能、大数据、区块链等新技术的发展,一是要求统计工作更精准,必须改进教育统计的方法和手段,提高关键领域统计颗粒细度,确保统计数据的可获得性和精准性。二是要求统计工作更智能,充分利用现代信息技术,进行更加智能的数据获得、数据管理和数据分析。三是要求统计工作更连接,教育统计数据要与其他统计数据连接、统计数据要与行为数据等其他形式数据连接。

我国教育统计是覆盖面最广、战线最长的部门统计,也是全世界最为庞大的教育统计系统,覆盖全国50余万所各级各类学校和机构,2.7亿名学生和1 600多万名专任教师。近年来,教育部实施教育统计数据质量提升计划,着力加强统计队伍建设。对接教育现代化发展、联合国可持续发展要求等改革修订报表制度、实施教育事业统计基础工作规范化工程、建立抽样调查体系、开展全国范围的教育事业统计数据质量核查、搭建全国教育事业统计线上线下培训体系,种种举措只是统计工作改革创新的缩影。

确保真实、准确、完整、及时的统计数据,才能更好地反映教育发展新阶段的要求,更好地反映教育与科技人口经济社会关系,更好地反映教育服务国家重要战略,更好地体现教育全球化发展的趋势。加强教育统计工作,确保统计数据质量,不仅需要好的体制机制来保证,也需要符合实际需求的工作方法。此书中结集出版的教育统计工作案例,是基于各地多年统计工作的实践探索和经验总结,是广大教育统计工作者的智慧结晶。既有对当前工作的思考和延伸,也有对新技术与教育统计工作有机结合的探索和实验。

希望本案例集能帮助教育行政部门、学校以及教育统计工作者更好地履行统计工作的重要使命,也希望能对更多的教育工作者有所启发,在学习借鉴中有所获益。

教育部学校规划建设发展中心主任

陈　锋

前言　让数据说话,你的统计方法对了吗?

统计思想像读写能力一样必要

伴随着社会发展,统计在整个社会中的应用愈加广泛,需求日益强烈,人们不断意识到统计思想和数据分析能力的重要性。可以说,在当今社会,统计思想对于高素质的公民来说就像读写能力那样必要。

对于教育事业,统计的意义同样重要。人民群众对政务透明化和公开化的要求越来越高,所以公共政务透明化和公开化将成为常态,我们要做好数据积累,做好教育统计工作,更有效地展示教育统计的数据。在有效的数据积累以及科学的数据分析基础上,透过现象发掘数据背后的重要信息可以帮助教育管理部门进行科学决策,更好地做到教育资源的有效合理分配。教育统计在未来也将发挥越来越大的作用。之前我到美国得克萨斯州考察,当地教育管理部门作了非常多优质的统计数据展示,包括学生选择学校、专业,以及学校毕业生就业等数据,这些都为政府和民众决策提供了科学依据。

掌握正确的统计理念和方法

统计提供了从数据采集、分析到应用的一整套理论与方法,其根本目的是希望从数据中挖掘有价值的信息,进行基于数据分析的科学决策。

要应用统计数据进行科学决策,就要让数据说有用的话、正确的话,关键取决于是否采用了科学有效的统计理念和方法。

最主要的方法有两个,首先是数据采集。最简单的办法就是普查,普查得到的数据很全面,这是它的优势。但它的弊端也很明显——工作量大、时间耗费大,而且很多情况下,不可能直接使用由普查方法得来的数据进行统计分析。因此,我们就需要使用抽样调查的方式。抽样调查最大的问题是怎么抽到最合适、最靠谱的数据,我们可以根据情况运用简单的随机抽样、分层抽样、系统抽样和整群抽样等方法来提供数据,提升抽样调查的可靠性。

完成数据采集后,就要进行数据的分析。数据分析的方法有很多,包括做关联性研究、回归分析、聚类分析、对应分析、时间序列分析等,但是要让数据说话,并且说真话,一定要看清楚对象,认清楚场景,掌握相关的背景信息,才能进行准确、有效的数据分析。

大数据带给统计的影响

伴随着"大数据"一词越来越多地被提及,人们发现对于海量数据的挖掘和运用,预示着新一波数据革命的到来。大数据有哪些特征?首先是数量大;第二是多样性,来源多样、包罗万象;第三是快速,无时无刻就有无穷多的数据在产生;第四是有价值。

大数据时代,对统计也产生了深远的影响。首先,大数据时代改变了数据的收集方式。传统的数据收集方法是进行普查和抽样调查,而伴随着互联网平台诞生的大数据无时无刻不在自动地产生和被留存。

其次,数据的分析模式发生了改变。传统的数据在采集之后,我们必须尽可能精确地量化记录,有时基于数据看到的是某些局部。大数据时代,数据更有可能让我们掌握事物总体的发展方向,让我们在宏观层面拥有更好更深的洞察力。

最后,数据之间的关系在新的时代被重新定义。大数据时代需要用户在进行数据分析时更关注数据之间的相关关系,从而获取更有效的信息,找到数据的价值。

工作案例的征集与应用

为了帮助教育统计工作者掌握最新的数据采集和分析的理念和方法,提升大数据时代教育统计工作的整体能力水平,发挥"数据治校、数据治教"的作用,2018年受教育部发展规划司委托,教育部学校规划建设发展中心和复旦大学管理学院案例中心共同开展了教育事业统计工作案例征集活动。据我了解,在征集到的所有案例中有174篇"数据采集"类案例、74篇"统计分析"类案例,极大地丰富和拓展了教育统计数据采集和分析的理念和实践方法。

大数据时代,我们每个人都需要有统计的思维,对数据价值的认识还有待进一步提高,如何收集可靠数据、如何进行有效的数据分析的相关意识需要加强。我相信通过这本教育统计工作优秀案例集,一定能将大家带入一个不一样的数据世界,感受不一样的统计工作。让你在情境空间中展开思考,在互动讨论中收获启发。让你对"教育统计、教育管理以及教育未来发展的新趋势、新挑战"有切身的感受和深刻的认知。

复旦大学管理学院副院长

郑 明

目 录

教育事业数据统计分析平台实现智慧统计　1
一、引言／1
二、智慧统计平台建设背景／2
三、智慧统计平台针对的核心问题／3
四、统计工作流程梳理及全流程信息化解决方案／4
五、解决的问题及应用效果／12
六、结语／15
省厅点评／17
专家点评／19

西宁市的教育统计服务平台工作流程　21
一、引语／21
二、案例背景／21
三、失败原因／22
四、设计理念／23
五、系统架构／24
六、实际效果／26
七、结语／27
省厅点评／51
专家点评／53

建立数据仓库，提升统计质量　55
一、引语：数据管理冲突／55

二、案例背景：国家对统计准确性的要求 / 56

三、须解决的核心问题：系统孤立 / 56

四、工作过程及解决方案 / 57

五、实际效果 / 58

六、结语 / 59

省厅点评 / 60

专家点评 / 62

学校教育统计档案的 5S 管理方法　64

一、学校教育事业统计档案的重要性 / 64

二、学校教育事业统计档案管理普遍存在的问题 / 65

三、"5S"教育统计档案管理方法 / 65

四、学校教育统计的"5S"方法运用 / 66

五、结语 / 74

省厅点评 / 76

专家点评 / 78

以系统的大质量观构建统计数据质量保障体系　80

一、引言 / 80

二、构建高等教育机构统计数据质量保障体系的重要性 / 81

三、须解决的核心问题 / 81

四、工作过程及解决方案 / 82

五、实际效果 / 86

六、结语 / 87

省厅点评 / 88

专家点评 / 91

用项目进度管理提高教育事业统计工作效率　93

一、引语 / 93

二、案例背景 / 93

三、问题解决过程及解决方案 / 95

四、经验总结及建议 / 101

五、结语 / 102

省厅点评 / 103

专家点评 / 106

基于统计台账的教育事业统计工作规范　107

一、《平顶山市教育事业统计工作规范》出台背景 / 107

二、《平顶山市教育事业统计工作规范》主要内容 / 109

三、《平顶山市教育事业统计工作规范》实施效果 / 113

四、平顶山工作模式的启发 / 114

省厅点评 / 116

专家点评 / 119

"标准模板"新模式确保提高数据质量　122

一、导言 / 122

二、"统计标准"制度出台背景 / 123

三、"统计标准"制度核心问题 / 123

四、"统计标准"制定出台过程 / 124

五、"统计标准"基本结构 / 124

六、"统计标准"主要内容 / 127

七、"统计标准"制度实施效果 / 138

八、结语：新启发及未来展望 / 139

省厅点评 / 141

专家点评 / 143

VBA＋SQL技术在教育事业统计数据分析中的运用　145

一、案例背景 / 145

二、核心问题 / 147

三、解决方案 / 148

四、实施步骤／149

五、突出优势／153

六、结语／156

省厅点评／158

专家点评／160

数据自动生成模板提高填报效率和质量　162

一、引语：统计效率与数据质量问题／162

二、核心问题／162

三、解决问题／163

四、实际效果／165

五、结语／166

省厅点评／167

专家点评／170

用程序语言编程提升学生信息统计效率　172

一、导言／172

二、主要问题／173

三、工作过程／174

四、解决方案／175

五、实际效果／178

六、结语／179

省厅点评／182

专家点评／185

"单机＋网络平台"建立统计台账管理长效机制　187

一、导言／187

二、案例背景／187

三、须解决的核心问题／188

四、工作过程／190

五、解决方案 / 192

六、实际效果 / 195

七、结语 / 196

省厅点评 / 198

专家点评 / 199

以数据质量核查完善制度建设 200

一、核查背景 / 200

二、实施方案 / 201

三、样本选择 / 204

四、核查效果 / 206

五、制度完善 / 207

六、后记 / 209

省厅点评 / 210

专家点评 / 213

同济大学土木工程学院的教师信息管理系统建设 214

一、导言 / 214

二、案例背景 / 215

三、核心问题 / 215

四、工作过程及解决方案 / 216

五、实际效果和经验总结 / 220

六、思考与建议 / 221

七、结语 / 221

省厅点评 / 223

专家点评 / 224

构建县域内教育事业统计体系提高数据质量 227

一、学校级教育事业统计体系的背景和发展历程 / 228

二、初探学校级台账体系模型结构 / 229

三、建立学校级教育事业统计台账体系／**229**
四、县域教育事业统计体系发展历程／**232**
五、初探县域台账体系模型结构／**232**
六、建立县级教育事业统计台账体系／**233**
七、县级教育事业统计台账资料归档与应用／**234**
八、小结／**235**
省厅点评／**237**
专家点评／**239**

后记 **240**

教育事业数据统计分析平台实现智慧统计

四川大学信息管理中心　秦海江

四川大学充分利用大数据优势,建设教育事业数据统计分析平台,实现包括元数据级采集、任务分解、在线协同填报审核、采集进度实时跟踪、在线填报服务、多级数据自动汇总、多表关联校验、在线催报(APP、短信)、数据采集量化统计、智能报表、数据仓库、主题数据分析报告等全流程统计信息化。在数据精细化统计、存储、治理、服务、分析解读、决策参考、数据共享等方面进行了有益的探索实践。

一、引言

四川大学(以下简称"川大")入选教育部双一流大学名单,全校上下无不为之欢欣鼓舞,这是中央对学校创新教育的肯定,学校抓住校庆机会,制定了双一流大学建设计划,开启了建设世界一流大学的征程。学校提出坚持"扎根西部、强化特色、创新引领、世界一流"的建设理念,着力培养一流人才,建设一流学科,打造一流队伍,创造一流业绩,全面实现具有"中国特色、川大风格"的世界一流大学的建设目标。办成能产生新思想、新知识、新理论、新技术、新方法,促进世界和人类进步的大学;办成能协同引领战略新兴产业关键核心技术、提供经济社会发展高端智库智力支持的大学;办成能引领社会先进文化发展方向,守护人类精神家园和社会文明灯塔的大学。

学校要求每个川大人都要把建设世界一流大学的责任、使命与担当扛在肩上、放在心上、抓在手上。都要干在实处、走在前列,以世界一流大学的标准和要求,去改进和提升人才培养、科学研究、师资队伍、国际化水平等能力。紧紧围绕学校世界一流大学建设目标,立足岗位争创佳绩,积极为学校世界一流大学建设贡献智慧和力量。

随着川大双一流建设发展目标的确定,学校对各项工作都提出了更高要求,分管教育统计工作的校领导明确指出,教育统计工作是学校双一流建设实施科学有效管理的一项重要基础性工作,统计数据是规划学校未来发展的主要依据,发挥着不可或缺的作用。

面对学校的新形势、新要求,承担全校综合信息统计管理工作的信息管理中心秦老师和史老师经过认真思考、充分讨论后认为,统计数据与指标对学校自身发展、知名度及影响、学科建设等方面都有重要作用。但在现行日常统计工作中面对统计要素多元化、统计对象多角色的报表,还是手工编制、填报、审核、汇总等报表处理工作居多,难免造成统计任务重复、烦琐,统计流程不清晰,统计工作周期长,统计数据零散化,效率不高、不易被分析和再利用等现实问题。这与双一流大学对教育事业统计工作的要求相去甚远。

如何改变川大统计工作的现状,与时俱进地提升教育事业统计工作水平,充分利用信息技术提高统计工作效率及数据准确性,发挥统计数据分析参考价值?一张川大智慧统计平台的建设蓝图在秦老师和史老师心中绘制起来。

二、智慧统计平台建设背景

教育部2018年第12次部党组会议审议通过的《教育统计管理规定》要求教育统计行政主管部门、各级各类学校(机构)、教育统计工作人员坚决贯彻落实《教育统计管理规定》文件精神,坚持实事求是,确保统计数据质量。在教育统计工作中加强组织领导,提高责任意识。统计手段要创新,要切实提高统计数据质量,增强做好新时代教育统计工作的责任感和使命感,想办法、出实招,确保统计数据的真实、准确、完整和及时。不断强化统计分析能力,提高统计数据利用率,充分运用信息技术手段做好统计数据及分析工作,落实好数据质量监测责任,把教育事业统计工作提升到一个新水平,服务学校新时代双一流大学建设工作。

学校要建设世界一流大学,就要与时俱进地提升教育统计工作水平,要充分利用信息技术提高统计工作效率及数据准确性,发挥统计数据分析参考价值。

在《教育统计管理规定》的要求下,在学校建设世界一流大学的背景下,教育统计工作者应立足岗位工作,提高政治站位,积极思考和行动起来,响应学校号召,写好自身的奋进之笔。

要解决教育统计工作现实中头痛的问题,需要教育统计工作者转变思想,改革现行工作方式、模式。要实现传统线下固定报表及大量不规则统计报表的手工处理到在线报表管理、表单自助设计、在线填报、校验、审核、数据分析解读再利用等全流程统计信息化;彻底改变现有线下手工填报、审核、传递、人工汇总的统计工作模式;以更快、更准、更便捷高效的目标开展数据统计工作,提高数据统计工作效率、数据质量、统计分析能力,可视化展现分析数据,最终使统计数据能辅助管理决策,达到与一流大学相匹配的统计服务水平。这也是教育统计工作者在新时代工作中面临的新要求、新任务。

要充分利用统计数据服务好学校教学、科研、管理服务等各方面工作,就需要教育统计工作者创新现有工作模式,解决原先统计工作中的手动汇总、无法快速提供数据参考、数据填报进度不透明、不掌握,人工电话反复催报、数据服务效率低、数据分析报告缺乏等相对滞后的统计工作状况,实现在线统计工作常态化、动态化、数据自动汇总、业务逻辑和技术指标自动校验、数据上报前自我评估(分析解读)、数据分析可视化展现等全流程统计信息化管理,利用大数据思维解决传统工作模式中大部分难点、痛点,积极探索新时代智慧统计工作方式。

三、智慧统计平台针对的核心问题

在长期教育统计工作中，面对传统统计工作方式滞后，统计数据质量不高、效率低，人手少、任务重，统计人员兼职多、专职少等不利因素，负责综合统计工作的秦老师和史老师经过讨论，梳理总结出四川大学智慧统计平台需要解决的七方面主要问题。

（一）在线自助表单设计，业务流程配置

实际工作中往往有大量不规则统计报表通过文件通知形式下达，需要根据文本表格（附件Excel、Word文档等）迅速转换为在线填报表单。通过业务流程配置形成在线表单统计功能，实现在统计平台上统一填报、校验、审核、汇总、查询展现数据。

（二）多级数据表单填报、审核

按照每项统计任务要求，将相关通知、要求、服务共享到统计平台，以学院、部门、科室、个人等多级多角度可视化进行任务分配，将表单下沉至各层级或个人进行填报，提高全员协作能力及统计工作效率。

（三）在线填报服务

在统计数据填报过程中，随时需要对各统计指标内涵随表解释，根据填报需要随时查看填报要求、通知、常见问题集等能提供填报工作服务和精准指导的内容，高质量地完成数据统计工作，提升统计工作体验。

（四）统计进度实时掌握

按统计工作任务和表单分解要求，须及时掌握各级填报表单的填报信息、缺项信息、校验信息、审核情况、汇总情况等，实现统计报表进度实时跟踪情况平台内定向、精准催报及统计服务。

（五）多级数据自动汇总

对多部门数据统计结果，改变以往手工方式逐级汇总模式，可在平台上实现自动多级汇总校验。

（六）数据分析及问题提炼

统计阶段任务完成后，应用大数据进行多表关联数据分析、排查填报错误、汇总解读，客观反映学校办学情况、透视风险、发掘潜力、预测趋势等，提炼出具有参考价值的数据分析报告。

(七) 数据多维度展现

以统计数据为数据源,在数据分析解读基础上,为校级领导、中层领导、学科/专业领导、普通教职员工提供对象化的统计数据查询、分析解读,以管理驾驶舱、各类趋势分析、条件预警分析等多形式、多维度可视化展现数据,为管理层决策提供数据参考。

四、统计工作流程梳理及全流程信息化解决方案

(一) 统计工作流程

四川大学智慧统计平台基于对高校教育事业统计工作的全流程梳理,主要通过"多级统计任务分解、在线报表设计/应用系统使用、数据采集、填报服务、填报校验审核、数据完善、数据上报、数据分析/解读/展示、数据采集量化统计"等工作过程来开展统计工作。如图1所示。

(二) 全流程信息化解决方案

针对川大教育事业统计的每一项工作过程,秦老师和史老师的设计方案使智慧统计平台协调运作,完成统计工作全流程信息化管理,并利用大数据思维解决了传统教育统计工作模式中的大部分难点、痛点。

1. 多级统计任务分解

按教育部、省教育厅等上级部门统计通知要求,理解细化要求、指标内涵,将统计任务分解到各相关业务部门。统计平台工作主要包括导入教育部等上级部门统计任务下达的相关文件、附件、填报要求、内涵解释等文档,配置账号、权限,下发报表填报通知(登录地址、账号及密码、填报指南、填报服务 QQ 群等),根据需要组织统计培训等。如图2所示。

2. 在线报表自助设计,配置业务流程

根据统计工作要求,通过统计信息平台将需要填报的统计文本报表(Excel 表格、通知文本等),通过在线报表类 Excel 自助设计工具模块,制作成在线填报页面,经流程配置后发布上线在线填报、审核、校验、汇总、查询。对常用报表则直接调用现有表单即可开始填报工作。如图3、图4所示。

3. 多级数据采集,数据逐级汇总

数据采集单表按职能部门、学院、科研机构等进行拆分、下发,各部门按照数据采集要求完成各项表单数据填报后提交该部门三级审核,部门审核后由业务归口管理部门对业务数据进行二级审核汇总,通过后再提交至校级审核汇总,如遇数据问题,可通过驳回重新填报数据。数据完善后统计平台自动进行关联、逐级汇总。通过层层把关,确保统计数据准确性、合理性、完整性。如图5所示。

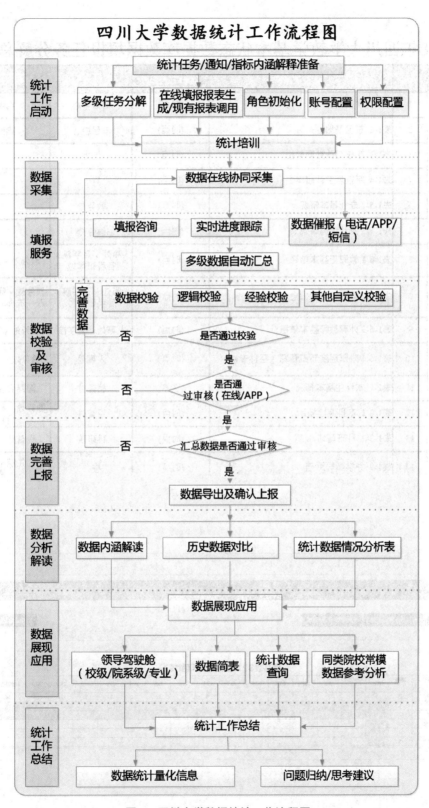

图1 四川大学数据统计工作流程图

2018年四川大学教学基本状态数据库数据填报任务分解总表

类别	序号	报表名称	统计时间	责任单位	参与单位
（一）学校基本信息	1	表1-1 学校概况	（时点）	信息中心	招就处
	2	表1-2 校区及地址	（时点）	信息中心	国资处
	3	表1-3 学校相关党政单位	（时点）	党办	
	4	表1-4 学校教学科研单位	（时点）	党办	
	5	表1-5-1 专业基本情况	（时点）	教务处	
	6	表1-5-2 专业大类情况表	（时点）	教务处	
	7	表1-6-1 教职工基本信息*	（时点）	人事处、各学院、各科研单位	教务处、双一流办
	8	表1-6-2 教职工其他信息*	（时点）	人事处、各学院、各科研单位	教务处、研究生院、双一流办、信息中心
	9	表1-6-3 外聘教师基本信息*	（时点）	人事处、各学院	教务处、双一流办
	10	表1-6-4 附属医院师资情况（医科专用）	（时点）	人事处	教务处、双一流办
	11	表1-7 本科生基本情况	（学年）	教务处	国际合作交流处
	12	表1-8-1 本科实验场所	（时点）	设备处	教务处、科研院、社科处
	13	表1-8-2 科研基地	（时点）	科研院	设备处、社科处
	14	表1-9 办学指导思想	（时点）	校办	研究生院、教务处、人事处

图 2　多级任务分解

图 3　类 Excel 自助报表设计

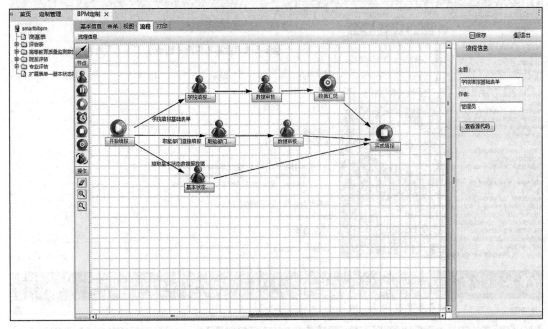

图 4 统计业务流程配置

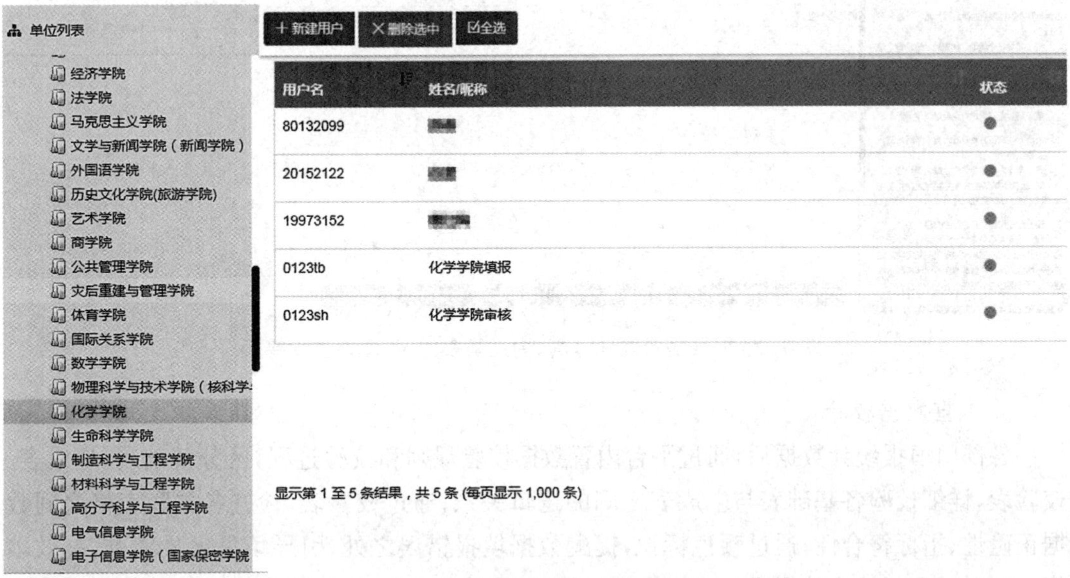

图 5 多级数据采集

4. 填报服务多样化

数据填报过程中通过 QQ 群、电话、网络互动咨询等实现填报随表服务,根据需要,在线查阅报表随表指标内涵解释、常见问题及答疑等信息,同时为数据审核提供手机 APP 实现移动审核上报等服务。如图 6 所示。

图 6　填报服务措施(QQ 群、内涵随表提示、填报咨询等)

5. 多重数据校验

各部门填报统计数据后,通过平台内置数据校验规则和校验过程,区分基础表、生成表、校验表,详细校验各基础表与生成表之间的逻辑关系;通过校验表,检查各关联表格之间数据正确性、指标符合性;通过颜色标识,提醒数据填报错误之处,引导填报人员精准、高效填报。同时对历年统计数据进行多维度对比校验,确保数据准确性、合理性。如图 7 所示。

6. 填报进度实时跟踪

根据统计任务分解拆分不同数量子任务,子任务管理模块可显示项目完成进度总览,查看所有表单实时填报、审核情况,根据进度表掌握报表填报整体情况,针对性协助填报、催报。如遇填报数据有误,审核人员可对表单作退表处理,退表后填报人可重新完善该表单数据。如图 8 所示。

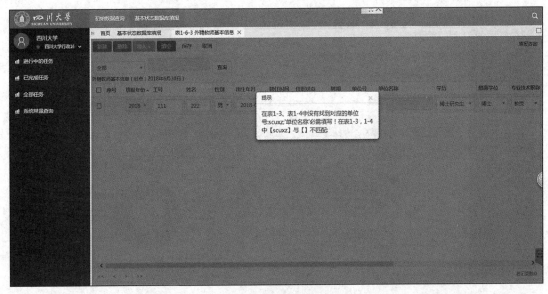

图7 多规则多表联动校验

图8 实时填报进度透视

7. 统计数据多维度分析解读

(1) 生师比分析。通过对生师比进行精细化分析、专任教师(双师双能、工程背景、行业背景专任教师)情况分析,掌握近年专任教师变化情况,了解各学科专业专任教师分布情况,以及本科生与高级职称专任教师比例等情况,可对与学生教学规模对应的师资资源进行合理配置、优化和完善提供数据参考。

(2) 教师结构分析。通过对教师学术血缘、专业教授比例、专业带头人结构、正高级职称专任教师、35岁以下青年专任教师、心理咨询人员比例、学生评教数据支撑度等数据分析,以及教职工任教类型与无任教比例、无学位实验技术人员的多维度数据分析,可对适应学校发展规划的教师资源结构配置提供优化参考依据。如图9所示。

图 9 师资结构分析

（3）学生情况分析。通过对学生来源、转出学生数量、毕业综合训练在社会实践中完成比例、学生就业情况等分析，对学校招生及教学质量（学生学习质量）优化措施提供辅助决策参考。如图 10 所示。

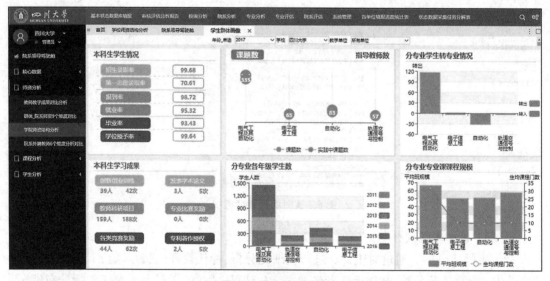

图 10 学生情况分析

（4）学科专业情况分析。通过对教授为大一大二上专业课情况、共用专业带头人情况、专业课外学院授课教师数占授课教师之比、专业课平均班规模、实践教学学分比例、未开设专业课、新专业情况、毕业设计指导教师副高以上职称比例、优势专业毕业率异常情况、优势专业初次就业率异常情况、优势专业第一志愿录取率情况等分析，可对专业的师资配置、办学规模、课程质量、学生质量进行全景视图展现，提供学科专业建设数据参考。

(5) 办学条件——实验室/图书馆情况分析。通过专业实验室承担本科实验课程情况、基础实验室承担本科实验课程情况、生均纸质图书及生均年进纸质图书情况、实验室/图书馆情况等分析,可对学校重大教学基础资源合理化配置提供调整优化参考依据。

(6) 教育经费情况分析。通过对经费收支总视图、经费投入(总视图、投入结构、投入趋势)、经费支出经济分类、同类高校经费情况比较分析,结合学校办学定位、办学目标需要的经费保障、经费结构、经费发展需求提供经费预算数据参考。

8. 数据分析解读,可视化展现应用

所有数据完成填报后,整理好数据集、数据仓库,将学校综合分析情况、学科专业分析情况、师资结构分析情况、学生分析情况等分类展现给校级领导、学院领导、学科/专业领导及其他教职工,提供对象化统计数据查询、分析解读。以领导驾驶舱、数据解读、趋势分析、预警分析等多形式、多维度图形化展现统计数据。如图11至图13所示。

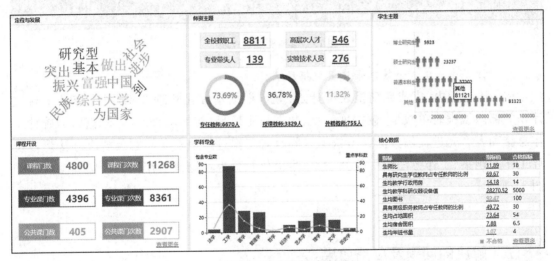

图11 校领导驾驶舱

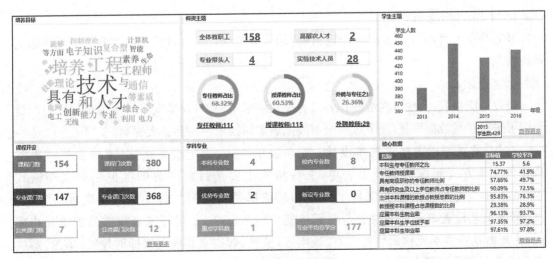

图12 院领导驾驶舱

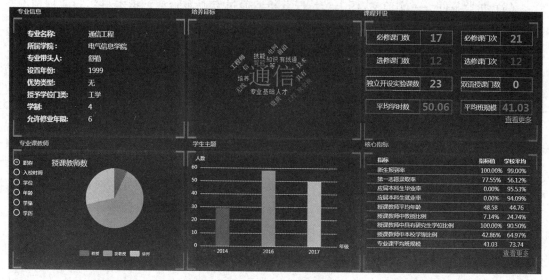

图 13　学科专业驾驶舱

9. 统计工作总结——数据采集量化信息统计

在一段时期内,完成系列报表统计工作后,根据精细化管理要求,可在统计平台统计相关部门填报表单数量、数据项信息、数据填报质量、持续填报时间等信息,为统计工作总结和表彰先进提供数据参考依据。同时对工作过程中发现问题及解决办法形成统计工作问题集、工作方法指引等知识库,为优化教育事业统计工作提供借鉴和参考。如图 14 所示。

五、解决的问题及应用效果

（一）解决问题实例

秦老师和史老师以数据采集工作为例介绍了智慧统计平台对教育事业统计实际问题的解决效果。

1. 智能报表

通过智能报表,实现了在线制作各级各类数据采集表单,表单发布后经填报权限分配流程即可进行在线数据采集,线下纸质表单线上表单转换效率得到极大提高。

首先,解决不同表格式表单设计:浮动表单格式、固定表单格式、表中表格式等支持文件上传方式制作数据采集表单,文件格式主要是目前主流的数据采集文档格式 Word、Excel,可根据所需在文件上传成功后选择是否保留文件中的原有表单格式;**其次,解决批量设置单元格属性**:若单元格属性较为复杂,可用开发者模式设置单元格属性,常规默认设置单元格属性有文本、数字等;**第三,解决表单内逻辑即时校验**;**第四,解决表单中单元格分权限分配**:解决了不同用户在线进行数据填报、审核、查看等原来不能实

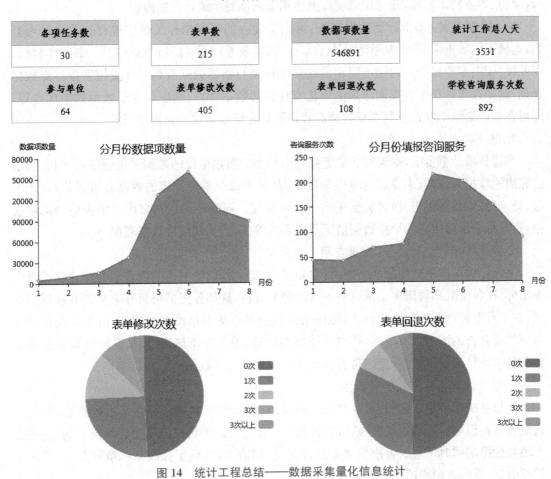

图 14 统计工程总结——数据采集量化信息统计

现的问题。

2. 解决了数据在线查询问题

数据在线查询功能解决了学校各级教职工对数据查询的需求，支持统计数据查询、明细数据查询、自定义条件数据查询和指标类数据查询等多种查询方式。

(1) 统计数据查询：根据数据分类和数据来源两个筛选条件进行统计数据查询，数据分类主要体现教师、学生、教学科研、学科专业、人才培养、监测预警等；数据来源主要体现在基本状态数据库、高基表和外部数据（网络外部数据、教育部统计汇编资料）、教学质量报告。查询结果以数据统计分析结果为主。

(2) 明细数据查询：根据数据分类和数据来源两个筛选条件进行统计数据查询，数据分类主要体现教师、学生、教学科研、学科专业、人才培养、监测预警等；数据来源主要体现在基本状态数据库、高基表和外部数据（网络外部数据、教育部统计汇编资料）、教学质量报告。查询结果主要以清单、明细类数据为主。

(3) 自定义条件数据查询：主要有教职工、外聘教师和本科生三类，数据主要来源于基本状态数据库，根据具体筛选条件，进行全数据检索。例如对教职工，检索条件选择姓名、工号、学历、专业技术职称，筛选结果就以上述筛选条件展示统计数据内容。

（4）模糊查询：即指标类数据查询，可根据输入的不同指标关键字进行相关指标点查询，选择不同数据采集系统（基本状态数据库、高基表等）、不同层级数据（校级、部门学院级、专业级、校内专业级等），勾选不同年份或多年份进行指标数据查询。并支持多指标点数据查询，例如在教师指标点查询结果中勾选专任教师数指标点、高职称专任教师数指标点等，即可在查询结果中同时看到专任教师数和高职称专任教师数的查询数据值。

3. 解决数据统计在线服务

在智慧统计平台上，秦老师和史老师可以对每个填报单位的数据采集进度可视化，当前已完成的填报单位数、未完成的填报单位数，及其中每个单位具体的数据表填报状态（未填报、待审核、审核通过等）做到数据采集进度可视化。同时还可以在多用户填报后的汇总表中，查看每个填报用户的填报数据情况及联系人等信息，实现统计数据溯源。

4. 解决多部门协同填报，数据自动汇总问题

多部门协同填报的问题如何解决？秦老师和史老师以图书馆为例作了介绍。除校级图书馆外，在各学院和科研单位都具备丰富的图书资料，这部分图书资料并未掌握在校级图书馆，在平台上经过多部门协同合作，除图书馆填报本身图书馆藏书数据外，由各学院和科研单位填报各自的图书资料数据，提供给图书馆审核，图书馆审核通过后，系统自动汇总图书馆和各学院科研单位数据，最终得到较为真实的学校藏书数据。

5. 解决统计指标在线解释服务

在智慧统计平台未启用前，各单位在数据填报时，对各表单指标含义不太熟悉，都是一边对着填报说明一边填报数据，效率较为低下。智慧统计平台根据学院老师提出的"在平台上填报数据的同时可查看各指标详细解释含义"的需求，提供了在线指标解释服务，提高了填报效率，受到老师们的好评。

（二）智慧统计平台应用效果

智慧统计平台的使用为川大带来了显著的应用效果，主要体现在四个方面。第一是提高了四川大学教育事业统计工作的效率，第二是打牢了数据共享的基础，第三是提高了数据质量，第四是提高了统计数据的再利用。

1. 提高数据准确性及统计效率

四川大学智慧统计平台应用大数据提高了统计工作效能，将以往大量线下报表填报、校验、审核、汇总、查询数据的工作模式，转变为在线填报统计模式。在数据采集、数据权限管理、数据协同填报及审核、数据集市建设、数据可视化展现等方面，实现烦琐统计任务可视化分解、实时填报进度跟踪、多途径多维度数据校验、文本统计智能转化为在线统计、报表多级协同填报等预期成效，大大提高了统计工作准确性和效率。以高基表为例，以前通知、培训、填报服务、催报、审核等过程到数据汇总审签上报大致需要 2 个多月时间，现在依托平台开展统计工作时间上节省了近 50%，为统计分析工作赢得了时间。

2. 建立数据集市，打牢数据共享基础

智慧统计平台建立了协同填报和大数据应用中心，部署在学校统一信息平台上，实现统计数据汇聚、数据治理。建立的数据仓库、数据主题集市，丰富了数据展现场景和业务主题。在统一数据平台上，除满足学校日常统计填报、审核和查询、数据共享需求外，还针对新增数据统计需求实现快速搭建报表模板的现实需求。可按照业务需要深度加工治理数据，根据角色应用丰富展现（呈现）数据，通过算法工具建立数据之间相互逻辑作用和视图。满足不规则信息共享和数据输出需求，辅助教育事业统计工作高效开展。

3. 多级数据自动汇总，提高数据质量

多级数据协同填报实现精细颗粒度数据采集和高效率准确填报，初建成的智慧统计平台在本科教学基本状态数据库填报实践中，改变了以往需要 3 个月及以上填报时间，且反复多次修改造成数据填报质量不高，数据再利用率低等现象。平台统一将关键数据项进行多级拆分、下发，按角色权限逐级填报、多级关联汇总、智能检测、自动核查，用历年数据进行汇集、转换、对比校验，提高了数据统计质量。

4. 数据分析解读，提高统计数据再利用

通过智慧统计平台应用实践，实现统计数据再利用和辅助教学质量监测。按照分析模型进行数据分析解读，即时生成审核评估报告，形成数据分析解读报告，辅助学校科学决策。数据分析为学校教学评估、专业评估、教师评估等提供了数据参考，统计数据再利用得以大幅提升。通过对统计过程信息、阶段信息的分析解读，逻辑和业务规则校验，可及时发现统计数据中的问题，显现协同工作中的不足，为完善统计数据修正，找出工作中须提升的内容，特别是为支撑审核评估的专家辅助案头材料，奠定了厚实基础。正如参与学校基本状态数据库工作的 L 老师所说：有了数据校验和内涵解读，我们再也不是"瞎子摸象"般的工作模式了，更不是等到审核评估专家组到来或审核评估报告出来后，才知道问题在哪里，该作哪些调整和完善，现在工作主动多了，从容多了。

六、结语

经过一个时期的建设实践应用，秦老师、史老师欣喜地发现，转变思路、改革统计工作模式后的效果正在呈现，新的统计工作方法改变了原先手动填报、人工汇总，数据无法在线填报、共享、分析可视化展现等统计方式滞后的局面，统计效率得以大幅提升，统计数据质量得到保障。尤其他们主动为学校及各部门分门别类提供的"×××数据分析报告"，为相关负责人提供了数据参考，获得广泛肯定。

备受鼓舞的秦老师和史老师相信，随着新时期我国高校不断深化体制机制改革，特别是近年来国家推行"双一流"大学建设规划，教育事业统计工作需要主动适应新时期新要求，通过智慧统计创新实践，用数据描述发展态势，用数据透视问题、展现趋势，提升学校教学质量、科研水平和社会服务能力。未来沿着应用大数据对教育事业智慧统计的探索还会不断

地深入创新实践,例如在人才培养方面的学生学习指引、发现学生特长、根据学生发展类型进行个性化教学分类培养,按学生学习掌握知识能力与社会需求契合度信息进行学生择业就业分类指导,以及在优势专业师资配置、教师结构优化、教师教学评估和发展分类指引等方面开展更多更有益的尝试,提供更多更有价值的统计服务,力争体现新时代新统计的工作价值,服务好学校双一流大学建设。

省厅点评

打造大数据时代下的智慧统计

四川省教育厅副厅长　戴作安

《教育统计管理规定》出台的初衷是"为了加强教育统计工作,保障统计资料的真实性、准确性、完整性和及时性,发挥统计在教育管理、科学决策和服务社会发展中的重要作用",这就为教育事业统计工作指明了难点和重点,即"采集好数据"和"使用好数据"。在"采"和"用"的工作中,各级教育主管部门和各类人才培养单位都面临纷繁复杂的现实困难,克服困难并实现一个"好"字是全体教育统计工作者不懈追求的目标。

在教育统计工作中,我们不仅要具备发现问题、提出问题、解决问题的能力,还要有综合运用新技术、新手段,多维度调动资源,高效低耗处理复杂问题的能力;不止于收集填报数据,还能深入挖掘分析数据,为决策和建设提供依据。四川大学的探索给我们提供了很好的参考。

四川大学是四川省最优质的高等学府,汇集了较好的人才智力资源和科学技术优势,《教育事业数据统计分析平台实现智慧统计》向我们展示了四川大学在面临复杂统计情况下利用新技术解决传统教育统计工作模式难点、痛点的具体做法,是四川大学开展教育事业统计工作的真实写照。

一是充分运用人才技术优势,主动作为,破解统计"难"问题。四川大学统计工作面临的困难是办学历史长,师生人数多,校情复杂,各类办学条件统计难度大。四川大学开展统计工作的优势是拥有丰富的人才资源和较强的新技术运用能力,全校有专兼职统计人员135人参与教育事业统计工作,拥有硕士研究生以上学历者占68.15%,拥有计算机和统计学教育背景者占11.85%。四川大学信息管理中心秦海江等老师直面困难,分析问题,设计全流程信息化解决方案,开发了四川大学教育事业数据统计分析平台,让统计工作变得简单。

二是做好顶层设计,全过程管理,用"技术""岗位""制度"保障统计"好"机制。在技术设计方面,四川大学统计工作全流程信息化解决方案是"逆向思维"和"大数据思维"交叉作用的结晶。"逆向思维"即以终为始,先考虑目标需求,再倒回来设计工作方法。四川大学以不断改善办学条件为前提,对比教育部办学条件指标和同类型高校常模,把高基表、状态库等各级各类统计需求纳入通盘考虑,设计出了"数据统计工作流程图",做好了顶层设计。"大数据思维"即是全样采集、相关分析。四川大学教育事业数据统计分析平台不拘泥于教育事业统计报表,把办学相关数据都纳入系统进行采集,不仅能够在线自动生成教育事业统计报表,还能够将其他业务板块更多的数据进行综合分析,更好地服务于办学决策。

在岗位运行方面,四川大学教育事业数据统计分析平台充分考虑了多业务处室分工合作和兼职统计人员流动性大的客观实际。首先是设计了分散统计、在线汇审功能,给统计人员、业务处室负责人、分管校领导等岗位划分不同权限的账号,实现分散统计、在线填报、自动汇总、自动校验、过程留痕等功能。其次是操作简单,易于上手,尤其针对没有统计经验的工作人员,在进行填报时可以方便地在同一个页面上分项查看指标解释和近三年数据填报情况。

在制度保障方面,四川大学出台并实施了《四川大学信息统计工作管理规定》《四川大学统计资料归档管理制度》《四川大学报表统计工作流程管理制度》,对报表管理、资料审核、业务培训、追责问责等方面都有详细的规定。在具体工作中,通过平台进行流程管控,即报表开发、任务分解、流程配置、内网在线填报、逐级审核汇总、多重数据校验、进度跟踪等,实现了制度和流程双约束、双管齐下。

技术设计、岗位运行和制度保障等一系列措施的综合作用实现了四川大学"采集好数据"的基本目标。

三是强化数据分析运用,时时掌握,指导建设。四川大学通过建设教育事业数据统计分析平台,实现了数据全样采集、数据仓库存取、多表关联校验、对象化数据查询、数据分析解读、分层可视化应用等功能。尤其是通过多个数据库和数据来源建立的数据仓库,分校、院、专业三个层级,以领导驾驶舱、数据解读、趋势分析、预警分析等多形式进行数据图块化呈现,便于领导随时调取和查看数据,让数据活起来,更好地为决策和建设服务,从而实现了"使用好数据"的高标准要求。

专家点评

《教育事业数据统计分析平台实现智慧统计》点评

成都信息工程大学统计学院教授　蒋志华

本案例的选题和名称都有创新性,具有推广价值。作者受全国教育事业统计在线培训学习"大数据分析在教育教学管理与决策中的应用"的启发,以四川大学双一流建设为契机,就如何解决更快、更准、更便捷地开展数据统计工作及统计数据再利用等方面进行了探索实践,实施效果明显。

一、案例缘由具有普适性

案例针对目前高校教育事业统计工作的内容多、报表多、数据源多、数据口径不一致、手工汇总为主、数据自动生成系统研发不够等导致的统计任务重复、烦琐,统计流程不清晰、统计工作时间长、统计数据零散化、统计数据不易被分析和再利用等现实问题,以及高校数据统计工作量大、涉及部门广、指标越来越多的问题,就如何高效处理和有效利用统计数据,将数据转化为各类有效信息,为学校教学、科研和管理服务,应用大数据技术,大胆尝试,创新探索构建了新时代教育事业智慧统计平台。

二、案例成果具有创新性

本案例"**构建了一平台,实现了三化,创新了统计工作方式,提高了统计咨询服务能力**"。即初步建设了四川大学基本状态数据采集分析及展现的**智慧统计平台**,实现统计工作**日常化、动态化、自动化**等统计全流程信息化。充分利用大数据解决传统工作模式中的难点、痛点,**探索新时代智慧统计工作方式**。提高了全员协作能力和数据统计工作效率,为校级领导、学院领导、学科/专业带头人、一般教职员工等提供对象化统计数据查询、分析解读。是适应教育事业统计信息化、专业化发展新形势,以及高校教学、科研、管理的新要求,而构建的创新智慧统计新模式,对高校教育事业统计工作具有指导意义,对高校利用教育统计数据分析,服务于教学质量评估、教学管理、科研管理,提升管理水平,调整发展策略具有重要作用。

创新智慧统计新模式。创新性采用"多级统计任务分解、在线报表设计/应用系统使用、数据采集、填报服务、填报校验审核、数据完善、数据上报、数据分析/解读/展示、数据采集量化统计"的统计工作流程。成果体现在解决了大量临时性的文本统计实现自助式在线统计、数据表单下沉至学院或者个人支撑相关人员全员参与填报、贴心的在线填报服务(指标内涵随表解释,填报要求、通知、帮助等在线提醒)、统计进度实时可视化跟踪、多级数据自动汇总、数据分析基础上智能化透视和提炼存在的问题、数据多维度展现科学辅助决策七大核心问题。

多级统计任务分解,形成了2018年四川大学教学基本状态数据库数据填报任务分解总表。解决了高校教学基本状态数据来源不清、部门数据打架的问题,提高了全员协作能力和数据统计工作效率。

多级数据自动汇总,构建了四川大学多部门数据采集、逐级汇总系统平台。彻底改变了以往手工方式逐级汇总模式,防止各部门人为干扰统计数据,提高了统计数据质量。具体做法是:数据采集单表按职能部门、学院、科研机构等进行拆分、下发,各部门按照数据采集要求完成各项表单数据填报后提交该部门三级审核,部门审核后由业务归口管理部门对业务数据进行二级审核汇总,通过后再提交至校级审核汇总,如遇数据问题,可通过驳回重新填报数据。数据完善后统计平台自动进行关联、逐级汇总。层层把关,确保统计数据准确性、合理性、完整性。

多维度分析解读数据和数据可视化,提高了统计咨询服务能力。利用智慧统计平台统计数据,按照分析模型进行数据分析解读,即时生成审核评估报告,形成数据分析解读报告,辅助学校科学决策。采用统计数据分析为学校教学评估、专业评估、教师评估等提供了数据参考,统计数据再利用得以大幅提升。在此基础上,进一步运用统计分析方法,开展生师比分析、教师结构分析、学生情况分析、学科专业情况分析、办学条件——实验室/图书馆情况分析、教育经费情况分析,采用数据可视化,分类展现给校级领导、学院领导、学科/专业领导及其他教职工,提供对象化统计数据查询、分析解读。以领导驾驶舱、数据解读、趋势分析、预警分析等多形式、多维度图形化展现统计数据。

三、案例实施效果明显

案例实施效果明显。**一是建立数据集市,实现数据共享**。建立协同填报和大数据应用中心,实现了统计数据汇聚、数据治理功能,打牢了数据共享基础。**二是创新统计工作模式,提高统计工作效率**。由线下报表转变为在线填报,采用数据采集流程化、烦琐统计任务可视化功能,大大提高了统计工作的准确性和效率。**三是打造数据自动汇总平台,提升统计数据质量**。采用多级数据协同填报、自动汇总功能,通过本科教学基本状态数据库填报实践,不仅大大缩短了填报时间,还有效提高了数据统计质量。**四是创新数据挖掘功能,提高统计咨询服务能力**。利用智慧统计平台数据,采用模型分析,即时生成审核评估报告,形成数据分析解读报告,辅助学校科学决策。通过平台数据分析生师比、教师结构、学生构成、学科专业发展、办学条件、教育经费等现状,为学校教学评估、专业评估、教师评估等提供了重要数据支撑,统计数据挖掘分析能力大幅提升。

四、须进一步改进的建议

本案例实践年限较短,仅有两年,建议继续开展相关实践。建议加强对各类高基表如何通过智慧统计平台生成上报功能的开发,进一步完善校院领导驾驶舱的可视化分析指标,进一步开发智慧统计平台数据的关联分析,如学生就业与学科/专业的关系、师资队伍与学科/专业发展的关系、科研能力与教师发展的关系等。

西宁市的教育统计服务平台工作流程

青海省西宁市教育局　徐尚辰

西宁市教育局研发的西宁教育统计服务平台，以建立各级各类学校学生、教师、资产校舍台账为基本工作，利用台账进行数据统计。极大地提高了各级教育行政部门及各级各类学校的工作效率，同时做到数据精准、台账明晰、档案齐全、统计工作程序简化，也可以实现数据实时更新、随时提取，为教育事业统计提供了极大的便利。

一、引语

2017年9月，西宁市各级各类学校在我的组织下，进行着对学生信息的导入工作，具体是将各学校的学生信息由统计员梳理出来核查后，将这些信息导入我们研发的西宁教育统计服务系统内。

这项工作一直持续到当年的10月中旬，还有近10万名学生的数据未导入，因为系统的不稳定和架构问题，前些天导入的学生信息也不明缘由地突然找不到了。绝大多数学校统计员怨声载道、筋疲力尽。如果继续拖下去，当年的年度教育事业统计工作肯定完不成，此刻我内心的绝望无以言表，绝望的是夸下的海口实现不了，甚至连最基本的统计工作都完不成，无法向领导和跟着我工作的学校统计老师们交代。无奈之下，我最终下定决心，将研发的统计服务系统先放一边，以传统的方式进行基表的填报。终于在最后时间勉强完成了报表的填报和上报工作。

用传统工作方式完成教育事业统计工作后，我立即组织西宁教育统计服务平台的相关人员和研发团队开会，一定要找出失败的原因。

二、案例背景

回想2016年3月刚刚接受负责西宁市教育事业统计工作的时刻，我陌生而紧张，没有任何的工作头绪，不知道从何抓起。我利用一个月的时间对教育统计工作的现状有了一个初步的了解，熟悉了统计工作流程，学习各项教育指标解读以及各个时间节点的工作要求，才发现教育统计工作系统而庞杂,尤其是各种数据的逻辑关系。我陷入了困境,不知道怎样才能做好这个工作,只有迎难而上了。在几个"老统计"的帮助下,我按照省厅要求的时间节点完成了年度报表的填报与上报。一年工作后得出了结论,教育事业统计工作耗时耗力,而且统计数据的准确性并不能得到保证。

信息化技术如果不能成为工作的"助手"就会成为"对手"。

国家教育事业统计系统经过几次大的改革和逐年完善,越来越精细和强大,为使数据质量得到提升,省级还加上了辅助统计和校验的报表,与教育统计工作相关联的计算和校验等要求也随之提高。统计员不仅要会安装和操作软件,还要清楚每个指标及含义,更要根据若干条的校验"需求"进行填报和调整数据,以"消灭异常校验"为己任,统计工作的要求越来越高,难度也越来越大。

数据校验是教育事业统计报表质量的基本保障条件,由于各地区情况有差异,很多问题是在具体工作中逐个被发现的,要通过对教育事业统计软件"打补丁"来解决。如果补丁没有及时更新或未考虑全面,统计员通常会被一些"奇怪"的校验折磨得痛苦万分,再也不想做统计工作。统计队伍频繁更换,每年对基层统计工作者尤其是新手的培训和衔接是各级统计工作的重点和难点。

工作中如不能充分考虑地区差异和指标合理性,简单地下达目标,确定上下限,就难免迫使统计员疲于应付数据间的平衡关系,削足适履,影响数据质量,脱离或不能准确及时反映实际情况。

如何改善教育统计工作方法,提高教育统计工作效率和质量,实现数据实时更新、随时提取,避免由于统计人员频繁更换造成统计工作不及时、新统计人员对统计工作不熟悉等原因造成的统计数据质量问题?为此,我有了研发一套西宁市教育事业统计软件的想法。

于是我申请以"教育统计工作改革"为课题立项,对年度统计工作及其相关的业务系统进行全面分析,结合"互联网+"优势资源,对基础教育统计工作开展改革实践,建设西宁教育统计综合服务平台,为西宁教育科学管理提供服务支撑。

三、失败原因

脱离了满足基础工作的需求会使得各级学校的数据导入陷入泥潭。通过对第一次学生信息导入服务平台失败的原因进行反复论证和分析,我总结出了失败的两方面原因。

(1)需求层面不够精细,很多隐形的需求没有明确提出,导致后来系统开发的功能远超最初的设计规划,出现系统不稳定现象。

在最初的需求方案中,学生的身份证号信息是唯一的,于是服务平台做了系统限制条件,一旦出现重复,则学校数据不可录入。但实际情况是,学生身份证号信息重复时,需要有一个流程来处理,跟最初的限制录入需求完全不同,属于典型的需求不清晰。类似的问题还有很多,例如撤销的学校在最初需求中是不需要考虑的,但实际上是需要的,因为即使是撤销的学校也有对毕业生的统计。

(2) 在具体问题的处理方式上偏于理想化,步子迈得太大,很多现实的问题未考虑到,对系统产生致命的影响。

例如将学生、教师异动的流程跟最终的台账数据混为一体,希望通过流程操作来生产台账数据。这样做的逻辑关系非常复杂,表面看是简化了操作,但实际恰好相反,难度被大幅增加。如果对方学校未操作异动转出,则己方学校就无法完成异动转入,必须等待对方学校完成操作,这样就增加了沟通和协调的难度。这是典型的需求太理想,而实际操作难度反而增加的问题。

四、设计理念

经过对失败原因的总结,研发团队一致决定,推翻原来的设计,一切从零开始,重新研发系统。在着手制订详细的需求方案前,我们对系统定位、设计理念和目标作了进一步明确。

首先,我们进一步明确了国家教育事业统计系统满足的是全国教育事业统计普遍性问题,而地方教育统计服务平台满足的是地方个性化的统计调查需求,因此,跟国家填报系统相比,西宁教育统计服务平台的设计理念是将填写结果的方式改为由台账报表来产生,将校验有问题的值反馈给学校,通过更新台账系统来完成报表的同步更新,做到数据精准、台账明晰、档案齐全、统计工作程序简化。

基于这样的认识,我们将国家教育统计软件和西宁教育统计服务平台的功能差异作了详细比较(见表1)。

表 1　国家教育统计软件和西宁教育统计服务平台的功能比较

序号	项目	国家填报系统	西宁教育统计服务平台
1	填报人要求	高,需要清楚各类统计指标的定义	低,只需将现状录入台账,有异常时,系统反馈
2	填报方式	手动录入统计结果;无底层数据的系统自检	由台账基表统计后,系统自动填写统计结果;系统自检,有据可查,责任到人
3	数据填报	面向基表填报,不需要底层数据	面向基表填报,填报的结果由底层数据自动统计生成
4	数据校验	(1) 对学校的单机版的填报结果进行校验 (2) 区县收集后,对填报结果进行二次校验	(1) 将统计系统中的部分校验规则,纳入台账数据的录入阶段,提高数据的质量 (2) 系统自动填写统计结果的校验,按国家系统的要求进行校验,并自动反馈结果 (3) 网络版进行二次校验,校验结果一致:学校校验完成后,提交申请,系统自动将数据转入国家标准库中进行校验,并反馈校验结果

（续表）

序号	项目	国家填报系统	西宁教育统计服务平台
5	数据质量	"录入合计值+系统自检"的方式	"基础台账+系统自检"的方式,可追溯到人,提高数据质量
6	完成周期	约2个月	将学校的业务跟统计工作有机结合,维护好台账基表,实时统计,完成事业统计报表
7	数据连续性	以最终填报的结果进行关联,如J331、J431表中上年度的人数,数据的连续性相对较弱	以台账数据为基础,数据的连续性强

其次,我们进一步明确了不能与工作紧密结合的信息化系统是一个负担。开发的系统不能背离做事的初衷,在保证数据的准确性及安全的前提下,尽最大努力减少学校的工作及降低操作难度成为开发系统的新目标。所以,软件设计的最大变化就是由C/S架构改变为B/S架构,免去了各级各类学校软件升级的问题。

新的目标明确后,研发团队就开始全力准备新的设计方案,对与教育事业统计相关的所有培训资料、系统等进行全面的梳理,以追本溯源的思想进行数据统计平台的建设。2018年1月,研发团队重新制订计划,充分讨论各个业务环节的逻辑关系。临近过年,整个研发团队深知事情的重要性及紧迫性,放弃假期,投入研发工作。通过一个多月的努力,最终做出了新系统的设计方案。

西宁教育统计服务平台的理念是利用台账进行数据统计,它必须以建立各级各类学校学生、教师、资产校舍台账为根本,所以我们设计建立了两个系统:一个是台账系统,一个是统计系统。台账是提取数据的根本,台账的质量直接影响数据的质量,因此,我们在建立各级各类台账的时候提出了很高的要求:一是跟学校的实际情况必须一致,二是要与上年的数据一致。台账系统依托的是国家学籍系统,从学籍系统和教职工系统提取学生和教师的信息,由各校对本校的学生、教师、资产等信息进行逐一核对,确保准确无误后,最后由技术人员在后台导入各校学生和教师信息。

由于各校统计人员的水平参差不齐,学生信息的审核、校对和修改耗费了近一个月的时间,各级各类学校安排了很多人对各种信息进行了校对与修改,截至2018年10月中旬,所有的台账全部核对完成。统计报表生成非常轻松,通过测试和校验后,统计数据与台账完全吻合,在技术人员的努力下,直接可以生成上报的数据包,对接教育部的教育事业统计软件,达到直接报送的效果。

直到此刻,一颗悬着的心终于放下了,我们意识到,无数个日日夜夜我们没有白熬,我们成功了,很少流泪的我被可爱的统计人感动,平生第一次激动流泪。

五、系统架构

新的西宁教育统计服务平台是联通各业务系统的数据通道和搭建综合报表的平台,它实现了数据工作向业务工作的转变。

平台紧扣教育统计主线,按常规工作业务(学校和管理部门)进行架构,共分 5 个模块:学生模块、教职工模块、校舍模块、资产模块、业务辅助模块。

(1) 学生模块:主要是学生的个人信息、学籍信息、家庭信息、异动信息、毕业升级信息的台账管理。

如何记录学生的状态信息,便于操作及统计,成为整个学生模块的核心,其中,数据的初始化尤为关键。初始化数据的工作量及难度是最大的,如何确保台账数据跟上年上报的数据一致(人数、性别、民族)?通过反复的讨论及模拟演练,我们最终选择采用以学籍系统的数据作为初始值,让学校进行核对确认,确保上年统计上报的人数信息跟系统内的一致。由于是核对上年上报的人数,此时学生的状态可能已经发生变化(由以前的在校可能变为离校,同时还可能存在新增学生的变动情况),所以在软件开发时,特意设定了一个学生状态的标签,这样学校只需关注学生的状态,系统自动显示出学生是否为上年的在校学生,方便核对。当学生初始数据确认完成后,学校只需增加当年的学生异动情况。

由于学校间的差异,有的学校如果没有及时完成年级升级,则招生信息就无法录入。采用"单个学校主动升级+系统内统一升级"的方式,就满足了共性和个性的需求。

(2) 教职工模块:主要包含教职工个人信息、异动信息、教学课程、职称、学历等信息。

为了降低工作量,教职工模块采用跟教师系统对接的方式,学校只需维护教师的信息即可。另外,教职工初始数据的核对也非常关键,虽然人数少,但核对的信息跟学生的信息几乎一样,采用类似的方式解决。

(3) 校舍模块:主要是校舍单体建筑物管理及资产管理,采用先登记单体建筑物,然后再按使用面积录入每个单体建筑物中房间的使用面积,按功能用途来分类。学校一次性登记审核完成后,后续每年只需将变更的信息进行确认就可以了,在减少工作量的同时可以提高数据质量。

在建筑物登记中,容易出现误登记的问题,如单位错误、小数点错位、登记的资产及面积信息远高于去年上报的数据等。针对容易出现的这类问题,我们在校舍模块中增加检测功能,如果单体面积偏小或过大时,提示学校再次确认;同时待登记完成后,如果无单体面积的新增或减少的记录,而整体面积大于或小于上年上报的值,则学校须核对说明,这样可以提前排除一些隐患。

(4) 资产模块:主要是学校办学条件相关的资产管理。学校办学条件相关的资产除校舍和一些大宗物品外,更多是类别多、数量大、价格低的与教学相关的仪器设备和图书,这些物品一般由不同人管理,使用频次也有所不同,来源渠道有统购、自购、调拨、捐赠等多种方式,相关的管理员大都为兼职。如果严格按规范的程序管理和使用,通常会因为过多手续和专业要求,较难推行,也会严重影响使用的积极性,因此给管理带来难度。资产管理模块在充分了解这一实际情况的基础上,先通过梳理对应的有效凭证来摸清底数,作为"记账"基础,后面所有进出账均按"流水账"方式,在已经建好的简易通用流水账单模板上逐一添加,注明增减变化量及原因和渠道等基本情况即可,支持多人用属于自己的角色权限账号来维护变化情况。具体如何归类、是否入或如何入固定资产账、如何统计分析等这些专业的事均由系统自动完成。需要分析相对专业的统计指标时,只需在方便时,打开资产台账按需提取处理即可。资产管理模块方便快捷、简单高效地解决了学校资产管理混乱的情况,也使统计数据质量得以保障。

(5)业务辅助模块:业务辅助模块主要是实现教育事业统计报表的自动生成与系统直报功能、数据的应用和分析功能。基于统计工作的复杂性和专业性,统计员的业务能力和水平很大程度影响着统计工作的开展情况、统计报表的数据质量,尤其规模小的小学、教学点、幼儿园,机构多,人员少,统计人员水平较低,统计工作开展难度较大,虽然通过加大培训和依托中心学校、骨干队伍进行"传、帮、带"的方式协助和培养,但仍然无法满足统计工作的需要。业务辅助系统将这一系列相关的技术难题完全转化为系统自动完成,统计员无须理解指标和逻辑关系,只需认真做好、做实台账即可。面对统计软件安装易出问题、不会操作、填报数据易错行和工作量大的特点,辅助模块通过系统内部数据结构分析,在实现报表自动生成的基础上完成统计报表数据自动校验和系统直报的功能,所有学校统计员无需安装统计软件也可实现自动上报。如果需要报表数据,辅助模块随时可将数据自动填报到安装好的统计软件中。这个模块的功能充分体现了专业人做专业事的理念,在实际使用中深受广大统计员的好评。

辅助模块根据教育管理部门和学校工作业务的实际需求,收集整理历年报表数据,进行针对性分析,友好的数据综合查询功能为统计员减轻了很大负担,让数据的价值最大范围和限度发挥作用,真正起到了辅助业务的作用。

六、实际效果

2018年9月,我们成功完成了871所幼儿园、中小学的人财物数据和近40万师生信息的采集工作,建立健全了各级各类学校的各种电子台账,各种台账上传有数据的佐证资料,如学生户口本扫描件、教师的各类证书和培训情况、校舍资产在建时的批复文件和施工图纸等,做到每一个数据都有相应的佐证资料。

开展研发工作始终以课题研究为抓手,全面、深入地将学校、机构各项业务分析、挖掘,从工作实际情况出发,创新出了一条统计服务的思路,通过近两年时间,转化为具体成果,并且通过了全市的考验。事实证明,西宁教育统计服务平台效果极佳,破解了多年来教育统计工作中的对统计员技术要求的难题。

西宁市所属的湟中县管辖的学校数量占西宁市25%,湟中县教育局统计员岳少芳也是一名刚刚从事统计工作的新人。为了尽快适应工作,岳老师没少下功夫,在短短一个多月的时间里,把整个统计工作的流程和各项教育指标搞明白了。当她在服务平台上做完本县各种台账信息的导入和信息审核维护后问我:"我们什么时候开始填基础报表?"

我说:统计报表已经做完了。

岳老师依然担心填表时间不够,私下安排各校老师填写所有基表,两天后我通知各区县统计员统计报表已全部完成,而且数据准确无误,她才知道有了服务平台,安排填写基础报表完全多余。全市各区县统计人员松了一口气,以后每年只要分时段维护好台账就可以快速准确地完成统计工作。

教育统计报表就是整个信息整合后的数据分析过程中所生成的报表。在日常工作中根据业务情况，由不同的角色来分担不同的信息采集与维护工作，而统计报表则由网络报表平台在维护与更新信息后自动完成并输出为需求数据文件。统计员无须精准掌握报表间的逻辑关系和指标要求，只需按时间和要求将统计对象的详细情况反馈清楚即可。常规工作业务中所需求的较为关键和频次较多的报表，只需在综合报表系统后台增加需求的报表模板，按需求设定权限和规则，各学校、区县级管理员或统计员只需按要求维护、更新，报表自动完成审核、上报和汇总，无论从工作时效还是数据的质量来看，都有质的飞跃。

西宁教育统计服务平台以报表平台为基础，对采集的数据进行多维度分析，形成真实有效的分析报告，为科学决策提供强有力的数据支撑。该平台促使统计方式方法的转变，充分利用网络优势和现代信息技术改变传统的统计方式，减少各级教育工作者重复工作量，提高教育事业统计数据的质量，为教育发展决策提供有力的数据支撑，为西宁市乃至青海省教育事业统计方法开辟了一条新途径。

七、结语

从国家到地方，教育事业统计工作是认识教育现象及其发展规律的有效手段，是衡量一个学校和一个地区教育发展水平的重要依据，在教育改革和发展过程中发挥着重要作用，既是全面、完整、准确掌握教情、学情，促进教育事业科学发展的需要，也是上级教育行政部门进行教育评估、督导和管理决策的重要参考。通过西宁教育统计服务平台的研发和改造，让我明白了一个道理：做好教育事业统计工作须与教育事业科学发展结合起来，要从单纯完成上级部门布置的统计任务转换到主动为教育事业发展服务上来，只有不断增强做好教育事业统计工作的责任感和使命感，才能创造性地发挥基层统计人员的主观能动性，对教育统计工作进行创造性的改革，才能使统计数据真实准确地为教育决策提供有力支撑。

新系统在经历"实战"后，我们进行了详细的总结，教育统计服务平台的开发需要全面、系统化的设计和实施，单纯填报完成教育事业统计所需求的报表还远远不够，需要不断完善，这是一项系统工程，为此，需要我们从思想上将教育事业统计工作提升为教育统计事业，及时制定和完善各类奖惩制度，鼓励广大统计人员提高思想认识，改变传统观念，利用统计服务平台做好教育统计事业。

附件一

西宁教育统计服务平台工作流程级统计问题解决方案

一、建立台账

按照系统平台的要求设计各类台账的电子模板，组织全市各级各类学校的统计人员创建学生、教师信息,校舍、资产台账,台账的内容满足全国中小学学籍系统、全国教师管理系统和国家教育统计平台采集信息的要求。

二、核查各种台账

实行三级核查制度,各级各类学校统计人员组织学校相关信息填报人(学生由班主任进行核查、教师由人事部门核查、校舍资产由后勤总务部门核查)对填报的台账每一条逐条进行核查,实行逐级签字制度,确保各类数据翔实准确。

三、利用西宁教育统计服务平台对各类台账进行数据处理

(一)登录界面

(二)机构信息的更新

按国家机构代码管理系统的信息更新机构信息。

(三)建立各类台账

登录后台账菜单。

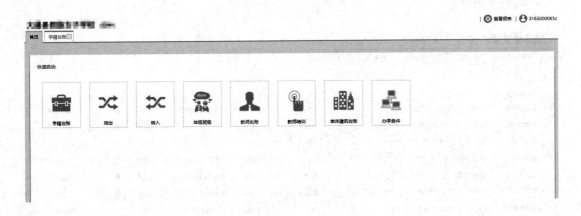

1. 学生台账

(1) 年级、班级台账维护界面。

① 建立年级台账。

② 建立班级台账。

③ 班级明细。

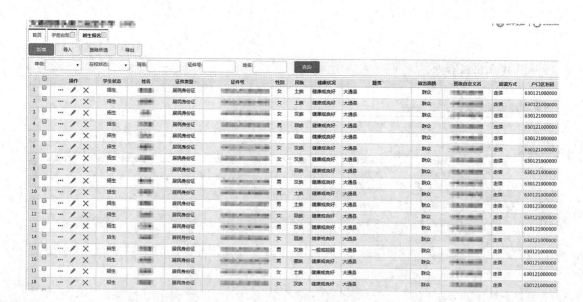

（2）新生报名台账。

（3）学生台账及校验维护：初始导入的数据展示，有提示异常的需要学校维护。

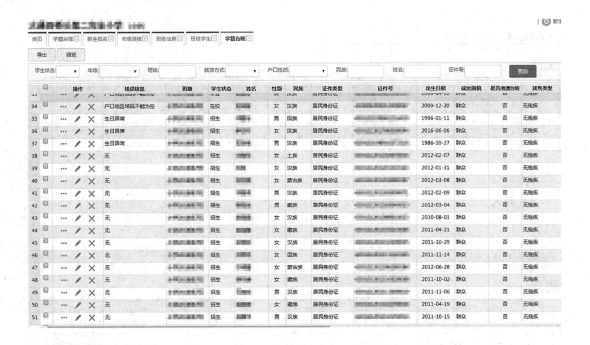

（4）学生异动台账。

① 转出。

异动的新增：

新增明细：

② 转入。

③ 休学复学。
休学的新增：

休学后的复学操作：

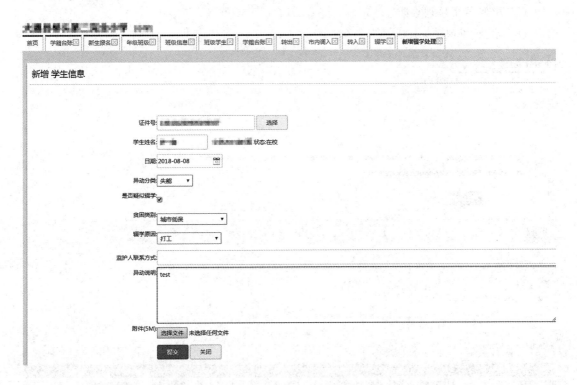

④ 辍学、退学。

辍学新增：

新增后的台账明细：

辍学的追踪返校记录：

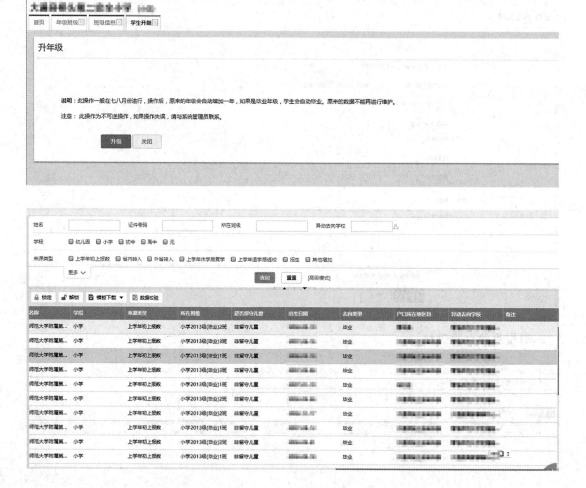

⑤ 死亡。
⑥ 其他。
(5) 中职学生培训台账。
(6) 毕业、升级。

2. 教职工台账

(1) 教职工信息台账。

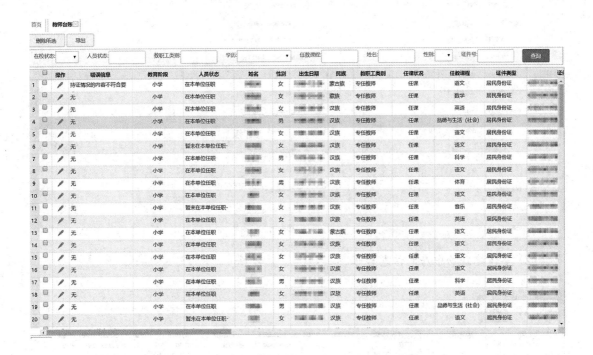

(2) 教职工变动台账。

(3) 教师培训台账。

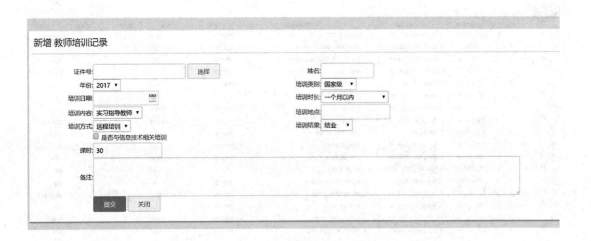

3. 校舍台账

(1) 单体建筑物台账。

(2) 单体建筑物中房间信息台账。

(3) 办学条件台账。

4. 教育事业统计基本情况表(对接国家教育事业统计系统)

(1) 学校教育事业统计基表生成概括。

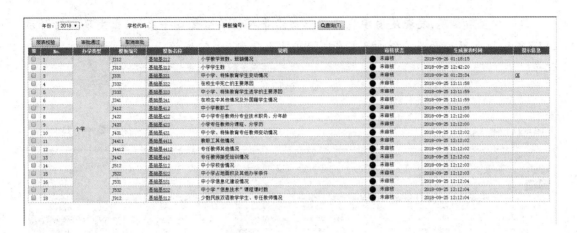

(2) 教育事业统计基表生成、核查及审核。

① 基表生成。

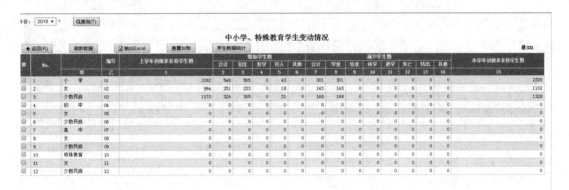

② 基表数据的审查及校验。

从核查的结果看,在校人数 2 340 跟统计的人数 2 339 差 1 人,通过基表查看进一步的信息:

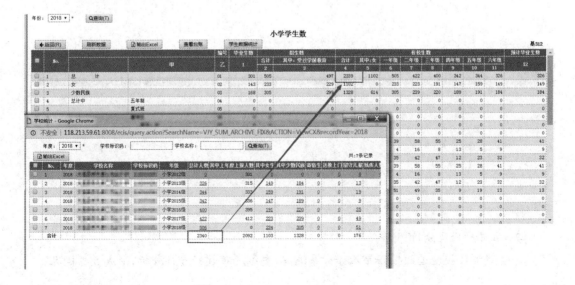

进一步查看信息，发现是由学生台账中初始导入的学生生日导致的（出生日期错写为2016年6月6日），而基表统计时，学生的年龄有限制（小学生必须大于5周岁），所以未记录。

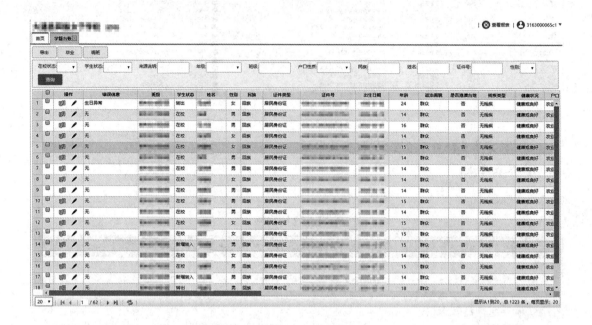

解决方法：学校核查生日异常的学生，更新台账记录。

5. 基表的校验

将学校通过审核的基表，导入国家标准版软件中校验，并反馈校验结果，确保校验的内容跟国家标准库一致。

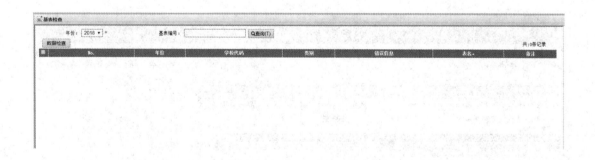

四、数据应用及分析

（一）将统计校验过的数据导入分析系统，从多维度对数据进行分析，形成数据概况

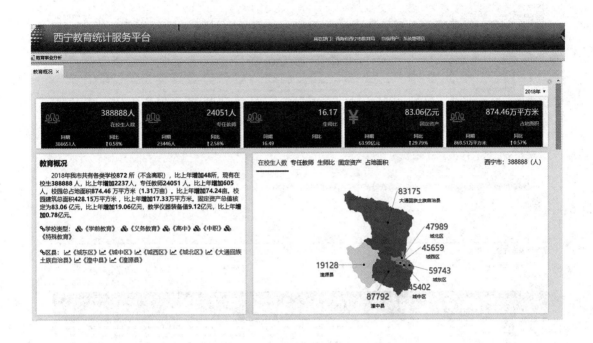

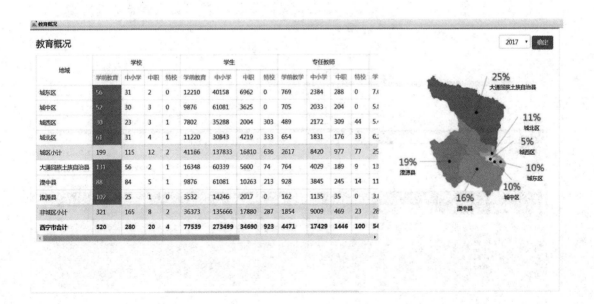

(二)综合查询

对所有数据进行任意条件查询,给各级各类学校和教育行政部门提供便利。

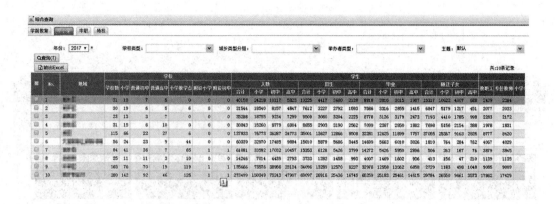

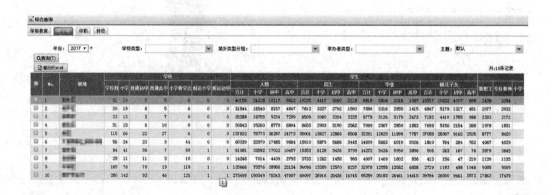

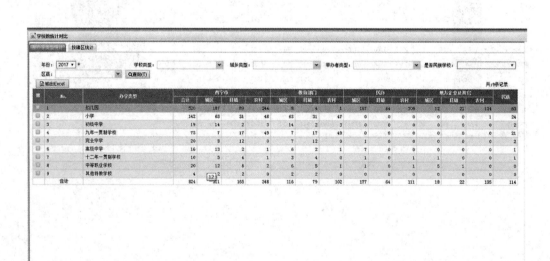

（三）分年度分区域对各项指标进行多维度对比，为领导决策提供依据

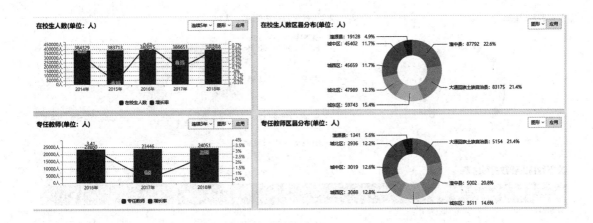

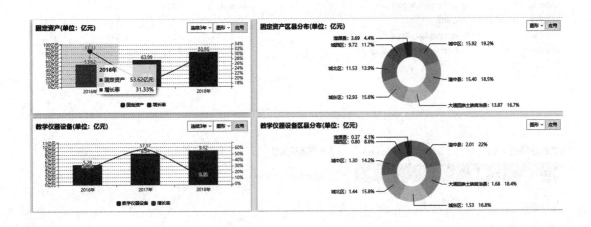

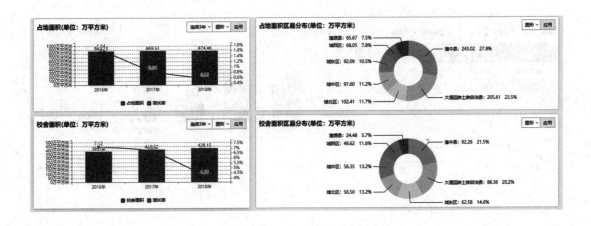

义务教育巩固率

98.80%

学生人数区县分布(单位：人)

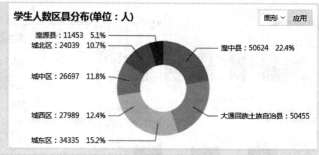

义务教育主要数据对比表

分类	序号	指标名称	2015年	2016年	2017年	同比(%)
小学教育	5	学校数（所）	160	151	142	-5.96
小学教育	6	在校学生数（人）	147881	148629	150349	1.16
小学教育	7	在校流动人口随迁子女数（人）	24458	24592	26550	7.96
小学教育	8	专任教师数（人）	7989	8074	8154	0.99
小学教育	9	教师学历达标率（%）	99.96	99.94	99.93	-0.01
小学教育	10	生师比	18.51	18.41	18.44	0.16
小学教育	11	生均占地面积（平方米）	14.3	14.22	19.1	34.32
小学教育	12	生均校舍面积（平方米）	5.02	5.13	5.36	4.48

大班额(单位：个)

	2015年	2016年	2017年
大班额	1494	1320	1281
增长率	-	-11.65	-2.95

大班额区县排名

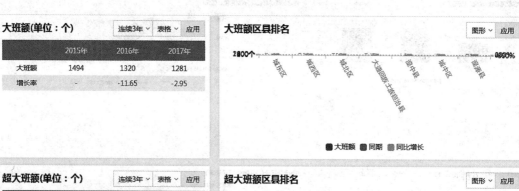

超大班额(单位：个)

	2015年	2016年	2017年
超大班额	247	215	157
增长率	-	-12.96	-26.98

超大班额区县排名

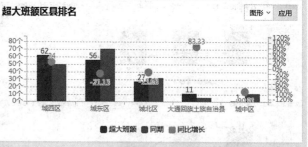

西宁市的教育统计服务平台工作流程

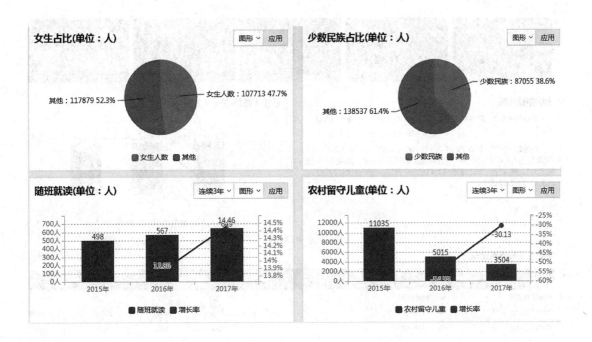

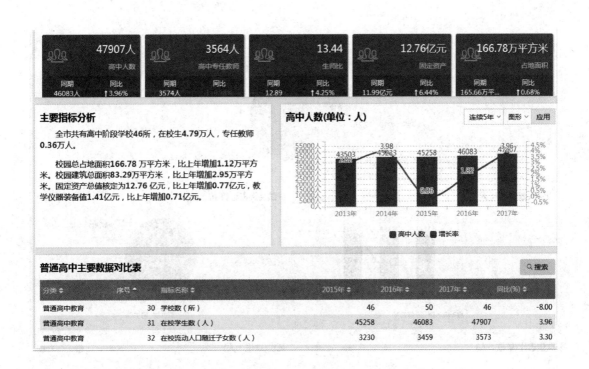

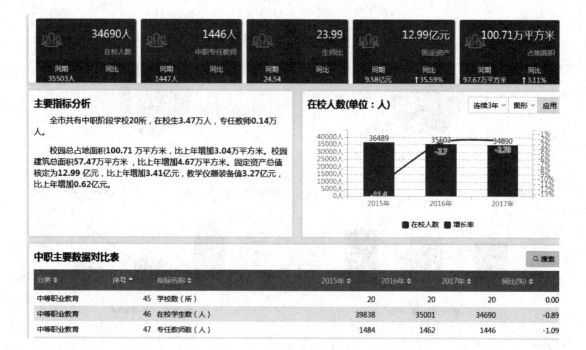

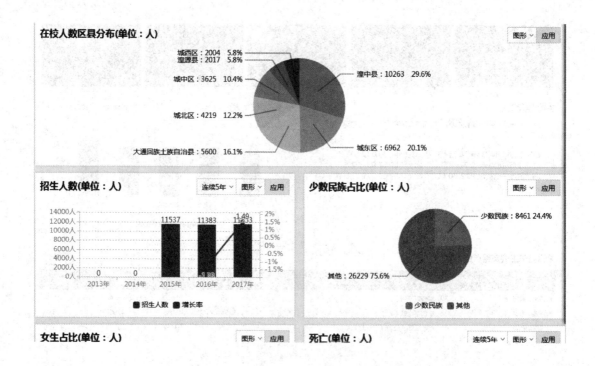

（四）自动生成教育统计公报和统计分析报告

附件二

西宁教育统计服务平台升级方案

一、建立任务与数据质量保障系统

思路：单纯的开会统一思想、签字盖章确认、成立领导小组等方式方法容易流于形式，常常变成"面子工程"，劳心又费力费时，时间、质量和权责无法保障。将具体任务全部量化，以统计工作领导小组为监管和落实权责对象，时限、任务、权责、批办等各方面建成自动监管和督办平台，可最大程度解决数据质量与工作时效等方面存在的问题，最终形成教育统计工作质量的标准模式。具体做法如下。

（一）依法统计与标准化建设

工作开展有法可依，有章可循，统计工作标准化。健全教育统计法律、法规文档库，所有工作依法开展，数据指标有政策文件支持，且有据可查，为标准化工作提供基础保障。

1. 统计法律、法规文件

● 统计法律法规：该板块罗列统计法律法规文件，PDF、DOC格式，可直接打开查看。

2. 教育统计法规、制度

● 规范文件（制度类文件）：按国家、省、市、县分级，文件名注明发文日期。

3. 业务类数据指标依据

● 标准化建设：该版本细分为指标解读、支持文件、监测体系、工作流程。

4.教育统计业务上级文件

该板块分年度罗列,默认显示当前学年工作文件,按日期顺序显示。增加任务安排事件。

- 通知安排(上级业务工作安排、通知类工作文件)。

(二)工作落实统计队伍建设——谁来做

不能有效地落实工作任务,一切都是空谈,教育统计工作责任大,工作任务重,对统计员要求较高,建立一支高素质的统计队伍是落实工作的基本条件。

教育统计工作领导小组是整个工作的实施者。

- 成立领导小组的文件、人员权责说明。

包含统计工作领导小组形象展示、权责情况说明及相关人员讲话、成果介绍。

- 骨干库以县—市逐级通过推荐形式产生名单,通过本级统计工作领导小组审核确认本级骨干,市级由县级推荐产生人员名单,再由市级领导小组审核确定,市直属学校按县级对待,省级骨干由市推荐产生人员名单,由省级领导小组审核确认。各级通过填报在线人员表单信息提交上级审核,通过后赋予角色权限,明确权责清单。

统计工作领导小组成立及骨干库建立流程

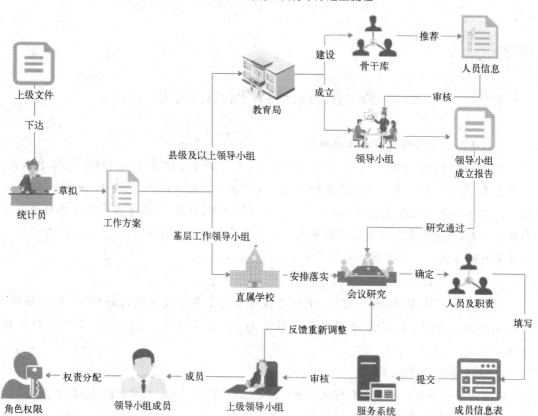

- 统计骨干库管理。

将统计骨干作为领导小组的一部分,在所有学校、幼儿园中培养出统计骨干不现实,加上人员流动原因,实施难度大。以区县为单位,将统计骨干作为区县级统计工作的主力军,按片区划分责任片区,指导片区内各学校开展工作。

- 统计工作领导小组人员管理。
- 当前队伍建设情况。

统计队伍调查与分析(每年度调查问卷)。

- 人员变更审核。

OA系统审批流程,最终形成红头文件。

- 短信、微信等通知群发(最好反馈接收状态)。

统计进度提醒与任务通知的信息群发。

- 统计工作领导小组成员通讯录(电话/邮箱/微信等)。
- 统计工作日志本。

二、业务式数据采集

处于数字时代的教育,每一步工作都需要数据来铺路,不同业务处室为了做好职责范围内的工作,都在不停采集和分析数据,而作为采集具体实施对象——学校,则有点"双拳难敌四手"的感觉,成天在数据泥潭中挣扎,对于师资有限的学校来说有点"不务正业"。教育统计工作本就是综合教育业务各方面情况的,梳理需求,统筹安排,采用业务式的采集方式落实数据来源应该成为标准。技术和方式的优劣在于是否实现了工作量的减少和工作效果的加法。

思路:将所涉及的关键指标、统计对口业务事项需求梳理为规范的业务流程,从上级来文到批办,从安排工作到完成结果,把所有能通过系统自主完成的步骤全部按关键信息自动填报,采用大量的调查报表对特殊群体的现状和教育实施情况实时跟踪,系统化的管理输出为专项工作档案和教育决策分析,简易、高效、高质量地为教育教学和教育管理服务。

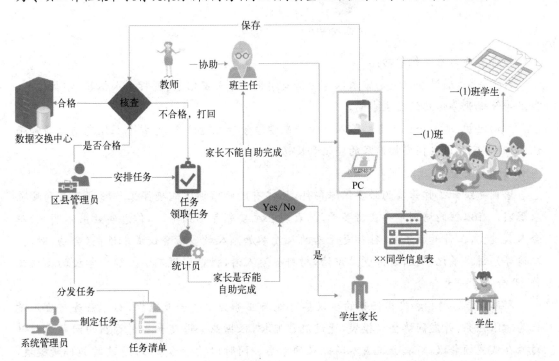

数据采集与维护——以辅助和规范基础业务为目标进行升级,无业务不统计。按只跑一次的业务流转,落实自动办公业务批办。

增加学籍业务辅助办理功能,休学、转学等直接在系统中流转,减少学籍员工作量,免家长跑路。

增加"有调查"功能,对留守儿童、流动人口、特殊群体教育等形成常规调查,以查实的情况来更新数据指标。

业务过程及成果资料自动归档,形成专项档案。

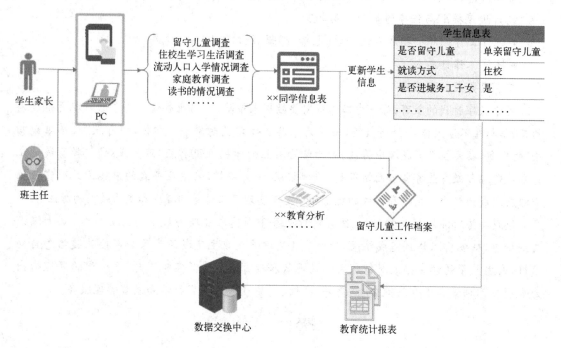

增加查询与自主维护功能。

自主查询,通过手机或电脑录入身份证或学籍号等关键信息,进行个人信息、学籍信息、报名等常规业务信息的自主查询。

主动维护,通过手机或电脑录入身份证或学籍号等关键信息,完成个人信息的更新和确认,同时可完成班主任安排内容的登记和反馈。

培训与安全。

培训是统计工作落实的必要保障条件,扎实有效的培训才能确保工作顺利开展和按要求落实。在以往的培训中存在诸多矛盾,表现在主要领导不到场,工作落实效果不明显,参会人数过少,工作开展不利(往往是干活的人没参加),人数多了会议成本过高(会场、时间、路途等),讲得多记不住,讲得少没讲清,材料多没人看,材料少说不明。综合学校的各项工作,开会占了一大部分。

思路:传达精神和安排任务的会议尽可能与业务会议整合或减少,具体任务与要求量化为时限任务,开发网络会议模块,通过流程监控,根据业务进度和当前存在的问题进行针对性在线视频会议,解决会议成本与效果的矛盾。同时以骨干为核心,通过增加科研模块,总结和探索如何降低工作量,提升工作效果的方式和方法。

教育统计培训。

培训安排。

参加上级培训文件,规划本年度工作的安排部署会议通知文件批转。

培训会议相关业务内容纲要、简报、总结、照片模板及借鉴参考资料。

培训业务管理。辖区内各区县、各学校阶段性开展的培训反馈。邀请骨干人员、使用视频会议平台等的审批。

统计人员业务能力拓展与提升培训。

视频会议。会议安排、通知、使用。

教育数字化科研平台。

教育统计工作专项调查。

教育统计相关业务情况调查分析。

研究探索统计工作中的难点与痛点(解决基础教师繁重的填表现状)。

数据安全。

统计工作文件与数据传输及共享。

信息安全法律法规等文件。

信息安全保密协议、承诺书。

移动 APP 模板。

思路:利用移动端的优势,开发信息采集、维护与查询模块,一则减少学校的业务量,提升数据质量,二则增加了家长的参与和知情权,三则灵活的批办与参与使系统更具生命力。

表单填报。通过采用调查表方式,家长或教师只需选择或通过录入身份证号方式来自主进行填报或更新信息。

信息查询与维护。如易查分,通过身份证号、电话号码等关键信息进行个人信息、测试成绩等专项信息的查询。

数据与报表查询。针对统计员、各级报表需要人员开展的手机查询数据、报表。

审核审批。各项需要审核、审批的业务开发手机办理功能。

通知与客户端接入。任务下达、提醒、通知、参与入口等信息,通过短信、微信、QQ 群等方式自动推送。

微应用业务。继续打造育灵通服务号提供微信查询入口。开发微信、钉钉服务接口,实现便捷的移动办公方式。

数据分析。

教育发展情况基本指标分析与展示。

概况展示。

分学段、分教育板块展示。

专项指标监控(当前较重要的工作,如义教均衡、大班额、教育目标等)。

分析报告。

年度分析报告。

同比、环比与历年教育发展趋势。

档案建设。

教育统计档案。

文件类：统计工作开展流程批办的各类文书、简报等。

教育综合统计报表（基础、中职）。

教育统计补充报表。

分析报告。

统计年鉴。

台账支撑档案。

分类异动台账（机构、学生、教师、校舍、资产）。

基础台账（机构、学生、教师、校舍）。

佐证资料。

业务开展过程档案。

下发调查安排、通知、简报等文件。

调查表。

调查分析报告。

省厅点评

做细做实教育统计台账,推动教育数字化科研进程
——《西宁市的教育统计服务平台工作流程》点评

青海省教育厅副厅长 董林

  党中央、国务院及青海省委、省政府高度重视统计调查工作。2016年,中共中央办公厅、国务院办公厅印发《关于深化统计管理体制改革提高统计真实性的意见》《统计违纪违法责任人处分处理建议办法》;2017年,青海省委办公厅、省政府办公厅印发《青海省关于深化统计管理体制改革提高统计真实性的实施意见》;2018年,教育部印发《教育统计管理规定》,青海省教育厅会同青海省统计局联合印发《青海省教育统计管理实施细则》。一系列政策法规的出台,彰显了统计在经济社会发展中愈加重要的地位。

  当前,青海省教育已发展进入提高质量、优化结构、促进公平的新阶段,判断教育质量的高低需要用数据作为基础,判断人才培养的结构与经济社会发展需求是否匹配也需要以数据作为基础,判断教育在推动社会公平的过程中存在哪些问题还要靠数据作为基础,上述数据均来源于教育事业统计。新形势对教育事业统计工作的要求更高,我们要深入挖掘存在的问题,探索解决方法,深化教育事业统计管理体制改革,不断规范、完善工作,充分发挥教育事业统计服务教育决策、事业发展的作用。

  西宁教育统计服务平台在这种背景下应运而生,诠释了如何利用信息化手段夯实数据基础、提升统计效率、服务教育发展,使全市教育统计信息化水平上了一个新台阶。自2016年平台研发启动至今,经过2次大规模的设计理念和程序框架的调整,有效解决了"谁来统""统什么""如何统""怎么用"的问题。目前,平台运行趋于稳定,功能逐步扩展,实现了预期目标。**一是打通不同数据库之间的壁垒,夯实了数据台账**。平台的运行理念是建立各级各类学校学生、教师、资产校舍准确的台账,根据各类台账自动汇总生成所需数据。平台中的台账子系统依托中小学学籍系统、教职工系统、校舍管理信息系统等已有数据库,读取上述数据库中已有信息,并逐一核对,确保准确无误。这种通过利用已有数据建立台账的做法,一方面可以避免重新全面建立台账对人员、时间及专业性的要求,实现数据融会贯通;另一方面通过逐一核对,也可以检测其他程序软件中已有的信息是否与实际情况一致,倒逼业务部门加强管理,及时更新相关信息。此外,台账模块中的各类信息定期更新,确保除了在规定时间节点产生年度数据之外可以随时产生当前数据,便于各级政府及有关部门掌握最新的教育事业发展情况。**二是实现报表自动化填报,提升了工作效率**。平台的设计理念是尽可能以机器代替人工,实现高效率工作。平台中的统计子系统根据前期核对完成的各类电子台账,针对统计报表涉及的各类指标,分类汇总出不同指标对应的数据,自动填充到统计

报表中,再次进行审核校验,确保数据无误。这一做法对统计人员专业性的要求不是很高,统计员无须精准掌握报表间的逻辑关系和指标要求,只需要按时间和要求将统计对象的详细情况反馈清楚即可生成所需的统计报表。**三是多维度生成数据分析报告,夯实了数字化科研基础**。平台运行的预期效果是以教育统计数据推动教育数字化科研发展,以数字化科研深化教育统计改革。平台中业务辅助模块对采集的数据进行多维度分析,例如可以分年度、分地区、分不同指标等生成直观的数据图和分析报告,也可以自动生成年度统计公报等,夯实数字化科研基础,为科学决策提供强有力的数据支撑。

西宁教育统计服务平台充分利用网络优势和现代信息技术,简化了统计工作流程,减少了各级统计人员的工作量,创新了教育统计方式方法,有效提升了教育事业统计数据质量和数据服务水平,为教育发展决策提供有力的数据支撑,推动青海省深化教育统计管理体制改革迈上新台阶。

新时代对教育统计提出了新的挑战,推进教育改革发展、实现教育现代化需要教育统计工作提供数据支撑和信息服务,不断提升统计管理水平,提高工作成效。我们要以习近平新时代中国特色社会主义思想和党的十九大精神为指导,深入贯彻全国教育大会精神,认真落实中央关于统计工作的重要要求,深化教育统计管理体制改革,提高教育统计数据质量和服务水平,构建推动高质量发展的教育统计体系,为加快推进教育现代化、建设教育强国、办好人民满意的教育提供更加优质的统计保障。**一要**引导各级领导和统计人员树立正确的理念,充分认识到统计是一项政治性很强的工作,统计数据的测算产生和分析研判都需要体现很强的政治责任和政治意识,从根本上树立依法统计思想,务必坚持实事求是、求真务实这一核心思想。**二要**为统计工作开展做好政策保障,确保管理方式更科学、更全面,实现政策措施在基层落地并发挥效益,提高管理水平。**三要**在现有基础上,进一步优化统计工作方式,打破数据孤岛,建立数据共享汇通的统计大数据库,完善全省统一的学生就学数据库、教师库、校园建筑物单体信息库等教育基本单位数据库,每一个体既不重复也不遗漏,且能有效及时更新与维护。**四要**全面提升统计服务水平,注重对数据的分析研究,进而夯实统计管理基础。教育统计不能仅仅局限于教育事业本身的发展,应更多地关注教育与经济发展、社会发展以及个人发展的关系,从而科学地编制教育事业发展规划及其规模、速度和结构,及时为教育事业科学发展提供必要的统计监测信息、咨询意见和决策建议,全面提升统计数据服务教育管理的现代化水平。

专家点评

《西宁市的教育统计服务平台工作流程》点评

北京市西城区教委原主任科员　朱奕慰

基层教育统计工作是一项烦琐、枯燥的工作,工作量大、统计指标多,加上学校管理水平参差不齐,统计人员基本兼职且更换频繁,整体素质差异大,对数据采集准确度很有影响。"三分统计,七分估计"现象时有发生,数据质量难以保证。

教育事业统计报表制度改革以来,统计指标逐年增多,教育事业统计软件系统操作较为复杂,更给基层统计人员的工作带来一定的难度。近年来,为了确保统计数据真实准确,党中央、国务院出台了一系列关于加强统计工作的法律法规和文件,各地区统计人员在感到压力和挑战的同时,也在各自的岗位上创新了一系列统计工作方法,积累着教育统计工作实践经验。

为切实落实中央深化统计管理体制改革,提高统计数据真实性的要求,提升教育统计工作整体能力,减轻基层统计人员的工作难度和强度,促进工作交流,共享经验成果,教育部开展了这次教育事业统计工作案例征集活动。征集的案例要求是针对整个教育统计过程中出现的某一重点、难点问题,分享在统计工作开展中进行改进的方法或探索的经验,因此,必须是已经发生过的工作实例,并取得初步成效。由于很多同志初次接触案例撰写工作,可能没有弄清撰写案例与撰写论文的区别,多数案例只写了问题、产生原因及建议,有些案例甚至写的只是设想。还有部分案例更像总结,定性多,定量少,比较空泛,没有呈现解决问题的实践过程与成果,缺少实际支撑材料,很难作为案例推广或起到借鉴的作用,这就违背了案例征集的初衷。"西宁教育统计服务平台工作"这个案例,之所以能够在众多案例中脱颖而出,关键在于它对实际工作遇到的难点问题的解决办法作了较全面的阐述,且支撑材料较丰满。

案例以2016年西宁市教育局研发教育统计服务平台的设想和目标为切入点,针对西宁市教育局在每年教育统计工作中出现的"统计员疲于应付数据间的平衡关系,削足适履,影响数据质量,脱离或不能准确及时反应实际情况"的现象和工作中深感"教育统计工作系统庞杂""教育事业统计工作耗时耗力,而且统计数据的准确性并不能得到保证"的困惑,提出了"研发一套西宁市教育事业统计软件""改善教育统计工作方法,提高教育统计工作效率和质量,实现数据实时更新、随时提取"的设想,并付诸了实践。

案例较详细地介绍了平台的设计构想、系统构架、功能及取得的成效——"极大地提高了各级教育行政部门及各级各类学校的工作效率,同时做到数据精准、台账明晰、档案齐全、统计工作程序简化,也可以实现数据实时更新、随时提取,为教育事业统计提供了极大的便利,避免由于统计人员频繁更换造成统计工作不及时,新统计人员对统计工作不熟悉等原因造成的统计数据质量不高的弊端"。

该案例选题具有典型性和代表性,内容真实,问题表述清晰,解决方法科学,现实效果明显。西宁教育统计服务平台的设计思路是利用台账进行数据统计,这就强制学校在学生、教师、资产校舍管理上实施电子台账制度,有力推进了学校统计工作管理水平的提升。西宁教育统计服务平台的建设,通过信息技术手段很好地解决了教育统计工作中普遍存在的数据采集不准确的难点问题,推动了教育事业统计的现代化建设,具有很好的借鉴和推广价值。尤其是西宁教育统计服务平台兼顾了业务科室已有的业务系统,"联通了各业务系统的数据通道""实现了数据工作向业务工作的转变",消除了信息孤岛,既减轻了基层学校统计员重复填报数据的工作压力,又实现了数据采集源头直接到个体信息,提高了数据的精准度;同时,加强了与业务科室的沟通和联系,发挥了全员参与教育统计管理工作的协同作用。西宁教育统计服务平台将数据采集、数据分析整合为一体,为科学决策提供了强有力的基础性和综合性数据支撑。

案例初稿支撑材料较为充实,但由于穿插在文中,致使全文不够连贯;修改稿去除了支撑材料,全文贯通性明显提高,但方法阐述不够明晰,建议作为附件适当补充。此外,案例对在统计服务平台建设过程中出现的问题及解决问题的办法阐述较少,对统计服务平台五大模块中的基础数据,如何实现与业务科室已有系统内的数据对接没有进行充分说明,例如,在系统架构中,学生模块"采用以学籍系统的数据作为初始值""教职工模块采用跟教师系统对接的方式"的具体实施方法是什么?遇到壁垒如何消除?这些问题是很多省市、区县统计工作中不可避免和困惑的问题,文中没有明确阐述,不便于他人学习和借鉴。建议案例单位进一步完善和提高。

尽管案例撰写尚有提升空间,但此案例仍不失其亮点和作用的发挥,对教育统计工作带来很大的启发和借鉴。

一己之见,仅供参考!

建立数据仓库,提升统计质量

同济大学 佘仕凤

为了解决业务数据管理分散的问题,同济大学通过印发《同济大学统计工作办法》,建设数据仓库,规范统计标准,核实入仓数据等环节的各项工作,逐渐提高了学校数据统计的质量,支撑了学校的决策和发展。数据仓库的建立对于高校核实统计数据、提高统计质量有着极其重要的价值,对于高校统计数据的相互核验、管理统计数据台账、提高决策准确性有深远意义。

一、引语:数据管理冲突

"我们提供的统计数据一定要真实、准确、完整,教育部的数据都是来自我们基层高校,且不说我们如果提供了不准确的数据就是在违反《统计法》,更是会危及教育部甚至国家作出的重大决策,影响的还是我们学校自身。"2014年,我被新聘为同济大学发展规划研究中心(现调整为发展规划部)的统计专员,部门领导蔡老师在多次的统计工作布置会议中都提到这句话。每年9月完成《高等教育学校(机构)统计报表》都是一项重要工作。然而刚入职不久,学校数据管理混乱的问题很快就困扰了我。在统计"研究生指导教师情况"时却遇到了矛盾的问题。在向人事处同事获取信息时被告知"研究生导师信息在人事系统中不完全掌握,数据在研究生院"。而在与研究生院同事沟通过程中发现,"研究生院系统中教师的年龄、职称属性属于他们自己维护的信息,没有与人事系统对接,有数据不准确的情况,特别是教师已经评聘为正高职称后,但未在研究生院报备,则系统里面仍然是副高职称"。

这可是个两难,如果从人事处提取导师信息库,就会有信息不全的情况,如果从研究生院提取导师信息,也会有信息错位或数据遗漏,无论哪个数据库都不能完全适用。这样无论是从哪方取的数据都存在不完全、不准确的情况,也就是必须线下进行手动匹配工作,通过两个业务系统数据核对,完善基本信息数据。数据清洗工作量巨大,而且人工清洗的准确性也难以保证。学校里只有我一个专职统计员,准确高效地完成各项统计、保障数据统计质量是我的首要目标。但在统计管理方面,我完全是新手,时间又紧,要保障数据质量真是个大问题。业务部门数据独立不关联,数据维护不全,数据统计质量需要完全靠人工清洗完成,耗费大量时间而准确性还未必有保障,严重影响了统计效率,又谈何保障数据质量呢?

二、案例背景：国家对统计准确性的要求

统计资料达到真实性、准确性、完整性和及时性，是衡量统计工作质量的标准，更是《统计法》提出的明确要求。在面临数据冲突问题、跟领导汇报情况后，通过与学校信息中心的沟通，我走访了解了各业务系统的现状。目前，学校数据管理工作的难点就在于各项数据管理分散在各职能部门，各职能部门在信息化进程中均建立了自己的业务管理系统，为各自的业务职能服务。（由于历史原因，以往新建系统只需要各部门审批通过即可，不归属信息中心统一管理，现在学校已调整由信息中心负责统筹管理所有信息化系统建设。）信息中心专业技术人员表示，要对接数据，最大的难点还在于各业务系统的开发标准不统一，相互之间很难直接对接，数据没有互通有无，出现很多信息孤立的情况。

这些现状对于数据管理工作真是很难有保障。例如在完成高基表过程中，就需要各个数据互相验证，数据多头管理、标准不一、数据冲突的情况时有发生，处理起来耗时耗力，效率低、质量差。

领导也很快意识到这个问题的严重性，投入人力、花较多时间，能解决一次的问题，却解决不了永久的问题！

三、须解决的核心问题：系统孤立

系统相互孤立是亟待解决的问题！为此，学校专门联合信息中心及企业专家开了专家咨询会，商讨解决方案。在会上，有老师也介绍了其他高校的经验，"将所有业务系统的数据全部导入信息库中来管理，需要提取哪方面的数据就可以同时调取相关数据进行分析、判断、统计"。但是我们提出以下疑问：随着时间的推移必然会面对海量的数据信息，无论重要与否都实时入库也会产生很多垃圾数据，后期要进行筛选和进一步判断也是很困难的，效率难以提高。对我们统计工作来说，准确而高效才是信息化的原动力。

随着问题进一步的深入研究，有专家提出，"要准确而高效地保障统计工作质量，那就必须对入库数据先进行必要的清洗及关联，最大化地利用信息化的工具来改善统计工作，而非依靠后期人工清洗"。通过多次的商讨，信息中心领导许老师和我部门领导蔡老师都意识到：对学校而言，想要永久解决数据冲突的问题，唯有打通各信息系统，统一数据标准，建立数据仓库，数据信息化统一管理，才能避免数据的多头来源所造成的准确性缺失。

然而，在2014年学校开始建设数据仓库后发现，事情远远超过了我们的想象。整体而言，学校的信息化开始较早，进程较快。据我们不完全统计，2014年学校大大小小的业务系统有50个之多，主要的和较大的业务也有20多个！所有业务系统的源表数量总和超过了

2 000个！其中，研究生系统源表的数量就达 700 多个，涉及字段数量超 800 个！在数据仓库建设过程中，更多的问题也暴露出来了，最早的业务系统建立已有 20 多年历史，获取开发的源文件存在很大困难。如果没有开发源文件，很难与数据仓库实现对接和提取。

四、工作过程及解决方案

数据仓库建设过程中面临的困难很多，但是学校对于提高统计效率、提升统计数据质量寄予了很大期望，学校和部门领导也越来越重视数据信息化工作，特别是在大数据时代，数据仓库的建设势在必行。

为了帮助数据仓库的建立，在学校领导的支持下，整个数据仓库的建设分三个阶段推进。

（一）前期工作准备阶段

1. 政策支持

2013 年我们部门在全面负责学校统计业务后，出台了《同济大学统计工作办法》。

2. 队伍建设

在我任学校专职统计员后，组织各职能部门信息员建立了兼职统计员队伍，选择业务部门的信息员进行对接主要是考虑了其对本身工作业务比较熟悉，而且有一定的信息化知识，在利用业务系统上能更有优势。在全校形成了一支约 30 人的既有专业业务知识又有一定信息化知识的统计员队伍，并且组织统计专业培训，提升统计专业知识。因此，在数据库对接的具体工作中，利用统计员对业务系统的熟悉，对内深入业务系统，规范数据管理，在外能借助信息化专业力量实现技术对接。

3. 专业力量

在技术上依靠专业数据库公司的力量，在调研各大业务系统的基础上，搜集各原业务系统建设时的原始资料，技术上统一入库规范，不适宜的进行调整后对接，突破技术上对接的难关。

（二）数据集成阶段

具体按照职能分类，先对涉及教师、学生、资产等的各大业务系统实现对接，再逐步扩大到所有业务数据。

1. 熟悉各业务系统

从统计业务出发，技术人员与统计员沟通，深入调研各职能部门业务系统的所有源表数据，梳理出常用字段和重要字段信息，清理出由于临时性业务需求新增的管理表和数据字段。

2. 划分各系统数据源头

对于多头管理的数据，实行"谁主管业务，谁负责维护"的原则，数据仓库只提取主管业务的数据字段，其余的数据字段不采纳。

3. 实现数据对接、入数据仓库

根据各业务系统的开发源在技术上实现分层对接，完全实现实时更新；对于入仓数据字段各业务系统表间实现共享，采纳唯一数据源。

4. 落实各字段维护责任人，实时更新数据

数据本身更多的是管理的问题，对于入仓数据字段维护落实到各职能部门的信息员、统计员，信息变化时及时在业务系统中维护更新，而数据仓库通过实时提取各业务系统的变化数据就能保障数据的及时性，效率和准确性得到大大提升。

5. 建立补录系统

对于业务系统外管理的数据建立补录系统，补录数据接口通过发展规划研究中心（现发展规划部）统一核查后录入。

（三）数据仓库完善阶段

在实现业务数据对接后，后续数据核实及使用更是一个重要问题。信息中心作为数据技术维护和管理的部门，以及数据的主要使用方，在工作中逐步建立了一整套数据管理的工作流程，如图1所示。

图1 学校数据仓库建立及数据使用工作流程图

五、实际效果

经过这些年的建设，我们最终整理入库了20多个较大业务系统数据及上千个表格。在此基础上，为学校的领导决策、数据统计提供了数据支撑，有力地支持了学校的相关决策和院校研究工作。

在第四轮学科评估分析中，我们提供了全校所有数据的查询平台，弥补了各学科收集数据的不足，利用大数据平台，针对所有学科数据查漏补缺。

临床学科老师感叹，"还好有了这个大数据库，让我们学科补充了2个国家级项目和8篇ESI论文"。

很多老师都惊叹道："有了数据查询平台，我们之前不知道的数据也得到了补录，让我们学科瞬间提升了好几个名次。"

而从我开展学校教育事业统计的角度来看，完成每年一次的高基表统计可直接取得一手台账，核查数据有理有据，保障了数据均有出处，直接落实到责任人，发现问题及时修正，效率得到了很大提升。

此外，我们还培训了一支专兼结合的统计员队伍，完善了各职能部门的数据管理，保证数据采集的及时、准确、高效。

在此过程中，我们也积累了丰富的实践经验，为后续数据质量的持续改进提供了宝贵的经验教训。(1)"统计必须知其然，更要知其所以然"，为了更好地完成统计，必须熟悉业务本身，熟悉各业务会产生哪些数据；(2)数据本身的问题就是管理的问题，提升数据质量要追根溯源，从管理的源头清洗数据才能保证信息系统数据的准确性。

六、结语

就在我们为数据仓库建设大功告成而满心欢喜的时候，发现数据仓库的建立并不是建成即完成的，后续数据的维护、数据质量的持续改进更重要。数据的改善和治理是一个长期的过程，在数据使用中有很多问题暴露了出来。数据本身的问题也反映出了学校管理层面的问题。例如教职工离职后又再次进入学校的，有可能存在人员信息重复的情况，这些数据治理工作不是一时可以完全改善的，但是由于有了数据仓库的建设，通过分析数据我们发现了更多的问题，为更好地改善现状、加强管理提供了依据。

只有数据仓库的质量达标了，使用起来才能达到事半功倍的效果，而后续持续的数据统计、分析、决策等工作都需要以此为基础。相信通过数据仓库建设积累起来的经验，会使我们更注重于提升数据质量，在支持相关决策、推动高校"双一流"建设方面发挥更加重要的作用。

省厅点评

迎接大数据时代背景下教育事业统计的变革与创新

上海市教育委员会副主任　轩福贞

教育部最早从1954年开始教育事业发展统计,随着教育事业的改革和发展,教育统计的内容不断扩展,目前,形成了以教育事业统计和教育经费统计为主体,以各专项统计为补充的中国教育统计体系。高等教育事业统计是我们教育事业统计工作的重要组成部分,全面反映学校各项事业的发展状况,是国家对高等教育进行宏观管理的重要手段。准确的统计数据是高校科学决策和管理的基础,是《统计法》明确提出的基本要求。

随着信息技术的发展,大数据时代对高校教育统计工作提出更高要求,同时也为高校统计工作带来了新的思路和技术手段。本次获一等奖的案例《建立数据仓库,提升统计质量》根据在完成高等教育事业统计工作中遇到的数据管理冲突的问题,着重信息化技术的应用,通过建立数据仓库平台,解决数据管理上的数据孤岛现象,在统计实践工作中提升了数据统计质量,使数据更准确、有效。据了解,同济大学"数据仓库"建立的思路,为数据的集成提供了一个平台,不仅用于满足教育事业统计需求,更是为学校日常管理、决策分析等提供了准确而有力的数据支撑。案例针对有一定信息化基础的学校,而现有业务管理系统相对独立,信息不互通的情况提供了一个解决方案,通过建设数据仓库平台,梳理整合学校各项数据,加强数据管理,并且将建设过程中遇到的问题和解决方法分享出来,为更多的学校加强数据管理、核实统计数据、提升统计质量提供了实践参考案例。

上海市一直高度重视教育事业统计工作,先后根据《统计法》及《统计法实施细则》、教育部《教育统计管理规定》等,对本市统计工作实施分类管理原则。走访调研各学校统计现状,对不同办学类别的学校进行专人专项分类指导,定期传达政府统计精神,召开各项统计工作例会,在统计工作上走在全国前列。而时下,信息化技术高速发展,大数据时代背景下对我们数据管理能力更是提出了更高的需求,对我们是一个巨大挑战。如何更好地利用信息化技术为统计工作服务是我们一直探索的一个方向。本次上海市获奖的两个案例,一等奖的《建立数据仓库,提升统计质量》和二等奖的《同济大学土木工程学院的教师信息管理系统建设》从实践的角度为基层统计工作探索了新的解决方案。

大数据的特点就是"大",数据信息量大、数据增长速度快,如何准确、高效地保证海量的统计数据的质量,管理工作至关重要,现代的管理理念离不开现代的信息化管理技术。现在面临的主要矛盾就是在于传统的管理理念跟不上日益增长的数据信息化进程,依靠统计人员梳理数据的传统统计方法难以满足大数据时代的统计需求。现在上海统计的现状在于很多高校已根据管理业务需求建设了信息化管理系统,有一定的信息化管理基础,但是对于业务系统不能满足统计需求,以及各业务系统之间存在数据冲突、信息孤岛的现象,也还难免有学校是依靠统计人员手工解决的,存在缺乏台账管理体系、统计工作的手段相对比较落后的情况。案例中通过建设数据仓库来改善基层统计资料收集的难题,将信息技术融入学校各项教育统计、信息化管理模式中,对统计信息化管理工作具有重要的指导作用,为数据资料台账的管理提供了一个新思路新方向。

"以新理念引领教育现代化"是《国家中长期教育改革和发展规划纲要(2010—2020年)》明确提出的要求,以国际互联网为基础的信息化正逐步成为推动世界经济和社会发展的关键因素,对于教育事业的发展也带来了新的挑战和机遇。使用先进的计算机技术进行数据的统计与处理有利于促进数据的收集、存储、传递以及处理等,最大程度地提高统计数据的准确性和及时性。采用先进的技术完善数据统计手段能够进一步提高统计信息的自动化管理能力,为提高学校统计数据的质量提供更为坚实的保障。进一步实现教育的现代化,利用现代信息化的技术为教育所用,是我们接下来需要重点投入的课题。其次,教育统计信息化工作涉及众多部门,其中的规划、协调、管理工作也是需要我们重视的。为了有效地提高数据统计人员的素质和能力,下一步要加强对统计人员的相应培训,保证培训工作的规范化和合理化,保证数据统计人员时刻谨记数据统计的重要意义,最终创建一支素质高、能力强的数据统计队伍是我们进一步的目标。

总而言之,为了能够利用教育统计工作更好地反映学校的发展状态,以此为根据进行更高效的行政管理,制定出更合理、更适应学校的政策,将信息化管理理念推广到各学校的日常统计工作中是时下的当务之急,我们要进一步利用信息技术做好数据统计与数据分析的工作。

专家点评

《建立数据仓库,提升统计质量》点评

成都信息工程大学统计学院教授　蒋志华

本案例以同济大学统计新手四年的高校教育事业统计工作经历为主线,为了保障高校统计数据的真实性、准确性、完整性和及时性,提出了建立数据仓库,提高数据质量,提升统计工作效率的实施方案。对于解决目前高校各职能部门业务管理系统开发标准不统一,相互之间很难对接互通有无,出现信息孤立的问题,具有重要意义;对于研究如何利用学校统计数据服务学校发展具有重要参考价值。

一、问题找得准,探究原因透

案例针对数据来源、系统孤立、统计效率、数据质量四大问题,探究了原因。本案例作者2014年被新聘为同济大学发展规划研究中心(现调整为发展规划部)的统计专员,专职负责学校统计工作。作为一个高校统计工作的新手,深感担子重、任务重,始终把保障学校数据统计质量作为首要目标。但回顾领导的相关讲话精神,部门领导在多次的统计工作布置会议中都提到,"我们提供的统计数据一定要真实、准确、完整,教育部的数据都是来自我们底层高校,且不说我们如果提供了不准确的数据就是在违反《统计法》,更是会危及教育部甚至国家作出的重大决策,影响的还是我们学校自身"。但是,分析学校目前数据管理现状发现,学校数据存在多头管理、出现数据冲突等问题。作者分析了高校教育事业统计数据来源数出多门、数据不一致、不衔接的原因,探究了各职能部门业务管理系统开发各自为政、不兼容、人工清洗数据等导致的统计效率低的问题,以及统计数据口径不统一、同一指标数据来源不同、不一致等导致的数据质量问题。具体而言,在填报《高等教育学校(机构)统计报表》中的"研究生指导教师情况"时,学校人事处与研究生院出现数据矛盾,互相不对接,出现了数据更新不及时、准确性欠佳等问题。究其原因,是各业务部门相互推诿,不敢承担责任。由此导致无论是从哪方取数据,都存在不完全、不准确的情况,数据统计质量需要完全靠人工清洗完成,耗费大量时间而准确性还未必有保障,严重影响了统计效率,又谈何保障数据质量呢?更会导致高校的决策出现失误甚至走向歧途。

二、建立数据仓库,解决数据孤岛

案例描述了在针对问题、探究原因的基础上,学校通过印发《同济大学统计工作办法》,开展了建设数据仓库,规范统计标准,核实入仓数据等环节的各项工作,提出了以解决系统孤立为核心的实施方案。通过打通各职能部门业务管理信息系统,统一数据标准,建立数

仓库,统一管理,解决了多头数据来源问题,提高了统计工作效率,统计数据质量有了保障。逐渐提高了学校数据统计的质量,通过数据分析支撑了学校的发展,在领导决策、院校研究等方面发挥了重要的作用。

培育了一支专兼职统计队伍。根据 2013 年学校出台的《同济大学统计工作办法》,在 2014 年学校设立专职统计员一职后,各职能部门建立兼职统计员队伍,建设了一支约 30 人的既有专业业务知识又有统计知识的统计员队伍。在具体的工作中,利用统计员对业务系统的熟悉,深入业务系统,规范数据管理,借助信息化技术力量,最终实现了数据的对接。

建设了一个较为完善的数据仓库。学校于 2014 年开始建设数据仓库,大大小小的业务系统有 50 个之多,主要的较大的业务也有 20 多个! 所有业务系统的源表数量总和超过了 2 000 个! 较大的研究生系统源表数量达 700 多个,涉及字段数量超 800 个! 超乎我们的想象。可见,学校的信息化开始较早,进程较快。但是,在数据仓库建设过程中,暴露了许多问题,开发源文件获取存在较大的困难,而如果没有开发源文件,很难与数据仓库实现对接提取数据。为此,作者按照职能分类,先对涉及教师、学生、资产等各大业务系统实现对接,再逐步扩大到所有业务数据。具体做法是:从统计业务出发,技术人员与统计员沟通,深入调研,清理出各职能部门业务系统的常用字段和重要字段信息,以及由于临时性业务需求新增的管理表和数据字段。坚持"谁主管业务,谁负责维护"的原则,落实各字段维护责任人,建立补录系统,实时更新数据,采纳唯一数据源,实现数据共享。经过四年的建设维护,目前整理入库了 20 多个较大业务系统数据及上千个表格。

三、实施年限长,效果好

案例实施四年,效果明显。主要体现在**搭建了一个平台,培育了一支队伍,提高了教育事业统计工作效率,提升了统计数据分析服务学校发展的能力**。具体而言,一是为第四轮学科评估提供了全校所有数据的查询平台,弥补了各学科收集数据的不足,对学科评估名次的提升提供了有效的数据支撑。有老师惊叹道:"有了数据查询平台,我们之前不知道的数据也得到了补录,让我们学科瞬间提升了好几个名次。"二是高基表统计填报数据有理有据,数据质量高,工作效率大大提升。三是培训了一支专兼结合的教育统计队伍,完善了高校各职能部门的数据管理,确保了教育统计数据采集的及时、准确、高效。

建议数据仓库建设的背景材料再充实一些,建设路径更清晰一些,统计数据挖掘分析的面更广一些,以便于推广。

学校教育统计档案的 5S 管理方法

陕西省西安师范附属小学　周海霞

本案例重点阐述了学校教育统计纸质档案管理的重要性、存在的问题和采取的创新管理方法。在此基础上，案例深入细致地阐述了统计资料的整套装订方法、归档流程以及未来的发展趋势。经过多年工作实践的不断完善，学校统计档案管理逐步规范化、制度化，也得到省市教育行政部门的高度肯定，拟在全省推广使用。

"咚咚咚"，学校的走廊里传来一阵急促的脚步。"周老师，我让你找的 2013 至 2015 年各级各类教育统计报表找到了吗？"陕西省西安师范附属小学（以下简称"西师附小"）刘校长冲进办公室着急地对周老师说。"刘校长，您稍等一下，我马上就找。"周老师随即在电脑上开始目录检索，"找到了，我去档案室给您取过来。"然后便一路小跑来到学校档案室。

当周老师来到档案室根据目录指定的柜子打开时，扑面而来的灰尘和零散的档案，让她顿时愕然。柜子里的统计档案跟归档目录索引完全不匹配。"这些年统计档案总是被借来借去，有的一借不还，有的不全，有的不按原位置放回，所以比较零散。你慢慢找，别急。"旁边的人看周老师着急，不时安慰着她。经过这次"事故"之后，周老师下决心以后决不能让自己负责的统计档案管理出现这样的窘相，她开始思索如何将教育统计档案用合适的管理方法将它规范化、系统化和制度化。

一、学校教育事业统计档案的重要性

教育事业统计档案是国家统计档案的重要组成部分，学校教育事业统计档案是教育统计工作过程的真实记述和呈现，是统计数据可以追本溯源的重要依据。它不仅记载着学校教书育人的发展历史，同时也是学校进行科学管理、科学决策的重要参谋和助手，具有很强的历史参考价值。即使在电子统计档案加速发展的信息技术时代，也难以动摇其主流地位。纸质档案以符合证据性要求而产生并得以保护，具有稳定、永久、固定的特征，特别是对于一些珍贵的原始数据资料更是不可替代。因此，做好原始纸质统计档案管理尤为重要，要将学校教育事业统计纸质版档案当作宝贵的档案留存。

二、学校教育事业统计档案管理普遍存在的问题

学校教育事业统计档案的内容来源于学校管理和教学实践活动中的各个环节,既包括直接形成的文字材料、图表等数据(如学生花名册、毕业生名册、教职工花名册、学生体质健康测试及体检综合分析统计表、学生体检表、固定资产报表等),也包括统计工作过程中的原始记录、统计报表、统计台账等内容。其数量、种类之多,给教育事业统计档案管理带来了很大的难题。**一是归档资料不全**。归档资料的收集不完整、分类不清楚,对原始记录数据、统计报表及台账的纸质档案归档不全,同时统计归档不够及时。**二是组卷不规范**。主要表现在案卷标题不规范、组卷混乱现象比较严重,尤其是整理、装订等方面存在问题。**三是人员缺失**。因无专人对统计档案进行保管与日常维护而引起的脏、乱、差,形成了实际上的"死档案"。**四是保管不合理**。在查找和使用过程中经常遇到教育事业统计档案找不到、缺页、不完整、遭遇虫蚀、鼠咬以及污渍等污损,文件存放柜遇到雨淋等自然灾害的毁损。**五是统计档案管理缺位**。有的档案原件在利用过程中被使用者窃取,造成档案丢失,不知去向;有的长期被借出不还,脱离了管理和监督,包括人员接替过程中手续的不完善导致教育事业统计档案的丢失。

为进一步提升学校教育事业统计档案的管理水平,周老师结合多年的教育事业统计档案管理工作实践,引入了"5S"管理方法,使教育事业统计档案规范呈现,不仅提高了工作效率和质量,也减轻了统计人员的工作负担。

三、"5S"教育统计档案管理方法

周老师意识到,天下大事必作于细。只有细化档案管理的基础性工作,加强规范性建设,才能不断提高服务水平和管理水平。周老师创造性地将5S管理方法引入学校教育事业统计档案管理工作中,融入档案管理的每一个环节中。

什么是"5S"？5S起源于日本,是指在生产现场中对人员、机器、材料、方法等生产要素进行有效的管理,这是日本企业一种独特的管理办法,最早作为企业管理的一种模式。所谓5S,即整理(Seiri)、整顿(Seiton)、清扫(Seiso)、安全(Safety)、素养(Shitsuke)5个档案管理的环节,因这5个词语在日文罗马拼音中均以首字母"S"开头,因此简称"5S"。

(1) 整理(Seiri)。对身边的物品(包括文件、资料)进行整理,舍弃不用或不能用的,使身边的物品都是必要的。在教育事业统计档案的管理中,可能存在着许多过期、无效或者在教育改革中被废除的相关内容,这些数据都可以被舍弃,只需对统计过程中形成的资料及原始数据记录、台账等按要求进行分类整理。

(2) 整顿(Seiton)。通过前一步整理后,必需品依规定定位。也就是对分类整理好的统计资料明确标识、进行科学合理的布置和摆放,以便用最快的速度取得所需之物。不浪费时

间寻找物品,提高工作效率和质量。在教育事业统计档案管理工作中具体表现为:将教育数据纸质资料档案进行分类,如以永久、长期(30 年)、短期(10 年)等进行分类编号,这样编号不仅方便查找,还易于归类。也可以将其输入电脑备案,进行目录检索。

(3) 清扫(Seiso)。清除"脏污",保持现场干净、明亮。也就是将整理、整顿好的统计档案实施的做法制度化、规范化,维持其成果,使档案保持最佳状态。在日常工作中,要注意存放教育事业统计档案室的卫生清洁工作。由于档案室很少进出,很容易成为学校遗忘的角落,灰尘遍布,对教育事业统计纸质档案的保护有一定的影响,所以要加强清洁力度,对工作人员进行排班、值班,每周打扫一次或两次,保证档案室的干净和整洁。

(4) 安全(Safety)。所有的工作应建立在安全的前提下。通过对整理、整顿、清扫活动的坚持与深入,每时每刻都有安全第一的观念,防患于未然。也就是给统计档案创造一个良好的储存环境,从而消除发生安全事故的根源。在周老师的学校,进出档案室是严禁携带烟火等易燃物品的,以防档案室发生火灾。除此之外,为了避免档案的丢失,加强防盗措施,档案室安装了防盗门窗,同时在电脑硬盘中进行电子档案备份。

(5) 素养(Shitsuke)。这是"5S"的核心,可以提升统计人员的品质,培养统计人员对统计档案管理讲究、认真的态度。学校在对档案数据统计管理的工作中,注重加强对档案室工作人员的培训和学习力度,邀请档案相关工作人员前来指导工作并召开座谈会,通过现场指导和座谈会的形式让档案管理工作人员学习新方法、新要求,不断提升学校工作人员的素养,让他们高效完成工作。

这 5 个要素在不同的档案管理中有不同的体现方式,为使这一管理体系能够更好地运用到教育事业统计档案管理中,周老师结合教育事业统计档案特点对这 5 个环节进行了详细分析,并通过对教育事业统计档案的认真梳理、反复论证,使得"5S"管理办法与教育事业统计档案实现了较好的结合。

四、学校教育统计的"5S"方法运用

有了"5S"管理方法后,那么如何在教育事业统计档案中运用呢?这就牵涉实施过程的问题及处理方法。

周老师很清楚,要提高教育事业统计档案的质量,工作人员就要不断学习,加强创新能力,转变固有思维,改变工作方法。

周老师将教育事业统计档案管理中常见的问题进行了梳理,深入分析了其发生的原因,并结合"5S"管理方法提出了处理方案。

根据学校的实际情况,周老师将教育事业统计档案主要分为原始记录、统计报表(统计图表)、统计台账三大类。第一类统计档案的部分原始记录分别存放在学校的文书档案、教学档案、财务档案、基建档案等里面;第二类是教育事业统计过程中形成的资料,即统计报表;第三类是系统自动生成的台账(西安市教育统计基础库平台自动生成的各类统计台账)。

在周老师所在的学校,以上第二类和第三类档案都以永久卷的形式单独存放。

问题 1:正如前文所言,教育事业统计档案纷繁复杂,整理工作量大,如果分类不明确,容易形成"烩菜"的模式。

原因分析:对教育事业统计档案管理意识不强,没有按照统计档案管理要求进行分类整理。

处理方法:**整理(Seiri)——分类明确、严格区分**。

将教育事业统计资料分三类进行整理:

(1)数据采集原始记录。其中数据采集原始记录又分两类:学校管理和教学实践活动中直接形成的文字材料、图表等数据,如学生花名册、毕业生名册、学生体质健康测试及体检综合分析统计表、学生体检表、教职工花名册、财务报表、固定资产报表和教育事业统计工作填报中形成的过程性资料。如图1、图2所示。

市直属校(园)学生明细表

学校:西安师范附属小学 (盖章)　　　　二 年级 1 班
填表时间:2017 年 9 月 18 日　　　　第 1 页/共 1 页

序号	学生姓名	性别	年龄	序号	学生姓名	性别	年龄
1	■■■	女	8	33	■■■	女	7
2	■■■	女	7	34	■■■	女	8
3	■■■	男	7	35	■■■	女	7
4	■■■	女	7	36	■■■	男	7
5	■■■	男	7	37	■■■	男	7
6	■■■	女	7	38	■■■	男	7
7	■■■	男	7	39	■■■	女	7
8	■■■	女	7	40	■■■	男	7
9	■■■	男	7	41	■■■	女	8
10	■■■	女	7	42	■■■	男	7
11	■■■	女	8	43	■■■	女	7
12	■■■	男	7	44	■■■	女	7
13	■■■	女	8	45	■■■	男	7
14	■■■	男	7	46	■■■	男	8
15	■■■	男	7	47	■■■	男	8
16	■■■	女	7	48			
17	■■■	女	7	49			
18	■■■	女	7	50			
19	■■■	女	7	51			
20	■■■	男	7	52			
21	■■■	女	7	53			
22	■■■	男	8	54			
23	■■■	男	7	55			
24	■■■	女	7	56			
25	■■■	女	8	57			
26	■■■	女	7	58			
27	■■■	男	7	59			
28	■■■	男	7	60			
29	■■■	女	7	61			
30	■■■	男	7	62			
31	■■■	男	7	63			
32	■■■	男	7	64			

备注:1、序号从第一个学生排序至最后一个学生结束。
　　　2、表格用Excel制作。

图1　过程性资料1

	编号	上学年初报表专任教师数	[illegible]								减少教师数							本学年初报表专任教师数
			合计	录用毕业生		调入		校内变动		其他	合计	自然减员	调出	校内变动		辞职	其他	
				计	其中：师范生	计	其中：外校	计	其中：学段调整					计	其中：学段调整			
甲	乙	1	2	3	4	5	6	7	8	9	10	11	12	13	14	15	16	17
小学	01	56	3	3	3	0	0	0	0	0	3	2	1	0	0	0	0	56
女	02	48	3	3	3	0	0	0	0	0	2	2	0	0	0	0	0	49
初中	03	0	0	0	0	0	0	0	0	0	0	0	0	0	0	0	0	0
女	04	0	0	0	0	0	0	0	0	0	0	0	0	0	0	0	0	0
高中	05	0	0	0	0	0	0	0	0	0	0	0	0	0	0	0	0	0
女	06	0	0	0	0	0	0	0	0	0	0	0	0	0	0	0	0	0
特殊教育	07	0	0	0	0	0	0	0	0	0	0	0	0	0	0	0	0	0
女	08	0	0	0	0	0	0	0	0	0	0	0	0	0	0	0	0	0

陕西省西安师范附属小学-2161008845-2018年

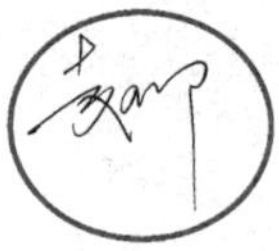

J431-中小学、特殊教育专任教师变动情况-陕西省西安师范附属小学-2161008845-2018年-7552.xlsx 基础基431　　2018/10/18 14:48

图 2　过程性资料 2

(2) 教育事业统计台账。教育事业统计是按学年度进行统计的,教学活动中直接形成的原始记录一定要在上学期末及时从教学资料中整理归档,便于当年 9 月份填报教育事业统计报表时从中提取相关数据进行汇总。内容包括办学条件台账、校舍明细台账、学生明细台账、教师明细台账等。它们相辅相成、相伴相生。

(3) 教育事业统计报表。如图 3 所示。

		目录
全国	基础基111	基础教育学校（机构）统计报表
全国	基础基112	学校（机构）基本情况续表
全国	基础基212	小学教学班数、班额情况
全国	基础基312	小学学生数
全国	基础基331	中小学、特殊教育学生变动情况
全国	基础基332	在校生中死亡的主要原因
全国	基础基333	中小学、特殊教育学生退学的主要原因
全国	基础基341	在校生中其他情况及外国籍学生情况
全国	基础基412	中小学教职工
全国	基础基422	中小学专任教师分专业技术职务、分年龄
全国	基础基423	小学专任教师分课程、分学历
全国	基础基431	中小学、特殊教育专任教师变动情况
全国	基础基4411	教职工其他情况
全国	基础基4412	专任教师其他情况
全国	基础基442	专任教师接受培训情况
全国	基础基512	中小学校舍情况
全国	基础基522	中小学占地面积及其他办学条件
全国	基础基531	中小学信息化建设情况
全国	基础基532	中小学“信息技术”课程课时数

图 3　小学归档基表内容

问题 2：教育事业统计工作完结后纸质性资料零散保存，即使有了教育事业统计档案管理制度也不免存在棚架现象。

原因分析：统计人员对统计材料的形成、组卷、分类、保存流程、归档质量、装订方法及要求不熟悉。

处理方法：整顿（Seiton）——物有其所、物归其所。

完善整理后的统计资料，为了能使其显示出统计档案的完整性、连续性、成套性，便于永久保管和利用，应分专题（原始记录、统计基表、台账等）组卷、分门别类放置、排列整齐、明确数量、有效标识。

以卷的形式进行归档时一般按一项一卷、一项多卷的排列组卷。在对整理过的教育事业统计资料归档的过程中要细化以下几个方面：

（1）归档基表过程性资料必须真实有效，签字、盖章齐全，字迹工整，符合耐久性要求。如图 4 所示。

图 4　审核签字确认

（2）过程性资料纸张要平整，不能翻翘、破损，如有破损要进行修裱。

（3）取出易锈蚀、易氧化的金属物或塑料材料，如曲别针、大头针、订书钉等。如图 5 所示。

（4）由于教育事业统计台账是 A3 纸打印，在大于 A4 纸时要进行折叠。折叠时还须注意学生明细台账、教师明细台账。仅学生明细台账就有 31 项统计，一张 A3 纸无法满足打印需求，因此在打印和装订的时候要特别细心，不可把前后顺序弄乱。如图 6、图 7 所示。

（5）组卷内文件按形成的时间顺序排列，主表在前、附件在后。案卷厚度一般控制在 1.5～1.8 cm，不宜太厚。如图 8 所示。

图 5　装订新要求

图 6　折页示例

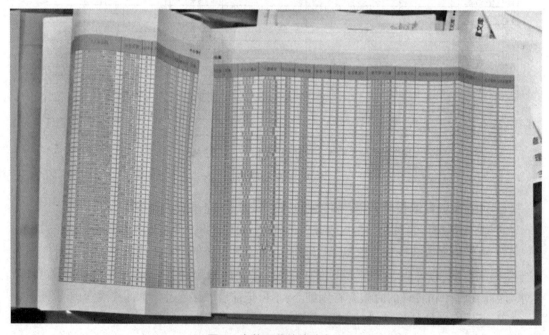

图 7　未整理前的统计台账

图 8　组卷厚度

（6）卷内文件经过系统排列后，为了固定其顺序，要编排页号，用碳素、蓝黑墨水钢笔书写，或用打号机在纸张正面右上角或背面左上角编号，每卷从"1"开始编，凡有图文的均要编页码。如图 9 所示。

舍名称	建筑物编号	主要用途	筑物所在校	结构房鉴定证号	是否租借	租借面积
公楼	2161008845003	办公楼	主校区	砖	否	0
学院	2161008845004	教学楼	主校区	砖	否	0
属北院	2161008845010	教师周转房	主校区	砖	否	0
合楼	2161008845005	教学楼	主校区	框	否	0
二层楼	2161008845002	门房	主校区	砖	否	0
仿古楼	2161008845001	门房	主校区	砖	否	0
教楼	2161008845008	教工宿舍	主校区	砖	否	0
厕所	2161008845009	厕所	主校区	砖	否	0
炉房	2161008845007	食堂(餐厅)	主校区	框	否	0
学楼	2161008845006	教学楼	主校区	框	否	0
令台	2161008845011	活动室(风雨	主校区	框	否	0

中小学校舍明细台账

图 9　纸张正面右上角编码

（7）编制卷内文件目录、填写卷内备考表，备考表项目包括本卷情况说明、立卷人、检查人、立卷时间（本卷如有缺损或变动，都应在本卷情况说明备注，一般情况下不予填写）。备考表置于卷尾，与每卷过程性资料合并装订。

(8) 装订的一般要求：按不锈钢针、针线、打孔机"三孔一线"进行左侧装订，装订时须注意左下对齐。如图 10 所示。

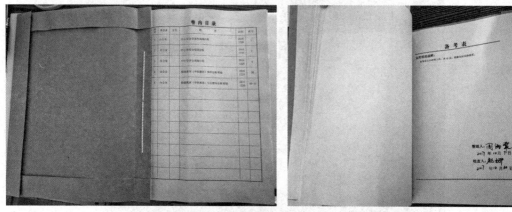

图 10　规范装订

(9) 填制案卷封面、案卷题名、起止年月、件数、页数、保管期限等。如图 11 所示。

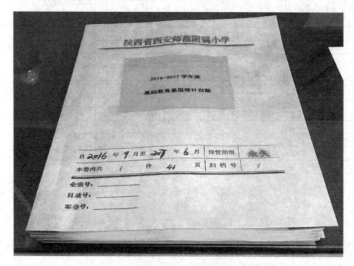

图 11　组卷整理完成后的统计台账

(10) 组卷完成后,归档前必须由部门分管领导和档案管理员当面检查卷内过程性资料是否真实、完整、齐全,排列书写是否符合归档要求,如不符合要求,应拒绝归档并予以及时纠正后进入档案室上架。如图12所示。

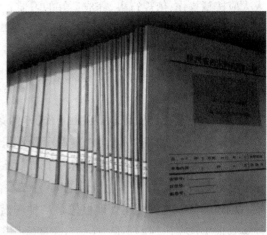

图 12　整理前后对比

问题 3:归档后统计档案长久搁置,存放环境较为恶劣,容易出现脏、乱等状况,导致来有影去无踪。

原因分析:无专人对教育事业档案进行看管、承担责任,职责划分不明确。

处理方法:**清扫(Seiso)——职责明确、维持成果**。

清扫是对整理、整顿后的效果认真维护,也是教育事业统计档案的清洁卫生和自查环节。实施要点:教育事业统计档案进入档案室后由档案管理员专职保管,借阅有规定、利用有制度,做到有踪可寻、明确责任。定期根据上级教育主管部门组织的教育事业统计数据核查及自查工作,适时更新,保持最佳状态。建立监督检查机制,以确保整理、整顿、清扫等工作环节按要求实施。

问题 4:如何防止自然灾害对教育事业统计档案的损伤,如何最大限度地减少各类灾害对档案的损害和影响。

原因分析:对相关国家档案业务法规、教育事业统计档案管理保管条例不明确。

处理方法:**安全(Safety)——消除隐患、排除险情**。

认真学习国家档案业务法规。按照档案优先原则,首先对存储教育事业统计档案的库房进行"八防"措施:防盗、防光、防高温、防火、防潮、防水、防鼠、防虫。面临其他财产损失和档案安全的选择时,要把保障教育事业统计档案的安全作为灾害紧急处置的首要任务。建立教育事业统计档案管理应急预案,成立应急小组。清扫和安全之间是密切配合的,良好的保存环境,能科学地避免重复劳动,从而保证教育事业统计档案的安全。

问题 5:对经过整理、整顿、清扫等环节完整保存下来的教育事业统计档案为何没有一如既往地进行维护。

原因分析:其根本原因是没有养成良好的工作习惯,人员替换过程中交接程序不完善。

处理方法：素养（Shitsuke）——形成制度、养成习惯。

培养良好的"5S"习惯，是推行"5S"管理、创建教育事业统计档案管理的最终目的。随着国家对教育事业的投入不断增加，教育事业统计的范围也会越来越广泛，要求也更为严格。人人应按章操作、依规行事，养成良好的习惯。管理教育事业统计档案必须要做到以下三点：

（1）做好保密措施，不擅自提供抄录、销毁教育事业统计归档采集的原始记录资料、统计报表、统计台账内的相关数据。

（2）各部门应积极配合进行数据收集、整理工作，保证收集渠道畅通、信息灵敏、过程规范、资料真实齐全。

（3）要树立主动服务意识。由于统计档案的独特性，每年学校管理者和部门分管领导会重复利用并查阅多次，统计档案管理者要积极主动、努力地将往年统计数据提供给学校管理者，作为决策时参考的依据。这种主动服务意识正是周老师与同事们现在的工作目标，也是在更好地诠释着教育事业统计的"店小二"精神。切不可有"等客上门"的被动服务。

创建的"5S"统计档案管理很像是一种广谱抗菌药，能十分有效地治疗各种教育事业统计档案管理工作中出现的不良"疾病"，长期服用能极大地提高免疫力，预防"疾病"的发生。其目的是为教育事业统计档案提供更严格、更规范的管理，给教育事业统计档案存储提供一个舒适的环境，同时增加档案的使用寿命，让它可以时时保持美观、干净、整洁，提供有保障的服务。

五、结语

在西安市，周老师所在的西师附小门前古朴而又充满历史气息的街道上，过往的行人不时驻足向学校内张望，教育部检查组联合陕西省和西安市教育行政部门正在对西师附小开展教育统计数据核查工作。

经过检查组的认真核查，他们发现西师附小历年的报表、统计台账、原始记录资料都装订得非常专业，外观干净整洁，内容也排列有序，形成了西师附小独具特色的"5S"统计档案管理工作方法，检查组给予了高度认可。这份沉甸甸的肯定，既是对刘校长带领下开展的教育事业统计档案管理工作的鼓励，也对周老师未来的工作提出了更高的要求。周老师不禁陷入了沉思。

随着互联网的广泛普及，电子档案蓬勃兴起，档案的收集、整理、检索等更加方便快捷，可借助.NET和J2EE等成熟软件系统实现完整的电子化统计档案管理，促使办公全自动化。但是，电子档案的发展前提条件是教育事业统计纸质档案工作必须要先科学、规范保存，因为它们共存共荣。

"5S"教育事业统计档案管理还处在初期状态，为了更好地完成教育事业统计档案管理工作，还需要不断地探索、创新工作方法和工作模式。

在提升教育统计服务决策能力上，尤其是坚持规范的教育统计档案管理创新方面，积极探索可复制推广的实施步骤和方法模式，是今后实现教育统计工作持之以恒的实践保障。

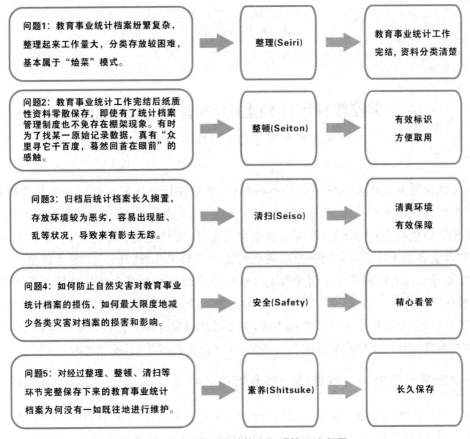

附图 1 教育事业统计档案"5S"管理流程图

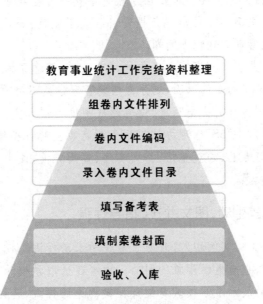

附图 2 教育事业统计档案归档流程图

省厅点评

《学校教育统计档案的 5S 管理方法》点评

陕西省教育厅总会计师 刘宝平

教育统计档案既是教育统计资料的一部分,也是统计数据可以追本溯源的重要依据。加强教育统计档案管理,对于保证统计数据的真实性、准确性,提高统计资料的利用效率,充分发挥统计的服务与监督职能,具有十分重要的意义。《教育统计管理规定》第二十七条明确提出"各级各类学校应当按照国家有关规定设置原始记录、统计台账,建立健全统计资料的审核、签署、交接、归档等管理制度",足以说明教育统计档案管理的重要性。周老师撰写的《学校教育统计档案的 5S 管理方法》,针对学校教育统计档案管理过程中存在的实际问题,逐层分析,创新性地提出"5S"管理方法,丰富了学校教育事业统计工作的理论与实践,填补了学校教育统计工作规范管理方面的不足,具有很强的指导性、操作性和推广价值。

一、案例可有效解决教育统计档案管理的规范化问题

教育统计档案既包括直接形成的原始记录、电子账册,也包括统计报表、公报、年鉴和统计台账等,具有数据量大、数据连续性好、逻辑性强、可利用价值高等特点,在教育事业发展科学决策方面具有重要作用。各个学校教育事业统计档案管理是否规范、归档资料是否齐全、查阅是否便捷就显得尤为重要。也正由于教育事业统计档案数据量大、种类多的特点,导致学校的教育统计档案工作往往出现归档资料收集不完整、分类不清楚、组卷不规范、保管不合理、队伍不稳定、管理有缺位等问题。

案例从学校教育事业统计档案管理工作的环节入手,梳理了教育统计档案管理各个环节中的问题,深入分析产生问题的原因,划分为档案管理分类不明确、纸质型资料零散保存、档案存放环境不佳、档案保存有安全隐患、没有形成制度习惯 5 方面问题,结合对应的"5S"管理办法,提出应对策略,将"5S"管理办法应用于教育事业统计档案管理,使各类教育事业统计资料规范呈现,装订专业、外观整洁、排列有序、查阅方便,便于统计档案资源的开发与利用,取得良好的实际效果。

二、案例编写语言生动,图文并茂,指导性强

案例以生动鲜活的工作实例切入,改变了传统学术函授讲座模式,激发学习求知兴趣。文中既有理论性的阐述,也有生动形象的引喻。作者还选取学校教育统计和档案管理工作中的实际场景照片,生动展示了学校教育统计档案的原始样式、装订要求,为只从事教育统计工作而不从事档案管理工作,或者主要从事教育统计工作而部分参与档案工作的统计人

员提供专业参考。

案例循序渐进,抛砖引玉,深入浅出地阐述了学校教育统计档案的重要性,既有理论性,又具有很强的实践操作性,为加强学校教育事业统计基础规范建设提供了很好的场景模式。作者将其在学校实际工作中的经验、教训、体会、思考娓娓道来,为我们就如何持续深入地提高学校教育统计工作水平开辟了新的思路。

三、案例的推广价值和意义

统计工作和档案工作都是专业性、技术性相对较强的业务工作,案例中,周老师从事教育统计工作和档案管理工作的基层经验丰富,熟悉教育统计档案管理的各项业务流程,提出的"5S"教育统计档案管理方法,对教育统计档案管理工作中的常见问题能够对症下药,起到疗效。案例在阐述统计档案管理的"5S"方法时,流程清晰,管理科学,具体操作步骤描述详尽。尤其是对于统计档案立卷归档这项专业性较强的工作,要求明确,规范清楚,过程详细,可操作性强,易于各级各类学校学习推广。

简言之,整理(Seiri)、整顿(Seiton)、清扫(Seiso)、安全(Safety)、素养(Shitsuke)的"5S"管理方法,有利于对教育统计人员、数据资料、统计方法、统计手段等生产要素进行科学的全过程管理,同时优化了工作流程,保证了数据的真实性、准确性、完整性和及时性,具有较好的示范推广意义。

四、案例的扩展与延伸

纸质档案符合证据性的要求,具有稳定、永久、固定的特征,是教育统计档案中的重要组成部分。而电子档案有利于开展大数据分析,更有效开展统计工作和统计核查工作,增强数据的真实性和准确性。利用大数据技术还能方便地实现数据展示、数据分析、趋势预警、数据监测等功能,有助于进一步提升教育管理决策的科学性。如何利用先进的管理方法提升电子档案数据的管理水平也是一个值得研究的领域。教育统计纸质档案和电子档案各有所长,共存共荣,利用信息化建设可以推进两种档案发挥所长,优势互补,共同为教育管理决策和社会公众提供更加全面的信息服务。

专家点评

数据质量是统计生命,统计档案建设是基础
——点评《以数据质量核查完善制度建设》和
《学校教育统计档案的5S管理方法》

中国教育学会评价办主任、研究员　秦建平

统计的基本功能就是通过独到的定量分析方法和思维方式,帮助人们认识和掌握客观事实,归纳总结事物发展规律,作出合理的推断,揭示事物之间的内在联系,为规避风险、最优决策提供依据,满足人类的需求。而统计数据的质量决定着统计的基本功能能否正常发挥,例如,国际货币基金组织(IMF)意识到"向公众提供及时、全面的经济和金融数据能够促进稳健宏观经济政策和投资决定的制定与执行,进而减少未来金融市场剧烈动荡事件发生的次数并缓解其程度"。教育统计战线所有工作的核心产品就是统计数据,统计数据质量是教育统计工作的生命,它直接关系教育统计工作的成败。

如果统计数据失真,其严重后果至少有:影响政府决策、影响企业发展、影响居民投资决策、影响政府形象和声誉、影响学者的研究。为此,国家为了科学、有效地组织统计工作,保障统计资料的真实性、准确性、完整性和及时性,发挥统计在了解国情国力、服务经济社会发展中的重要作用,促进社会主义现代化建设事业发展,而颁布《统计法》。并在《中华人民共和国统计法实施条例》第四条中明确规定:"地方人民政府、县级以上人民政府统计机构和有关部门应当根据国家有关规定,明确本单位防范和惩治统计造假、弄虚作假的责任主体,严格执行统计法和本条例的规定。……统计调查对象应当依照统计法和国家有关规定,真实、准确、完整、及时地提供统计资料,拒绝、抵制弄虚作假等违法行为。"随着改革的深入和经济的快速发展,各种利益主体的诉求与博弈,特别是由于政绩考核等因素,使得我国统计数据的真实性面临挑战。漯河市的《以数据质量核查完善制度建设》以案例的形式,分享了一位地市级统计人员开展数据质量核查,逐步完善制度建设的经验。该经验体现了如何从基层学校上报的统计数据这个源头,去保证统计数据的真实、准确、完整、及时。该经验值得在全国广泛推广,并在进一步修改完善的基础上,具有纳入法规制度建设的意义和价值。

首先,这是贯彻《统计法》加强数据审核制度建设的一个成功的范例。《统计法》第二十一条要求国家机关、企业事业单位和其他组织等统计调查对象,应当按照国家有关规定建立健全统计资料的审核等制度。该案例针对当前统计工作中存在的问题或主要风险(部分学校领导重视程度不够,存在轻统计的思想;部分档案资料整理过于简单,没有形成体系化;部分指标填报口径不明确,数据采集存在偏差;存在利用虚假统计资料骗取荣誉称号、物质利益或者职务晋升的风险等),确定核查的内容和方向,建立起相应的核查制度,保障了数据真

实、准确、完整和及时。

第二，数据质量核查内容较为全面，重点突出。针对现实存在的问题或风险，经过分析、研讨，确定了主要核查内容：查领导组织情况，学校强有力的领导组织是工作取得成绩的重要保障；查档案建设情况，统计工作档案建设是统计成果的重要体现，它记录着统计工作的过程和成果；查统计培训情况，夯实教育事业统计数据质量保障线，关键在基层，抓手在培训；查数据真实情况，由于教育事业统计信息涉及的统计指标太多，不可能一一核查，于是经过认真商榷，确定了大班额相关指标、民生热点指标、义务教育均衡验收指标、经费核定指标四类重点检查指标。核查覆盖了组织管理、工作过程、人员培训、数据真实性，由此形成一个完整的核查制度体系，且重点突出。

第三，鉴于发达国家统计机构十分重视数据质量的评价和管理，建立了数据质量评价机制和管理体系。例如，制定统计数据质量评估标准，强化质量管理意识；建立专门的统计数据质量管理机构，定期进行质量检查；等等。参考借鉴这些国际先进经验，对上述本土先进经验进一步优化完善，从而建立起我国的教育统计数据质量管理机制。

教育统计档案管理则是保障数据质量的一项重要的基础性工作。《统计法》第二十一条要求国家机关、企业事业单位和其他组织等统计调查对象，应当按照国家有关规定设置原始记录、统计台账，建立健全统计资料的审核、签署、交接、归档等管理制度。西师附小的《学校教育统计档案的5S管理方法》，创造性地运用了企业管理的"5S"模式解决教育统计档案管理问题。这是一个贯彻《统计法》关于统计档案管理规定的典型成功案例。该案例很好地解决了现实中归档资料不全、组卷不规范、人员缺失、保管不合理、统计档案管理缺位、教育统计档案管理制度不健全等问题。学校教育统计的"5S"方法运用，针对若干具体问题，分析原因，提出问题处理的具体方法，非常详细和精致。例如，对归档资料有以下要求：归档基表过程性资料必须真实有效，签字、盖章齐全，字迹工整，符合耐久性要求；过程性资料纸张要平整，不能翻翘、破损，如有破损要进行修裱；取出易锈蚀、易氧化的金属物或塑料材料（如曲别针、大头针、订书钉等）。这些都是具有推广价值的。建议在推广这些先进经验的同时，要考虑大数据时代如何运用现代信息技术做好教育统计档案建设与管理，例如如何实现数据采集电子化、数据处理网络化，如何做好教育统计电子档案的建设与管理等。

以系统的大质量观构建统计数据质量保障体系

天津大学发展战略研究中心　顾雨竹　赵熹城

面对国家对教育统计的新要求以及天津大学自身发展对于统计数据的需求,天津大学通过构建学校统计数据质量保障体系提升数据质量。基于系统的大质量观,本案例从建立统计工作体制、规范统计工作流程、完善数据标准体系、加强统计队伍建设、强化数据服务决策五个方面介绍天津大学构建教育统计质量保障体系的做法与经验。

一、引言

2015年开始,天津大学开展了"十三五"规划的研究制定,发展战略研究中心作为学校"十三五"规划编制的牵头部门和学校数据治理的责任部门,负责学校整体目标制定和规模测算。规划的第一项工作就是规模测算,我们一方面整理了高基表历年的各类学生、教职工数据,另一方面委托教务、学工、人事等部门提供当前规模数据。令我们感到困惑的是,这两方面的数据并不完全一致。同时校领导也提出了质疑,为什么你们的数据和人事处的不一样?我到底应该听谁的?

为此,发展战略研究中心主任马上组织部门成员共同讨论、寻找原因。经过分析查找,我们发现了其中一些问题,以人事数据为例,数据的不一致是学校内部管理所用的口径与教育部高基表所用的口径不一致所致。学校的教职工管理是按照序列来分类的,包括管理、教学科研、博士后、实验技术等,高基表统计的是专任教师、行政人员、教辅人员、工勤人员、科研机构人员等,在将二者对应起来的环节中,由于处理人员对指标内涵的认识不同而产生差异,最终造成了数据不连续、不一致。

参与讨论的人员意识到,这是学校数据治理一直以来存在的系统性问题,提供规划需数据时反映出的问题只是冰山一角,我们需要的是系统构建学校统计数据质量保障体系,确保学校的数据资产完整、真实、有效,能够支撑学校发展。

天津大学的统计工作由发展战略研究中心统筹。发展战略研究中心下设发展规划科和信息研究科,信息研究科负责具体数据统计工作。但体系的构建不是某个人、一个部门所能完成的,是以发展战略研究中心为主,学校各个方面共同配合完成的,因此,本文从学校整体的视角介绍数据质量保障体系构建的工作过程、解决方案和主要内容。

二、构建高等教育机构统计数据质量保障体系的重要性

从国家层面看，统计数据是国家宏观管理和科学决策的依据，有质量的教育统计数据是加快推进教育现代化的基础保障。"十三五"时期是全面建成小康社会的决胜阶段，也是加快推进教育现代化的关键时期。《国家教育事业发展"十三五"规划》对教育统计工作提出改革发展方向，国家先后出台了《关于深化统计管理体制改革提高统计数据真实性的意见》（下文简称"《意见》"）、《中华人民共和国统计法实施条例》（下文简称"《条例》"），对统计数据质量提出了更加明确的要求。

从学校层面看，统计数据是高等学校的重要资产，是学校战略规划与重要决策的基础。构建统计数据质量保障体系是从体制机制上系统解决学校在统计工作方面"自顾自"的沉疴顽疾，从制度上保障统计数据能够客观、真实反映学校发展的重要举措。

三、须解决的核心问题

在构建学校教育统计数据质量保障体系之前，学校的数据统计与使用，包括向教育主管部门报送数据以及基于数据进行战略规划等工作，存在多头报送、重复报送、数据不一致等现象，反映出数据质量有待提高，数据质量保障体系有待完善。更深层次剖析，可以凝练为以下五方面的核心问题：

一是统计工作机制不完善，统计工作责任不明确。学校数据统计工作由各职能部门分别负责，没有明确统一的管理机构，各部门之间相互沟通协作不足。学校需要向外报送数据，没有规范的工作机构，各部门责任、权力不明确，很难保证数据的及时性和准确性。

二是统计工作流程不规范，审核反馈流程不通畅。学校统计数据的过程中存在随意性倾向，存在"看人给数据"的现象，也存在审核发现问题后未及时纠正的情况。程序科学化、合法化、合理化是统计工作科学化的前提。统计工作是一项中长期工作，也是一项需要跨职能合作完成的工作。因此，需要加强顶层设计，规范工作流程，最大程度地落实统计工作机制与责任。

三是数据标准体系不完善，数据指标定义不明确。一方面由于相关主管部门在要求报送数据的时候指标解释较为简练或并未同时明确数据口径；另一方面高校在实际操作中，不同部门的统计人员对指标的理解存在不一致的情况。这就导致综合性指标不能反映学校的实际情况。

四是统计力量薄弱，统计队伍人员不稳定，专业素质有待提升。学校没有设专职统计人员，校内各职能部门也没有明确的专、兼职统计人员，仅是"谁的工作谁统计"。而统计工作往往被看作"就报个数"，工作量没有得到重视。此外，统计人员对于统计专业知识也存在空

白点,统计素质和专业化水平有待提升。

五是统计数据利用不足,数据难以支撑决策。数据的统计工作与利用工作没有很好地结合。学校决策只在需要的时候找各职能部门"要数",没有形成常规的、成体系的综合分析。统计数据的利用还有很多空间可以改进,包括数据的纵向时序分析以及横向对标分析。统计数据缺乏实践验证,无法推动需求倒逼数据质量提升。

这些质量问题不是单一部门、单一文件、单一工作所能解决的,是一个系统性、全局性的问题,因此需要系统的解决方案,全面系统地理顺学校统计工作的各方关系,理清学校统计工作流程的脉络,构建完整、完善的统计数据质量保障体系。

四、工作过程及解决方案

(一)理清机制、强化责任,建立统筹协作工作体制

要回答学校领导提出的统计数据"听谁的"问题,首先要理清统计工作的机制,积极营造数据质量文化,明确组织领导责任,使全校上下统一思想、提高认识,为教育统计工作提供组织保障,建立高效高质的数据统计工作体制。

1. 理清统计工作机制

学校明确了发展战略研究中心统筹协调、有关职能部门和学院分工协作的工作体制。发展战略研究中心负责统筹学校教育统计工作,对统计工作流程进行系统设计与规范,并作为天津大学教育统计工作的统一出口进行数据报送。具体数据的统计"谁主管、谁负责",向发展战略研究中心提供的数据须为主管校领导审核过的数据。为避免在统计工作中出现的数据重复报送、多头报送、口径不一致的问题,发展战略研究中心组织学校各部门梳理了学校对内统计和对外报送需要的数据点,以及学校各方面对于统计数据的需求。

2. 营造数据质量文化

我们在推动工作的时候发现,统计工作对于各部门领导和工作人员来说是任务、是负担,而提升数据质量恰恰就要依靠他们。因此,我们注重去营造数据质量的文化,提出"依法统计"与"全局统计"的意识,强化统计工作相关领导的责任感和统计员的积极性。为落实《中华人民共和国统计法》与《中华人民共和国统计法实施条例》的要求,发展战略研究中心牵头制定了《天津大学教育统计管理规定实施细则》,要求"全员依法统计,将统计工作上升到从严治党的高度,增强统计人员的政治意识和底线意识"。同时,发展战略研究中心积极倡导和协助各部门数据共享,使各部门达成这样的共识:"数据是学校的数据,我们既是数据的提供者,也是数据的使用者。"

3. 强化组织领导责任

从事统计工作的人都知道,一个单位数据质量如何,从这个单位的领导对于统计工作的态度就可见一斑。因此,我们认为建立统计工作领导责任制是统计工作落到实处的关键。

我们首先按照工作性质和部门职能将统计工作进行分工,明确部门职责。随后要求各

单位明确统计工作的责任领导,明确职责、落实责任、不留死角。在统计工作开展前,各单位明确参加统计工作的专职、兼职统计员,将数据责任具体到每个部门负责报表的具体指标,形成数据联络员名单,专门负责具体的统计工作。各相关部门、学院(部)的统计工作以部门、学院(部)为单位统一数据出口,要求各单位按照分工如实、准确填报数据。天津大学对各部门提供的所有数据进行留档,数据提供部门提供经手人信息及联系方式,并由部门主管领导审核无误后签字、加盖公章,明确数据统计工作责任主体,监督责任落实。

(二) 严格把关数据质量,规范统计工作流程

为保证统计数据质量,在建立统计工作体制的基础上,我们应用了管理学流程再造的方法,绘制了跨职能流程图,严格规范填报流程,确定了统计数据的填报审核通道。同时,建立了统计台账制度,确保每一条上报数据的真实性与准确性,为数据审核工作提供支持。

1. 严格规范跨职能工作流程

我们系统设计了教育事业统计报表填报流程,并绘制了跨职能工作流程图(见图1)。由于统计数据需要反复多次审核校对以确保准确性,因此绘制跨职能流程图能更好地明确各阶段各部门的工作职责。统计填报工作分"启动与培训""数据填报""数据审核与汇总"和"数据报送与留存"四个阶段进行,每个阶段都有明确的时间节点、主要任务和责任分工。

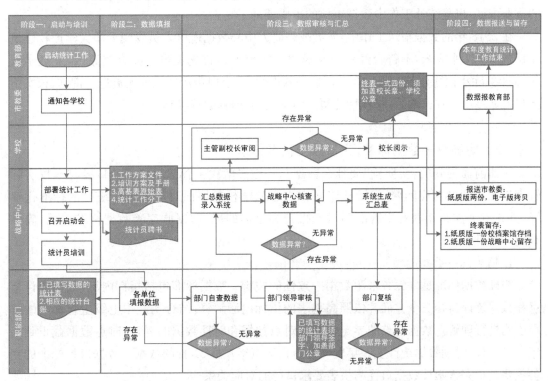

图1 天津大学教育事业统计报表填报工作流程图

第一阶段是准备阶段,主要完成本年度统计工作的启动部署工作,明确各相关单位统计工作责任领导和统计工作人员,并对其进行培训。第二阶段由各职能部门进行数据填报。

第三阶段由发展战略研究中心对数据进行审核与汇总。在第三阶段中共包括四轮的系统审核,以确保数据准确无误。第一轮为职能部门自审,通过后形成各部门的统计表报送至发展战略研究中心;第二轮为发展战略研究中心对数据进行校验,通过校验后形成数据汇总表;第三轮为职能部门对汇总表数据进行复核,发展战略研究中心将汇总表反馈各职能部门,各职能部门对汇总表数据进行复核,若发现问题及时反馈发展战略研究中心,直至确认无误后上报主管副校长审阅;第四轮由主管副校长审阅,形成最终数据报表呈校长阅示。通过校长阅示后,统计工作进入第四阶段,将统计报表报送至天津市教委,同时学校备份留档,留档分为两份,一份存放于学校档案馆,另一份由发展战略研究中心部门留存。

2. 建立统计台账制度

有些指标数据在不同部门都有,例如"杰青"等数据在人事部门和科研部门都有管理,各类学生数据在教务部门和学工部门都有管理。但有些时候这些部门提供的数据并不一致,这就需要发展战略研究中心这一综合部门进行协调。

首先我们要知道他们分别提供的是什么数据,这就有赖于与统计数据同时提供的名录清单。更重要的是,《条例》中明确规定要建立台账制度,让这项工作有据可依。为此,天津大学在高等教育基层统计工作中建立了统计台账制度,要求各单位在提供统计数据的同时,提供统计台账、数据清单,保证统计数据可追溯、可核查。统计台账是落实统计工作责任制的重要依据,也是统计工作中数据审核的重要辅助工具。

在2018年的数据报送工作中,发展战略研究中心数据审核人员发现天津大学产权建筑面积减少327平方米,不符合经验校验逻辑。审核人员首先通过台账查找原因,发现学校2018年拆除小面积建筑3座。在掌握这一数据后,中心向房产处统计人员进行询问,核实情况与数据显示一致。最后,将该情况写入情况说明,解释数据异动。

(三)明确统一数据标准,完善数据标准体系

正如前面提到的,要明确"要什么数据",关键要解决主管部门要求的口径与学校实际管理口径之间的对应问题,发展战略研究中心从学校的层面对数据进行统一的标准化解释,并重点关注每年教育主管部门对于报表和指标的修订,据此完善数据标准体系,确保数据一致性。

1. 明确统一数据标准

明确数据标准是确保各来源数据一致性的关键。数据标准包括指标内涵、数据统计节点和数据统计口径三个方面。依照高基表的指标内涵解释,结合实践中上级主管部门的解释说明进行理解。数据节点的界定包括对时点数据和时期数据的界定,时点数据截止到当年9月1日,时期数据统计上一年度9月1日至当年8月31日的数据。数据口径标准的完善主要是指完善学校数据口径与报表要求口径的对应关系。

统一数据标准的关键有两点:一是在部署工作的时候尽量通知清晰;二是在具体操作的过程中畅通沟通渠道,保持统筹部门与各工作部门之间的充分沟通。2018年的统计工作有一个特殊的情况就是学校同时迎接本科教学评估,很多数据两个主管部门都要求填报。以专任教

师为例,数据定义为"具有教师资格、专门从事教学工作的人员",高基表数据节点是8月,本科审核评估数据节点是5月,发展战略研究中心将人事处、教务处集中到一起,根据定义确定统计口径,特别核实这3个月间专任教师新增和减少的情况,使学校数据上报口径一致。

2. 跟踪教育事业统计调查内容修订

我们跟踪教育事业统计调查制度修订的主要内容,通过动员会、培训材料等形式对每年度的修订内容进行培训,制作内容变更说明材料,与变更内容相关部处进行重点沟通,减少因指标变更带来的错误统计。2018年高基表中新增了"音乐厅和剧场"指标,按照定义"具有固定的座席布局、观众厅容积(大于700个座位)、舞台区域和较固定的声、光学特性,具备一定的专业灯光、音响及舞台技术条件"可以计数。把握了这一原则,发展战略研究中心与基建处、房产处、场馆中心、团委等相关部门进行沟通,确定了数据由使用者团委艺术中心提供,并将相关要求进行细致解释说明。

(四) 建立统计工作队伍,提升统计专业能力

再好的体系设计也要有人来执行,高等教育机构教育统计数据质量保障体系的建立离不开高质量统计工作队伍的建设。统计队伍建设是高校统计数据质量保障体系的重要组成部分,教育统计工作体制的高效运行离不开统计工作人员的职业化。而建立一支职业的统计人员队伍,需要对统计人员进行专业化培训,强化统计工作人员的专业素养。

1. 建立专、兼职统计队伍

在一些数据比较少的部门,每次通知工作都临时指定统计员,有的统计员自己都不知道要负责哪些相关的统计工作,也不知道统计工作需要注意哪些规范。为解决这个问题,我们要求每个职能部门都明确专职或兼职统计人员,并向每位专职、兼职统计员颁发聘书,明确其身份和职责,这些专职或兼职统计员组成了天津大学的统计工作队伍。发展战略研究中心制作通讯录,并通过工作群等方式对统计队伍进行日常管理和沟通解释。通过统计工作队伍的建立,使各职能部门向学校提供数据的出口唯一,统计工作专人对接,从而确保数据的准确性、一致性和及时性。

2. 强化统计人员专业化培训

为提升统计人员的专业化水平,我们还把针对统计人员的培训工作纳入年度工作任务,设计了线上和线下相结合的培训方案。线上利用教育部全国教育事业统计在线培训平台,分期分批组织统计人员进行在线培训,强化统计人员的专业化水平。天津大学鼓励统计工作人员参与岗前培训,为岗前培训提供经济资助,并计划在未来一年内实现岗前培训全覆盖,所有统计人员持证上岗。线下根据天津大学统计工作的特点和实际,为统计人员进行有针对性的讲解工作流程、指标内涵、填报要求和软件使用等。两种方式相结合,确保各岗位统计人员都具备从事教育统计工作的基本素质和技能。

(五) 加强统计数据利用,支撑数据驱动决策

正如上文提到的,天津大学基于加强数据利用的考虑,由发展规划部门负责学校的统计

工作,将数据统计工作与学校规划制定、决策支持职能并列起来,共同组成天津大学发展战略研究中心的三大核心职能,有效地加强了数据对于战略规划、决策支持的重要基础性和支撑性作用,形成了"要数据—用数据—要数据"的反馈机制,由此数据利用的过程也是数据检验的过程,反过来"倒逼"数据统计工作确保高质量、及时、准确。

1. 深度挖掘统计数据内涵,数据驱动学校决策

在工作中我们反复验证,数据质量的保障提升与数据的使用频率及利用深度密切相关。统计工作完成后,如果不对统计数据加以解读与利用,统计数据将成为"死数据"与"旧数据",而学校的规划制定工作要求统计工作"活起来",动态、前瞻性地服务决策。

以天津大学"十三五"事业发展规划为例。在规划制定阶段,学校首先以准确的统计数据为基础,明确当前发展状态,再结合学校的发展速度和未来战略制定 2020 年目标,并在此基础上测算年度目标。特别是在学生规模、教师规模、基础建设、办公用房及宿舍等用房、财务收入与支出等相互影响、相互制约的指标上,尤其需要基于数据进行系统动力学的综合测算,保证办学指标合规。在规划实施阶段,学校根据统计数据对学校发展进行时间序列分析,计算关键指标的完成度,评价规划实施进展,监测学校发展趋势。如有需要,对目标进行动态调整。

2. 利用数据质量保障体系,拓展数据统计工作内容

我们还利用已经建立起的统计工作机制和队伍,不断拓展统计内容,将事关学校改革发展的事业规模、人才队伍、科学研究、教育教学等多方面指标数据定期整理。例如,以高等教育事业基层统计报表指标为基础,结合学校"十三五"规划事业发展进程监测需要,面向学校当下迫切关心的内容,天津大学建立了一年两次的学校事业发展关键指标统计制度,在每年的 6 月与 12 月,针对天津大学办学关键指标进行统计。统计工作依靠已经建立的统计工作队伍进行开展,统计内容不仅包括高等教育事业基层统计报表中的在校生、专任教师数等指标,同时也加入了高水平论文、研究经费等其他办学关键指标,使统计结果能够全方位呈现学校的办学状态与发展趋势。依托高等教育机构统计数据质量保障体系,天津大学丰富了教育统计工作的内容,为学校事业发展决策提供了更为有力的数据支持。

五、实际效果

构建统计数据质量保障体系是个漫长的过程,但学校高度重视这项工作,主管这项工作的发展战略研究中心最初只有 4 名工作人员,主任、副主任、科长、副科长各 1 名,为了加强统计工作,专门配备了主管统计工作的副主任,专门设置了信息研究科并配备了科长,统计工作更加专门化、专业化,中心有明确的职责和精力进行深入的思考和研究。天津大学统计数据质量得到了较大提升,得到了教育主管部门、学校领导和职能部门,甚至是兄弟高校的高度认可。

一是天津市教委统计工作主管部门的负责人员表示,天津大学上报的数据一般不会出

现什么问题；出现与上一年度数据存在差异情况的，都能在数据说明中找到实际情况的解释说明；天津大学的数据，很少有不符合要求需要反复核对的情况。市教委的负责人员同时还非常认可天津大学统计人员的专业能力。

二是学校内部，天津大学以高基表数据统计口径为基准，结合学校实际工作需要，统一了学校各项数据的来源出处、时间节点、统计口径，在2018年完成了3次事业发展基本数据统计，形成学校各项标准数据，在标准数据基础上完成"十三五"规划进度报告、全日制在校生双校区分布预测等研究工作，满足学校宿舍资源配置、对外数据公开等数据需求，为学校重大决策提供统一准确的数据支持。校领导表示，数据相关工作就由发展战略研究中心牵头负责，就认可发展战略研究中心提供的数据；各职能部门表示，再也不存在数据不知道找谁要的情况了，需要数据就通过流程找发展战略研究中心。

三是统计工作队伍得以完善，统计工作人员工作积极性提升。在26个职能部门中确定了专、兼职统计工作人员，累计组织17人参与教育部规建中心组织的在线培训，人事处、教务处、研究生院等数据需求大的关键部门的核心统计工作人员已完成培训，大大提升了参与统计工作的能力。其中信息与网络中心的常博纯同志成为全国10名获得2018全国教育事业统计在线培训的奖学金学员之一。天津大学统计工作负责人员同时被聘为天津市教育统计报表审核专家、天津市教育数据质量审核专家，在高质量完成天津大学数据报送工作的同时，对天津市其他兄弟高校的数据进行审核。

南开大学、天津工业大学、天津理工大学等兄弟高校的统计人员，在遇到问题的时候经常会想到向天津大学借鉴经验。

六、结语

现阶段，符合天津大学校情的统计数据质量保障体系已经初步构建，通过明确责任、统一口径、落实台账等手段确保统计数据的一致性，从系统化的角度建立数据统计机制，整合数据统计相关资源，为学校数据驱动决策提供更为准确和统一的数据支持。基本没有了学校领导质疑"我该听谁的"，基本没有了职能部门质疑"为什么你们的数据和我们的不一样"。

现代质量管理的理念有两个非常重要的内容，一是一次就把事情做对，二是持续改进。在新时期要求下，天津大学将根据国家、天津市、学校自身的发展需求不断改进，特别加强教育统计信息化建设，搭建更便于使用的数据平台，更加友好的检测界面，让教育统计现代化成为教育现代化的排头兵，使教育统计更好地服务于世界一流社会主义大学建设。

省厅点评

推广优秀工作成果,共筑统计工作未来
——对天津大学的案例点评

天津市教育委员会副主任　徐广宇

天津大学《以系统的大质量观构建统计数据质量保障体系》案例内容全面总结了天津大学教育事业统计工作经验和成效,在体系建设、队伍建设、决策支持等方面对各教育统计单位具有较好的指导意义,值得推广和学习,对我市进一步做好教育事业统计工作具有积极的促进作用。

一、天津大学案例的实际工作成效

天津大学教育事业统计工作立足决策支撑需求,通过对教育统计工作的体系化构建,建立了规章完善、队伍完整、依据确实、深度利用的统计工作质量保障体系,确保统计数据的规范与准确,深度挖掘数据价值,推动统计工作更好地支撑学校决策,取得了突出的成果。

统计数据准确,数据说明翔实。通过数据质量保障体系建设,天津大学每年上报数据发现问题较少,数据内涵理解正确,统计口径把握规范,数据差异有据可查,对于差异情况能够进行详细说明,极少出现不符合要求须反复核对的情况。

权责制度明确,队伍建设完善。天津大学在统计工作中建立了权责明确的统计规范,并成文发布,数据回溯实现责任到人,数据统计工作核查意见反馈流畅。按照统计责任完善统计工作队伍建设,分批组织培训提升基层统计人员素质,确保统计人员具备相应的从业能力。

深度挖掘数据,支撑学校决策。在高质量的数据统计工作支持下,天津大学结合学校实际工作需要,对数据结构进行深度挖掘,形成了"十三五"规划进度报告、全日制在校生双校区分布预测等研究成果,为利用统计数据支撑学校决策提供了良好范例。

总结统计经验,主动推广分享。天津大学在统计工作中形成了体系化的工作经验,并主动同南开大学、天津工业大学等高校的统计工作人员分享交流,获得了天津市其他高校的认可。

二、天津大学案例的推广价值

通过统计工作核查发现,天津市各级教育单位在统计工作中基本建立起分工明确的统计队伍,能够按照要求及时进行数据统计与数据报送。但是在规章制度建设、统计人员素质提升、统计指标口径规范与统计数据后续利用等方面仍然存在进步空间。

天津大学案例立足统计支撑决策的总目标展开工作,为统计工作质量保障提供了系统化的解决方案,将制度建设、队伍建设、标准规范等工作纳入体系化的数据质量保障流程当中。不仅回应了如何做好统计的问题,而且回应了做好统计之后数据利用的问题,对于其他单位的数据统计与数据利用工作具有推广借鉴意义。

在规章制度建设方面,天津大学编制的《天津大学教育统计管理规定实施细则》扎根本校工作实际,将统计工作的职责分工与具体流程落实到规定中,使数据统计与核查的具体工作开展有章可循,提升了统计工作的规范程度与沟通效率,为天津市其他单位制定统计细则提供了借鉴。

在队伍建设方面,天津大学做到了数据统计落实到人。按照数据点明确了统计人员的统计责任,明确学校统计数据的唯一出口,极大提升了数据统计与核查工作效率。同时对统计人员进行专业化培训,线上线下相结合提升各岗位统计人员的工作素质,保证统计人员能力可靠,极大提升了统计数据的质量。

在统计标准规范方面,天津大学牢固把握高基表的指标内涵,结合实践中上级主管部门的解释说明进行理解,在部署统计工作时对统计指标解释清晰,并保持与各工作部门之间的充分沟通。通过规范统计标准保证统计数据能够反映学校事业发展基本情况,符合高基表统计要求,不仅做到数据的真实准确,而且提升了数据的可利用价值,使之更好地服务决策支撑。

在数据利用方面,天津大学形成了"要数据—用数据—要数据"的反馈机制,高质量的统计数据更好地驱动学校决策,学校的决策需求也推动数据统计工作的质量提升,使统计数据避免成为"死数据"与"旧数据",动态、前瞻性地服务决策。同时,天津大学不断拓展统计内容,对学校事业发展关键指标进行定期监测,利用统计结果全方位呈现学校的办学状态与发展趋势,为学校事业发展决策提供了更为有力的数据支持。天津大学的数据工作在服务学校决策方面走在了天津市其他单位的前面,动态、前瞻的数据服务思想对数据服务教育事业发展工作具有启发意义。

三、对未来教育事业统计工作的期待

多年来,天津市严把数据质量"生命线",将统计工作做严、做实,在统计工作管理上形成了严密组织、严格规范、严查数据的"三严"工作作风,有效保证了统计数据质量,具有工作基础扎实、支撑台账翔实、统计数据真实的"三实"特点。天津市教育事业统计工作取得较好成效,对天津教育事业发展发挥了较好的支撑作用。在实际统计工作中,我们也发现了很多好的做法和优秀案例,希望在今后的案例征集工作中,相关统计单位可以将自己的优秀工作经验进行总结,以案例的形式呈现出来,以供兄弟单位学习借鉴,促进全市教育事业统计工作水平整体提升。

在未来的教育事业统计工作中,我们将在教育部的领导下,进一步加强教育统计信息化建设,积极利用互联网、大数据、云计算等现代信息技术,推进教育统计信息搜集、处理、传输、共享、存储技术和统计数据库体系的现代化,帮助统计工作人员将人力尽量多地从手动

填报中解脱出来,使统计工作人员有更多精力投入到优化统计工作流程与深度利用统计数据当中去。

我们也期待从上到下共同推动教育统计数据共享,使各省市能够及时获取国家和当地整体教育事业发展数据信息,及时依托数据进行决策,服务国家和地方经济社会发展,提升统计数据利用效率。

未来是"互联网+大数据"的时代,在瞬息万变的经济社会发展中,领导部门和决策者仅凭个人能力和经验已经难以把握转瞬即逝的局面,更难以对发展规划作出相对科学的决策。在这种情况下,统计的重要性日益凸显。如何做好统计工作,提高统计数据质量,科学服务决策,是各个统计部门都必须加强重视的。本次案例征集工作中涌现的这批优秀案例,可以给各统计部门以启发,推动各统计部门采取更多的新办法、新举措,积极推动统计工作质量上新台阶,为经济社会发展提供高质量、可信赖的统计保障。

专家点评

《以系统的大质量观构建统计数据质量保障体系》点评

上海市教育科学研究院研究员　张振助

质量是统计数据的生命线。为了加强统计工作,保障统计资料的真实性、准确性、完整性和及时性,国家先后出台了《关于深化统计管理体制改革提高统计数据真实性的意见》《中华人民共和国统计法实施条例》。提升教育统计数据质量是一项系统工程,《教育统计管理规定》提出国务院教育行政部门应当依法建立教育统计数据质量监控和评估制度,建立健全责任体系,对各省、自治区、直辖市重要教育统计数据进行监控和评估。省级人民政府教育行政部门应当健全统计数据质量保障体系,建立专家参与的统计数据质量核查机制,通过自查、抽查、互查等方式,开展统计数据质量核查,保证统计数据质量。归根到底,数据质量的根基还是在基层的数据采集。

高等教育机构统计数据是国家教育统计的重要组成部分,相对基础教育,指标内容更为丰富,数据口径复杂多样,涉及学校职能部门较多,从基层数据采集环节抓起,建立统计数据质量保障体系,是夯实教育统计数据质量的基础和关键,因此《以系统的大质量观构建统计数据质量保障体系》一文选题立意较高,具有较强的现实意义。

该文逻辑框架清晰,案例要素全面,结构合理,涵盖问题发现、问题描述、解决方案、结果运用及效果等方面。

该文问题指向明确,定位清晰,高等教育事业统计面广量大,内容涉及上级单位多条主管条线,学校内部数据采集也要多部门协作完成,所以数据质量问题不是单一部门、单一文件、单一工作所能解决的,是一个系统性、全局性的问题。

该文立足统计数据质量保障体系建设,从统计工作机制、工作流程、数据标准、数据使用、统计人员队伍等方面,梳理归纳出目前影响学校统计数据质量提升的主要问题,问题导向非常明确,"统计工作机制不完善,统计工作责任不明确;统计工作流程不规范,审核反馈流程不通畅;数据标准体系不完善,数据指标定义不明确;统计力量薄弱,统计队伍人员不稳定,专业素质有待提升;统计数据利用不足,数据难以支撑决策"这五大问题极大困扰了高校统计数据质量提升,具有普遍性。

该文从问题出发,运用系统思维,从学校统计工作全盘考虑,从丰富的工作实践经验中,凝练出建立高校统计数据质量保障体系的思路和解决策略,针对性、操作性强,具有推广价值。

第一,强化责任,加强数据归口管理,建立跨部门的统筹协作工作体制,加强制度保障(《天津大学教育统计管理规定实施细则》),解决数出多门的问题。

第二,严格把好数据质量关,规范多部门协作的统计工作流程,注重协调和沟通,做好数据的审核、校验,建立统计台账制度,夯实数据基础。

第三,从指标内涵、数据统计节点和数据统计口径三个方面,明确统一数据标准,确保各来源数据具有一致性,完善数据标准体系。

第四,建立统计工作队伍,提升统计专业能力,而建立一支职业的统计人员队伍,需要对统计人员进行专业化培训,强化统计工作人员的专业素养。

第五,加强统计数据利用,支撑数据驱动决策。《教育统计管理规定》提出,教育统计机构应当根据统计资料,对本地区或者本单位的教育事业发展进行统计分析和监测,提供咨询意见和决策建议。建立教育统计数据解读、预测预警机制,加强数据分析,增强教育统计分析的时效性、针对性和实用性。的确,数据只有通过运用才能真正体现价值,才能服务于学校和国家决策,数据利用的过程也是数据检验的过程,反过来"倒逼"数据统计工作确保高质量、及时、准确。

难能可贵的是,文章针对天津大学办学关键指标进行统计,不仅包括高等教育事业基层统计报表中的在校生、教师数等指标,同时也加入了高水平论文、研究经费等其他办学关键指标,使统计结果能够全方位呈现学校的办学状态与发展趋势。

可以看出,符合天津大学校情的统计数据质量保障体系已经初步构建,且取得了一定的成效。不仅为学校数据驱动决策提供更为准确和统一的数据支持,也为兄弟院校发展规划等数据管理部门系统构建本校统计数据质量保障体系、完善学校数据治理提供借鉴与参考。

本案例具有一定的推广价值,希望能够不断改进,服务各方。

用项目进度管理提高教育事业统计工作效率

广西卫生职业技术学院　黄翔

本案例以广西卫生职业技术学院高等教育事业基层统计报表（以下简称"高基报表"）的填报、校验和上报工作为例，针对工作中长期存在的一些问题和困难，将该项工作视为一个项目，阐述了运用项目管理学中的范围管理、进度管理、质量管理和团队管理等相关理论、方法和工具，有效控制工作进度和质量，确保项目如期按质量完成的解决过程。

一、引语

黄老师所在的广西卫生职业技术学院是 2010 年经自治区人民政府批准，由广西卫生管理干部学院、广西药科学校、广西妇幼保健院附设卫生学校合并组建的一所高等职业技术学院，是广西目前唯一一所医药类高职高专学校。学校高基报表的填报、校验和上报工作一开始就由学校党委办公室（学院办公室）（简称"党院办"）专人负责抓落实。2017 年 5 月，因单位内部岗位调整需要，黄老师从学校图书馆调到党院办具体负责组织开展此项工作。

新岗位的板凳还没坐热，处室领导就对黄老师说："黄老师，高基报表工作有一定的难度，你要有认真对待的思想准备啊，这项工作往年经常拖我们的后腿，令大家很头痛，加油！"

8 月上旬，在首次参加自治区教育厅于厦门大学举办的培训班后，黄老师便正式开展了工作。要做好高基报表的填报，不仅需要掌握一些统计理论知识，同时还要熟悉计算机操作，尤其是教育事业统计管理系统的应用，此外还要确保数据的准确性、一致性和时效性，工作要求相当高。办公室原来负责此项工作的同志已调到别的部门，其他同志对统计工作又不太熟悉，再加上黄老师本人之前一直在图书馆工作，对学校其他部门的工作不太了解，黄老师显得有些手足无措。到底如何开展工作，提高效率，保证按时保质完成任务呢？这让黄老师陷入了深深的思考。

二、案例背景

高等教育事业统计是我国教育事业统计的重要一部分，由教育部发展规划司负责组织实施,我国高等教育事业统计以单位采集、层层上报的方式进行。各高校的主要任务是根据上级主管部门的要求完成本校高等教育事业基层统计报表的填报、校验和上报工作。具体过程为:每年9—10月教育部发布高等教育事业基层统计相关文件要求,各省级教育主管部门根据教育部精神召开高等教育事业统计工作培训部署会议,各高校相关统计人员接受省级教育主管部门统一培训,了解当年高等教育事业统计系统及统计指标变化。各高校根据统计系统和报表、指标的要求收集统计时间段内的有关数据和信息,填制本校的高基报表,经所在部门负责人签字盖章后提交学校党院办或发规处(具体部门根据学校实际情况而定)的统计负责人,统计负责人将信息录入高等教育事业统计系统,经系统逻辑校验和经验校验通过后提交省级教育主管部门发规处,省级教育主管部门组织专家对辖区内各高校报表统一审核,审核无误后再提交到教育部。

一般而言,高校统计数据提交上级教育行政部门审核通过后,当年的高等教育事业统计工作基本结束。高基报表是一份综合性报表(由多个相关联的分表组成),主要包括学校、学生、教师、办学条件四大块内容。透过它能看到学校办学的基本情况,对比教育部颁发的《普通高等学校基本办学条件指标(试行)》,能知道学校办学条件是否合格,对高校的发展具有重要的指导意义,各高校高度重视此项工作。

从厦门参加培训回来后,黄老师花了几天的时间开展调研工作,通过调研,发现往年这项工作存在的主要问题是:没有形成一个相对成熟可行、可供参考的工作模式,工作进度和质量难以控制和保证,工作开展不够顺畅。例如有的部门总是不能按时提交统计数据,或提交的数据不合格,经常需要反复修改,有的甚至把一些繁杂的原始台账直接交给办公室统计员来统计和核对了事。由于这些问题经常发生,无形中导致拖延,影响了完成的时间。

经过分析,黄老师总结出存在问题的主要原因。

一是工作缺乏整体规划,随意性较大,特别是没有很好划分出工作任务在整个工作周期中各个阶段的活动,也没有分析计划活动顺序、计划活动持续的时间、资源要求和进度制约因素等,也没有制定合理进度管理计划等工作方案,这样既无法准确估算出总的完成时间(即总工期),也无法控制进度。

二是对高基报表(尤其是需要多个部门填制的报表)的填制任务分解不够详细合理。虽然以往也作了任务分解,但分解情况并没有经集体讨论确定,缺乏合理性和认同性,导致下达任务反弹和数据差错的现象频繁发生,数据检验、审核、修改过程消耗了许多无谓的时间和人力。

三是缺乏对整个统计人员团队的有效管理方法,团队的密切配合度和战斗力不是很强。以往的做法是,统计总负责人将上级的相关文件和统计指标通过学校各个分散QQ群逐个发给各部门的相关统计人员,如需交流讨论也是通过各个分散的QQ群或电话来进行一对一的沟通,没有为统计工作人员建立一个专门的QQ群。各类消息,特别是上级有关统计指标修改说明和上报数据审核纠错反馈等无法集中发布告知。同时,学校与统计相关工作,分散在各个部门,无形中增加了大量的沟通成本,并且因信息的传达、理解不到位,甚至造成成员间的误解和不支持、不配合。

找到了存在的主要问题和分析了背后的原因后,黄老师紧锁的眉头有了些许舒展,露出了久违的笑容,他似乎已经找到了解决问题的方法。

三、问题解决过程及解决方案

2017年8月30日,学校收到《广西壮族自治区教育厅关于填报2017年高等教育统计年报的通知》和相关统计指标修改填报说明文件,通知要求各高校于10月20日前全部完成本校高基报表的填制、检验和正式上报工作。从工作布置到完成上报,时间只有一个半月。为了顺利完成工作任务,学校办公室组织大家召开了内部讨论会。会上,大多数同事都对新来的黄老师能否啃下这块硬骨头表示怀疑,为他担心的同事纷纷建议黄老师,不懂的地方要多打电话问教育厅和原来负责的人员。处室领导更是直接说:"黄老师,如果完成任务有困难,我们可以全力配合你工作,必要时可以叫原来负责的同志回来帮助你。"

同事们的关心让黄老师感到无比温暖并信心大增。这时,他才敞开心扉把自己思索很久的"运用项目进度管理理论提高教育统计工作效率的方案"向大家和盘托出,并希望得到大家的支持。

"黄老师,你这方法有创意,也可行,我们赞同。"听了黄老师的汇报后,领导和同事们纷纷表示认可和支持。

黄老师的工作方案并不复杂,具体包括以下三个方面。

(一)做好"高基报表的填报、检验和正式上报工作"(即项目)的范围计划

这一点很关键,项目的范围计划就是在项目从开始到结束的整个工作周期内定义必须要做的工作,以及这些工作都由哪些人或部门来参与和完成。只有明确了整个工作范围,才能更好地安排人员和时间去完成。

根据高基报表填报的工作要求、特性和项目管理学进度控制理论,结合本单位的机构设置和职能情况,黄老师首先利用项目管理学中的专用WBS工具和技术将高基报表填报工作全程(即项目的生命周期)划分为"启动""规划""实施"和"收尾"四个阶段,并定义了各阶段所包含的主要工作任务,然后明确工作的组织结构关系和责任分配,并对所有高基报表填报工作作了详细的任务分解。具体如表1、图1、表2所示。

(二)制定高基报表工作的进度管理计划

所谓进度,是指对项目任务和里程碑制定的工作计划日期表,也就是具体规定了每个任务的开始时间和完成时间,以便对整个项目完成的时间进行管理和控制,从而达到用最短时间、最少成本、最小风险完成项目任务的目的。

进度管理过程为：活动（任务）定义；活动（任务）排序；活动（任务）资源估计；活动（任务）历时估计；制定进度计划；项目跟踪与进度控制。

在具体工作中，黄老师制定进度计划的步骤及方法如下：

第一步，在上文表1的基础上，依据关联性确定本项目12个任务开展的先后顺序，既明确各个任务的紧前和紧后任务，并填充到表1的相应栏目中，同时画出整个项目任务开展的排序网络图，如图2所示。

表1 项目整体工作任务分解表及责任矩阵

项目名称		高基报表填制、校验及上报					责任矩阵				
		项目整体工作任务分解情况（WBS）					R-负责；S-支持；A-批准；C-讨论				
分解代码	阶段名称	主要任务	工时估算	人力资源	紧前任务	紧后任务	院长	分管副院长	党院办主任	党院办统计负责人	各相关部门
A1	启动	参加培训，学习文件（包含上级发文和统计指标等），调试系统	5	1		B1	A	S	S	R	C
B1	规划	初步完成高基报表填制任务分解表	1	1	A1	B2		S	A/S	R	C
B2		制定项目管理计划，并初步形成工作方案，审核后，网上发布通知	3	1	B1	B3		A/S	A/S	R	C
B3		召开工作布置会，确定工作方案和报表填制任务及责任人、完成时间	1	19	B2	B4		A/C	S/C	R/C	C
B4		组建统计团队QQ群，并上传任务清单及相关文件，供学习、指导工作	0.5	1	B3	C1		S	S	R/C	S/C
C1	实施	各部门填制高基报表，并上报党院办	12	16	B4	C2		S	S	S/C	R/C
C2		在统计管理系统中录入报表数据	3	1	C1	C3				R	S/C
C3		校验修改报表数据	4	17	C2	C4		S	S	R	R/S
C4		生成并上报电子数据	0.5	1	C3	D1	A	A	A	R	S
D1	收尾	完成教育厅数据审核纠错过程	30	17	C3	D2		S	S	R	R/S
D2		生成最终版电子数据和纸质材料，并审批上报	1	1	D1	D3	A	A	A	R	S
D3		工作结束，材料归档	0.5	1	D2			S	S	R	S

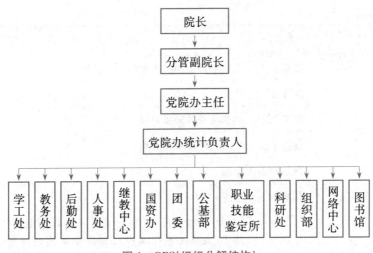

图 1 OBS(组织分解结构)

表 2 广西卫生职业技术学院 2017 年高等教育学校统计报表(高基报表)填报任务分解表

	部门	表号	内容	备注
1	党院办公室	高基 111	全部	
		高基 112	直属院(系)数	
2	学生工作处	高基 112	普通本专科在校生中住宿生;普通本专科毕业生一次就业率	
		高基 341	普通专科生中的残疾人	
		高基 931	全部	
		高基 932	全部	
3	团委	高基 341	共青团	
4	保卫处	高基 112	安全保卫人员	
5	教务处	高基 112	专科(高职)专业;国家重点(培育)学科;重点学科(国家一级);重点学科(国家二级);重点学科(省、部级一级);重点学科(省、部级二级);省、部级设置的研究(院、所、中心)、实验室;国家工程技术研究中心;国家工程实验室;国家工程研究中心;国家实验室;国家重点实验室;学校附属医院(数量);学校附属医院(床位数);学校附属医院(建筑面积);学校附属医院(临床教师)	
		高基 311	全部	
		高基 321	普通专科生所有项	
		高基 322	招生数和在校生数中的普通专科生	
		高基 331	普通专科生	
		高基 332	普通专科生	

(续表)

部门		表号	内容	备注
5	教务处	高基 341	普通专科生中的港澳台、少数民族	
		高基 371	全部	
		高基 421	聘请校外教师所有项	
		高基 422	聘请校外教师所有项	
		高基 941	全部	
6	科研处	高基 441	全部	
7	人事处	高基 112	中国工程院院士(人事关系在本校);中国科学院院士(人事关系在本校);长江学者奖励计划(讲座教授);长江学者奖励计划(特聘教授);国家杰出青年科学基金获得者;千人计划入选者;青年千人计划入选者;专任教师中有海(境)外经历累计一年以上的	
		高基 411	除"聘请校外老师"外的全部	
		高基 421	除"聘请校外教师"外的所有项	
		高基 422	专任教师所有项	
		高基 423	全部	
		高基 424	全部	
		高基 431	全部	
		高基 461	少数民族	
8	后勤管理处	高基 521	占地面积	
		高基 511	全部	
9	组织部	高基 341	共产党员;民主党派;华侨	
		高基 461	除"少数民族"外的全部	
10	国有资产管理办公室	高基 521	计算机数;教室;固定资产总值中的全项	
11	继续教育中心	高基 313	全部	
		高基 321	成人专科生所有项	
		高基 322	在校生数中的成人专科生	
		高基 331	成人专科生	
		高基 332	成人专科生	
		高基 341	成人专科生中的港澳台、少数民族、残疾人	
12	职业技能鉴定所	高基 361	全部	

（续表）

	部门	表号	内　容	备注
13	公共基础部	高基 112	上半年参加国家学生体质健康标准测试的人数(优秀)；上半年参加国家学生体质健康标准测试的人数(良好)；上半年参加国家学生体质健康标准测试的人数(及格)；上半年参加国家学生体质健康标准测试的人数(不及格)；上半年参加国家学生体质健康标准测试的人数(合计)	
14	计算机网络中心	高基 112	接入互联网；接入互联网出口带宽；建立校园网	
		高基 521	固定资产总值中的信息化设备	
		高基 522	除"数字资源量"外的全部	
15	图书馆	高基 521	图书	
		高基 522	数字资源量	

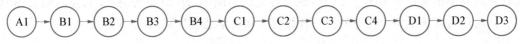

图 2　项目任务开展排序网络图

　　第二步，根据任务工作量、复杂度以及以往经验，估算完成任务所需的人数，并填充到表 1 的相应栏目中。其中在高基报表填制任务中，因教务处的工作量及复杂度最大，所以配置 2 人来完成，其他部门均配置 1 人，这项任务所需人数总计为 16 人。同时数据的校验、审核、纠错任务均可能涉及所有部门。

　　第三步，根据各部门统计人员均是兼职、完成任务的变数较大的情况，主要利用三点估算法(PERT)的公式——E＝(O＋4M＋P)/6 来求出完成每个任务的估算时间。公式中的 O 代表完成任务最乐观的时间，P 代表完成任务最悲观的时间，M 代表完成任务最可能的时间，E 代表完成该项任务所需的最终估算时间。例如，对于任务 B1(各部门填制高基报表，并上报党院办)，根据以往的经验，得到公式中的"O"等于 9 天，"P"等于 13 天，"M"等于 10 天，利用公式即可求出完成该项任务所需的估算时间"E"等于 12 天。依此类推求出其他任务的 E，并填充到表 1 的相应栏目中。

　　第四步，利用关键路径法(CPM)求出完成整个项目的总工期。首先把第三步估算出的各个任务的 E，标在图 2 的相应代码上，得到图 3。

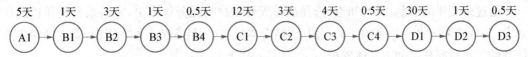

图 3　含历时的项目任务开展排序网络图

　　关键路径就是完成任务历时最长的路径，关键路径上的任务都是关键任务，任何一个任务推迟都可能导致整个项目的推迟。在高基报表的填报过程中，因为所有的任务几乎都是按先后顺序进行的,故只有一条关键路径,如图 3 所示。因此,只要把这条关键路径上的历时相加,即可得出完成整个项目的总工期为 61.5 天。填报高基报表需要在一个半月,即 45 天内完成 B1~C4 的所有任务,就基本达到教育厅的要求。至于"启动"和"收尾"阶段的工作,很多是依赖教育厅的安排,内部难以把握,按要求进行即可。从图 3 中可求出完成任务 B1~C4 所需的总工期为 25 天,与教育厅所给的 45 天时间相比,还有 20 天左右的自由控制时间。通过计算,表明完成项目的时间还是较充足的。

最早开始日期	最早结束日期
任务代号(历时)	
最迟开始日期	最迟结束日期

图 4　任务历时图

第五步,利用关键路径网络图求出完成 B1~C4 所有任务的最早开始日期、最早结束日期和最晚开始日期、最晚结束日期。在以下的关键路径网络图中,我们需要用图 4 来表示各个任务。

关键路径上所有任务的"最早开始日期"="最迟开始日期";"最早结束日期"="最迟结束日期"。

(1) 假设从 9 月 2 日开始进行 B1 任务,那么用正推法可从图 5 中求出完成 B1~C4 所有任务的最早结束日期为 9 月 28 日,距最迟完成时间 10 月 20 日还有 22 天左右的自由时间。同时还可以求出每个任务的最早开始日期和最早结束日期,如图 5 所示。

2月3日　3　6　6　7　7　8　8　20　20　23　23　27　27　28 日
B1(1) → B2(3) → B3(1) → B4(0.5) → C1(12) → C2(3) → C3(4) → C4(1)

图 5　正推法关键路径网络图

(2) 假设一定要到 10 月 20 日才能完成任务 B1~C4,那么用反推法可从图 6 中求出完成 B1~C4 所有任务的最迟开始日期不能超过 9 月 25 日,前面可以有 25 天左右的自由时间。同时还可以求出每个任务的最晚开始日期和最晚结束日期,如图 6 所示。

B1(1) → B2(3) → B3(1) → B4(0.5) → C1(12) → C2(3) → C3(4) → C4(1)
25　26　26　29　29　30　30　31　31　12　12　15　15　19　19　10月20日

图 6　反推法关键路径网络图

从以上的假设推算结果,我们可以知道自教育厅 8 月 30 日下发通知后,从 9 月 2 日开始工作任务 B1 为最佳,这样大家都有较多的时间来处理其他事务。如果要推迟,任务 B1 的最迟开始时间不能超过 9 月 25 日,否则后继工作将会很被动。

第六步,用甘特图(Gantt Diagram)制作项目进度计划表。

通过第五步的求解,我们知道,选择从哪天开始执行任务很重要,它关系到制作进度计划表,并直接影响整个项目的完成。因此,结合本校实际,最后在工作方案中,黄老师对主要任务的工作时间作了如下具体安排:

(1) 9 月 30 日—10 月 13 日,各相关部门根据工作分工内容采集数据,组织审核,完成本部门的数据填报工作。

(2) 10 月 14 日下班前,各相关部门将统计好的数据(电子版)传至党院办秘书科;同时纸质版表格加盖部门印章一同交到党院办秘书科。

（3）10月15日—10月16日，党院办秘书科进行数据汇总、审查及校验。

（4）10月18日，党院办秘书科将统计报表报学校领导审批后交至自治区教育厅，完成学校的数据填报工作。

依据这样一个时间安排，再结合第五步的工作，就可以利用甘特图绘制出项目进度计划了，如图7所示。

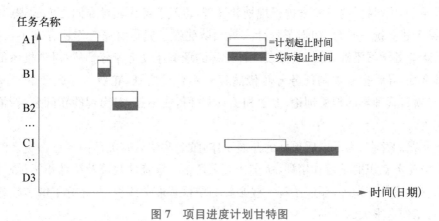

图7　项目进度计划甘特图

（三）进行高基报表工作的进度和质量控制

项目进度计划制定完成后，对计划的执行情况要及时进行跟踪、监控，才能更好地对项目进度和质量进行控制。黄老师采取的主要方法有三个。

（1）利用项目进度计划甘特图进行进度控制。已制作好的甘特图不仅可以显示任务的计划起止时间，也可显示任务的实际起止时间，因此不仅可以利用它来展示进度计划，也可利用它来控制项目的实际进度。例如，从图7中，我们可以看到任务C1（各部门填制高基报表，并上报党院办）实际完成时间严重延迟了，这时候就可以了解情况，分析原因，并采取必要的措施，如用"增加人员""加班"等来进行赶工；或者并行开展工作，如可以将任务C1（各部门填制高基报表，并上报党院办）和C2（在统计管理系统中录入报表数据）同时开展，以加快进度。

（2）召开项目推进协调会，及时通报项目进展情况和存在问题，讨论研究解决措施，把问题及时纠正过来。

（3）加强统计人员团队业务学习，让大家熟悉统计指标的内在含义和填报要求，以及各个高基报表之间的逻辑关系，做到准确填报，严把质量关。

四、经验总结及建议

虽然黄老师刚接手高校教育事业统计工作，但因为运用了项目管理学的相关理论，尤其是进度管理理论提前做好了计划,并严格执行,工作开展起来超乎预想地顺利,最终如期按质地完成了上级交给的任务,得到领导和同志们的好评:"真厉害!没想到你第一次做高基报表,就能这么顺利地完成,不但比以前快了许多,并且出错率也减少了,为我们省去了很多麻烦。你这次为大家明确了任务分工,并做好了具体时间安排,以前这方面没做好,以后就按你这方法来办啦。"

事后,黄老师对工作进行了总结,认为该项目之所以能够较往年更加顺利地完成,很大程度上得益于采取科学的方法来进行规划和管理,得益于各级领导和同志们的理解、支持和配合,得益于建立统一平台,加强了统计人员团队建设。但是这项工作还存在不足,例如统计人员团队业务学习不够,对高基报表统计指标的理解还没有充分到位;对学校各部门职能了解不够全面,导致报表填制任务分解依然存在不合理之处,花费了不必要的时间进行修正;同时对项目管理学的相关理论、方法和工具掌握得还不够,对出现的新问题、新情况处理得不尽完美。

鉴于问题的存在,为了以后更好地开展工作,黄老师建议有关部门要创造更多的机会开展统计人员业务知识的学习和培训,切实让大家真正了解统计政策及统计指标;统计人员除了要熟悉统计业务知识外,还应了解一些必要的项目管理学知识,并充分了解本校各部门的职能,这对工作有很大的帮助。

五、结语

本案例主要阐述了如何运用项目管理学中的进度管理论、方法和工具来对高校高基报表填报、校验和上报任务的进度进行计划和控制,目的是抛砖引玉,以期能让一般的高职院校和具体负责高等教育事业统计工作的同志(特别是新手)从中得到启发和收益,并相互交流探讨,进一步完善解决方案。

案例也启示我们,项目管理学是一门非常实用的学科,也是一种科学的工作方法,如何将这一学科灵活运用到日常具体的项目工作中,从而能够更高效率、更高质量地完成工作,这些都非常值得进一步去研究,有兴趣的读者可以自行去研读这方面资料,想必一定会有所收获。

省厅点评

对 2018 年教育事业统计获奖案例《用项目进度管理提高教育事业统计工作效率》的点评

广西壮族自治区教育厅发展规划处处长　伍锦昌

进入新时代，统计工作内外环境发生了变化，教育事业发展机遇与挑战并存，教育统计的作用越来越突出，工作要求越来越高，如何准确把握新形势，适应新发展，不断提高教育事业统计工作效率，是我们需要认真思考和面对的问题。在全国 2018 年教育事业统计工作案例征集活动中，我厅选送的案例《用项目进度管理提高教育事业统计工作效率》荣获二等奖，该案例为我们提高教育统计工作效率提供了有益的参考和借鉴。

本案例在实际工作中具有如下指导意义和应用价值：

（1）理论意义：本案例将统计工作与项目管理理论结合起来进行工作实践和理论的探讨，取得较好成效，进一步创新和丰富了教育事业统计工作与多学科相互融合的理论范畴，具有一定的理论指导意义。

（2）实践意义：本案例详细阐述了如何运用项目进度管理理论、工具和方法提高教育事业统计工作效率的方案和过程，具有较强的操作性，不仅具有一定的理论意义，同时也具有一定的实践意义，它对高职院校和相关工作人员及时转变观念、不断创新工作方式方法、切实提高教育事业统计工作效率具有积极的现实意义。

（3）应用价值：本案例不仅对一般高职院校和首次负责的人员（新手）如何高效地开展教育事业统计工作具有较好的借鉴意义和参考价值，同时对促进日常其他项目工作的开展同样具有广泛的参考价值。

虽然本案例给我们提高统计工作效率提供了一种新的思想和方法，带来有益的启示，同时也在实际工作取得了较好的效果，但是，从项目管理学的角度来讲，本案例也存在一些不足之处，主要体现在如下两点：

一是对整个工作过程的任务活动分解得还不够详细，导致绘制的活动网络图过于简单，不利于进度调节与控制。例如"部门填制高基报表"这一活动，还可以细分为教务处、人事处、国资办等所有具体部门填报活动，而这些具体活动又是可以并行开展的。这样一来，在绘制活动网络图的时候，就可以把这些活动加进去，那么，整个活动网络图的路径将显示出多条，而不是单独的一条。这样，活动历时和总工期的估算会更准确一些，这对进度计划的制定和控制会有很大的帮助。特别是在出现工期拖延的时候，能够让我们从网络图中很方便地寻找出出现工期拖延的环节，从而有针对性地加强与相关部门工作人员的沟通协调，共同分析产生问题的原因，并研究改进措施加以解决，确保整个工作都能按计划进度进行。

二是对整个工作计划进度的控制过程,阐述得还不够充分具体,还不能让读者充分了解其中的奥妙,并能参照运用。进度控制是项目控制的重中之重,是项目的灵魂。项目进度计划制定好以后,在推进的过程中,对项目进度进行控制的方法很多,其中较为有效的方法,除了本案例提到的"跟踪甘特图法"外,还有一个重要方法就是挣值分析法。挣值分析法需要适时地跟踪工作进展情况,及时整理出项目实施的相关绩效报告,并据此进行挣值分析,将 PV(计划值)、AC(实际值)和 EV(挣值)绘制成"S 曲线",并根据 PV、AC 和 EV 及其他相关信息进行项目偏差分析和趋势分析,根据偏差情况及时采取相应的进度控制措施,加以改进。针对出现的偏差,进行项目进度控制,措施除了案例中提到的加班、增加人员和并行施工外,还有实施技能培训和选用更高效的技术、更有经验的工作人员等。当然,如果确属原先制定的进度计划不够合理,那么还要通过一定的内部变更控制流程申请对进度基线进行变更,调整好进度计划表,以保证进度基线始终对进度的控制具有指导作用。另外,对于一些重要的工作阶段和任务,还应根据项目当前的绩效,对完工时间进行预测,并写入绩效报告中,及时通知相关部门和工作人员,以利于获取他们的支持,进而形成合力,有序推进项目的实施。诸如上述这些问题,特别是项目进度管理涉及的输入、输出、过程和方法、技术等,如果在本案例中还能结合工作中出现的问题阐述得更翔实一些,那么,案例将会更出彩,也更具参考价值。当然,由于受时间和篇幅的限制,作者对涉及的内容确实难以一一展开来阐述。因此,对存在的不足之处,还需要我们在以后的工作中,不断地加以实践和改进,才能使解决方案更加成熟可行。

相关研究表明,项目管理在当今社会和经济管理中起着越来越重要的作用。因为良好的项目管理可以降低工作成本,缩短工作时间,提高应变能力,并大大降低工作失败的风险。例如,IBM、惠普、苹果等许多跨国大企业的成功,很大部分都要归功于采取了成功的项目管理。可以这么说,运用项目管理也许不能使每个项目都能获得成功。但是,不采用现代项目管理措施,那么项目失败的概率将会变得很大。从这点来讲,我们未来教育事业统计工作的开展,也许要在思想理念上要有一些转变,视野要变得更加开阔,同时在工作方式方法上也有必要进行一些改进。

首先,在统计队伍建设上,统计人员素质和业务能力的高低直接关系教育统计的质量。统计人员素质不高、业务不强,改进和提高统计工作水平就无从谈起,加强统计分析、改革统计手段等工作都会流于空谈。要强化对教育统计人员的培训,建立岗前培训制度,对于新接手统计工作的人员进行必要的培训,不断提高统计人员的业务水平和统计分析能力。还要对培训的内容进行必要的调整,不单是培训一些统计法规和技术方面的知识,同时,也应该引用和整合一些项目管理等学科知识进入其中,来提高我们整个统计队伍的现代化水平和工作能力。

其次,需要建立和完善统计工作激励机制,对在教育统计工作中有创新、有成效,教育统计工作管理规范有序、数据质量高的单位和统计人员给予必要的通报表扬,进一步激发大家做好教育统计工作的创造性和积极性,为统计工作的顺利开展创造良好的条件。

最后,要加强统计工作的督促指导,层层压实责任。没有督促就没有效率、没有质量;不压实责任就不利于工作有效推进。教育统计工作点多线长面广,责任重大,要切实加强督促检查、压实责任,建设和运用专家队伍,加强对工作开展的指导,扎扎实实地做好教育统计工作。同时也要加大问责力度,自治区各级教育行政部门要加大对教育统计工作问题的问责力度,确保监管和问责工作有实效。

专家点评

《用项目进度管理提高教育事业统计工作效率》点评

上海市教育科学研究院研究员　张振助

本案例从一个首次从事高校事业统计工作人员——黄老师的角度,来观察、分析、完成统计工作,娓娓道来、语言活泼、带入感较强。

案例设计的逻辑线条较为清晰。新手接手工作,在参加业务培训基础上,首先认真开展调研,熟悉工作,总结往年工作中出现的主要问题:一是工作缺乏整体规划,随意性较大,也没有制定合理进度管理计划等工作方案;二是对高基报表(尤其是需要多个部门填制的报表)的填制任务分解得不够详细合理;三是缺乏对整个统计人员团队的有效管理方法,团队的密切配合和战斗力不是很强。

明确问题后,作者从问题出发,运用项目管理学中的范围管理、进度管理、质量管理和团队管理等相关理论、方法和工具,立足提高工作效率的最终命题,来整体规划统筹考虑高校事业基层统计报表的填制、校验和上报工作,寻找解决方案,案例的选题具有较强的现实意义。

在具体解决过程中,作者抓住核心问题,寻求解决策略,从完成项目范围计划、制定高基报表工作的进度管理计划、进行高基报表工作的进度和质量控制着手,做好整体规划—明确分工—分解任务—估算人力需求—确定任务周期—加强进度管理—做好质量控制等工作,环节设计清楚,目标明确,执行有力,从而确保项目如期且有质量地完成,起到事半功倍的作用。

难能可贵之处,案例最后进行了反思和总结,进一步指出工作的不足,例如统计人员业务学习不够,对高基报表统计指标的理解还没有充分到位;对学校各部门职能了解不够全面,导致报表填制任务分解依然存在不合理之处等。建议有关部门要创造更多的机会开展统计人员业务知识的学习和培训,切实让大家真正了解统计政策及统计指标;统计人员除了要熟悉统计业务知识外,还应了解一些必要的项目管理学知识,并充分了解本校各部门的职能,这对工作有很大的帮助。

案例的主题是完善工作流程设计,提高工作的效率,工作思路和解决策略对一般高校首次负责教育事业统计工作的人员(新手)了解统计工作、快速进入、有效完成,具有较好的借鉴意义和参考价值。

美中不足的是案例对质量控制部分的论述相对薄弱,整个行文的阐述略显繁杂。

基于统计台账的教育事业统计工作规范

河南省平顶山市教育体育局　景米娜

本案例通过描述河南省平顶山市教育体育局在统计管理工作中遇到的难题,介绍其在教育事业统计台账建设和工作制度建设等方面的具体做法和经验,旨在探讨如何建立和完善有地方特色的教育统计工作模式。地方教育统计行政管理部门可以结合当地政府对教育统计的重视程度、投入水平和管理模式,建立和完善适合当地的教育统计台账和统计工作制度,使统计工作不断趋于标准、规范。

2017年11月27日21:00,郑州,冰熊大酒店。河南省教育事业统计数据汇总工作正在紧张进行。当天下午,教育部刚刚下发了最新的统计数据核查软件,要求各地对核查软件查出的问题,核实到每一所学校并逐一填写说明,这是一项繁重而细致的工作。到了晚饭的时候,已有部分地市上报了核查说明。河南省教育厅发规处张琳决定利用晚上的时间,召集全省各地统计人员,在会议室通过大屏幕展示河南各市上报的核查说明,就存在的问题进行集中讨论。

各市上报的说明逐一"上墙",展示平顶山市上报的说明时,大家不约而同发出感叹:"这么精确!连每个学生和教职工的姓名、身份证号都报上来了。"景米娜,平顶山市教育局教育统计负责人,面对各市统计人员,笑意盈盈:"我们有台账啊……"

统计台账是将原始资料经过初步汇总整理制作的表册。统计报表的质量与原始记录、统计台账的准确性、可靠性密不可分。教育统计工作量巨大,建立和维护统计台账是一项艰巨的任务。2013年,平顶山市教育局在发展规划科副科长景米娜的主导下,立足本市实际情况,在基本没有资金投入的情况下,从完善统计制度入手,逐步建立起了包含统计工作制度和统计台账的《教育事业统计工作规范》,经过两年多的运行,平顶山市教育统计工作效率明显提升,数据质量得到了保证,受到教育部和河南省教育厅联合核查组的高度评价。

河南省教育统计核查组成员姚庚说:"李处长所说的市县级教育统计工作规范,平顶山市的做法,可以算作一个实例。"

一、《平顶山市教育事业统计工作规范》出台背景

数据质量是统计工作的生命线,没有质量,统计工作就是无源之水、无本之木。数据质

量来源于科学严谨的工作规范。

目前,我国现行的教育事业统计工作主要实行分级管理的体制,自上到下依次为国家级、省部级、地市级、县区级和学校级。对每一级教育事业统计工作,教育部都曾出台了非常详细的工作要求和规范。

2017年1月19日,在北京举行的教育统计培训研讨会上,来自全国各地的数十位教育统计专家围绕各级各类学校和教育行政主管部门的工作要求和规范进行讨论,并仔细梳理成课程讲稿。教育部发规司统计信息计划处李燕丽处长要求:"在目前的统计培训课程里,需要增加供全国教育事业统计工作管理者和工作者学习的教育事业统计'报表制度'和'工作流程'在线课程。"

教育事业统计在线培训课程推出了区县级教育统计工作流程课程,该课程主要是对统计工作过程的环节作了指导性规范。但全国各地情况千差万别,教育管理水平、对教育的重视程度、对统计工作的投入水平等都严重影响着教育统计工作的开展。因此每个地市级教育行政部门还需要制定适合自己情况的教育事业统计工作规范和流程。

地市级这一层,既要负责各县(市)区统计数据的汇总和审核,又要负责各直属学校统计数据的布置、上报和校验。既有宏观管理,又有具体指导,承上启下,责任重大。同时,教育事业统计工作要求统计人员不但要具备一定的统计理论、方法和素养,还要具备一定的计算机操作技能,这对于统计战线上的新兵来说压力很大。作为地市一级的统计管理者,如何提高数据质量、把握这个生命线的重要使命摆在面前,刚接手工作的景米娜是一筹莫展、不知所措。回忆起当时的情景,景米娜坦言:"2012年,我在全省汇总会时才第一次接触统计工作,2013年便要独自一人负责整个平顶山市的教育统计工作。当时既没有技术,不会填数、测算指标;也没有经验,不会审核数据、修改问题数据和分析数据,做起来相当吃力。所以,只能一边学习,一边思考如何能破解这个被动的局面。"

通过分析,景米娜发现,她所欠缺的是作为一名管理人员需要掌握的技术,可这些并非一朝一夕就能够掌握,然而全市的教育事业统计工作马上就要开始了,该怎么办呢?她深知按部就班肯定是行不通的,只有改变思路。

"对了,遇到问题一定要回归本质。"她想起小时候解决数学难题时老师教的方法。于是,她静下心来,决定回归统计工作的本质。她想:"什么是统计工作的本质呢?那应该就是基层学校的报表数据了。如果一开始就从源头上把握住数据质量,使基层学校的数据从报送上来时就是相当准确的,那就可以避免一些由于失误、粗心以及表间关系造成的问题,这样就可以弥补我在技术和经验上的不足了。"

"对,要从源头上来把握数据。"于是,她决定从管理角度着手,从基层学校着手,从责任分工着手,从数据来源着手。她先后设计了教育事业统计工作目标承诺书、重点指标监测表、在校生台账、教职工台账、建筑物台账、固定资产台账、图书台账等,构成了工作规范的原始架构。经历了两年多的修改完善,形成了今天的《平顶山市教育事业统计工作规范》。

二、《平顶山市教育事业统计工作规范》主要内容

目前,基层教育事业统计工作存在着责任重大,但领导重视程度不够;工作千头万绪,任务艰巨,但各部门配合协调不够等问题。为了科学高效开展统计工作,制定工作规范、建立工作台账势在必行。首先想到的是借鉴签订目标责任书的方法,以确保数据的真实、准确、有效。平顶山市的各县(市、区)教体局和各直属学校都在当年签订了红皮封面的教育事业统计工作目标承诺书,进一步明确了基层单位负责人的统计责任和义务,强化领导对统计工作必要的重视。统计数据质量出现问题,按照"目标责任书"条款进行处理。

(一)建章立制,明确分工,确保投入,优化流程

1. 以签订承诺书为抓手,科学分工,明确责任

一是建立统计工作承诺书制度;二是实行业务科室归口负责制。业务科室归口负责制是平顶山市一直以来的做法。教育统计报表是一份综合性报表,涉及学校、班级、在校生、教职工、办学条件的基本情况,数据都来源于学校各个业务口,学校统计员只是将各业务口提供过来的数据,通过软件和技术手段对数据进行填报、汇总、校验审核,统计员本身不产生数据,只是数据的搬运工。因此,数据的真实准确性须交由归口业务科室(部门)进行把关负责。例如在基层学校中,在校生情况由教务部门把关负责,教职工情况由人事部门把关负责,办学条件由总务部门把关负责。在教育行政部门中,中小学校由基教科(股)室把关负责,幼儿园由幼教科(股)室把关负责,职业教育学校由职教科(股)室把关负责,社会力量办学单位由社办把关负责。统计员的职责就是收集数据、汇总数据,用数据真实地反映学校的基本情况,从而真实地反映当地教育的基本情况。

2. 以加强队伍建设为抓手,加强培训,确保投入

通过加强人、财、物等资源的保障,为统计工作夯实基础。一是加强教育事业基层统计队伍建设。要求学校统计人员不得随意更换,如确须更换,须采取老带新至少一年的模式培养新人。二是确保对教育事业统计专项经费的投入。各级教育行政部门、各级各类学校年初要把教育事业统计专项经费列入当年的财政预算,切实保证统计人员培训、年报布置会、年报汇总会、报表印刷、设备维护、资料出版、软件开发、专项调查等方面的正常性经费开支。三是积极开展统计培训工作。四是确保统计专用设备保障。统计专用设备在一些基层学校很难实现,河南省教育厅在2011年提出了专业设备的配置标准,以此为契机,平顶山市教育局对专用设备提出要求,解决了很多学校专用设备缺乏的难题。

3. 以优化工作流程为抓手,合理分工,突出重点

根据统计工作内容,按照时间顺序列出具体流程:一是代码梳理,二是数据采集,三是数据上报,四是数据使用、提供和公布,五是统计资料归档,六是数据质量核查。同时,绘制了平顶山市教育事业统计工作流程图,将统计工作分解到每个月,使统计工作有了时间表和

路线图,工作流程得到了优化。

4. 以学习统计法律法规为抓手,抓好检查,明确责任

统计工作上有《统计法》和各种法律法规的约束,下就要有相应的责任追究。针对平顶山市各级统计检查中发现的问题,及时予以通报;对有统计违法违纪行为的单位和个人,一经查实,相关部门将依据《统计法》和《统计违法违纪行为处分规定》的有关规定进行严肃处理,并追究相关责任人的责任。

(二) 依据年报、重点突出、科学设计统计台账

按照属地管理原则,平顶山市教育局直属学校的统计数据都下放到所在地的区教体局进行汇总,这就造成了在全市汇总工作开展之前市教育局无法掌握数据,工作处于被动的局面。如何改进已有的工作模式?2014 年开始从核心重点数据着手,平顶山市教育局设计了《重点指标监测表》以及学生、教职工、固定资产、校舍、图书台账。

1. 设计《重点指标监测表》

把统计报表中的重要指标和一些可能受政策导向影响的数据集中到一张表上体现,如在校生数、专任教师数、占地面积、建筑面积、教学仪器设备值等指标。同时还要求数据"谁提供谁签字谁负责",因为需要提供者在监测表上签字,所以大家都会比较认真,这样就从源头上把握了数据的真实性。另外,将一本报表的核心数据都集中到一张表上,不仅方便学校负责人审阅,也可通过数据比对实现纠错目的(见表 1)。

表 1　　　　学年重点指标监测确认表

单位名称(公章):

序号	重点指标	数值	提供部门	签名	备注
1	班数				
2	在校(园)学生数				学籍管理系数
3	其中女				学籍管理系数
4	进城务工人员随迁子女在校生数				义务教育阶段填
5	增加学生数——转入				
6	增加学生数——其他				
7	减少学生数——转出				
8	减少学生数——其他				
9	教职工数				公办编制数;民办合同数
10	专任教师数				
11	其中女				
12	校舍建筑面积(平方米)				

(续表)

序号	重点指标	数值	提供部门	签名	备 注
13	其中危房面积(平方米)				Dsu 级危房
14	当年新增校舍面积(平方米)				
15	学校占地面积(平方米)				土地证
16	图书(册)				图书归档情况
17	计算机数(台)				
18	固定资产总值(万元)				固定资产账
19	其中数学仪器设备资产值(万元)				固定资产账
20	实验设备(万元)				固定资产账
21	"双师型"教师数				中职学校填

填表人签字： 业务负责人签字： 单位负责人签字：

2. 设计学生和教职工台账

以初中为例，学生台账主要是将统计报表"基础基 313 表初中学生数"中的各项指标细化到人，由宏观大数转化为个体精细数据。台账中包括学生姓名、班级、性别、民族、年龄、身份证号、学籍号、是否进城务工人员子女等指标信息。统计报表中的"在校生"须是在籍在校的学生，因此，统计人员在收集数据时要先对接学籍系统，以学籍系统为基础，再结合实际在校生情况进行填报。学生台账形成后，统计人员在填报统计报表时，每填一项指标，只须利用 Excel 中的筛选功能，筛选出符合条件的基础数据，然后通过简单的计数就可以完成报表中该项指标的填报(见表 2)。

表 2 ＿＿＿＿ 学年学生花名册

学校名称：(盖章) 单位负责人签字：

序号	班级	姓名	性别	民族	年龄	身份证号	学籍号	是否进城务工人员子女	备注
1									
2									
3									
4									
5									

教职工台账情况与之类似，包括教职工姓名、性别、民族、学科、学历、职称、年龄、身份证号、人员分类等指标。人员分类分为专任教师、行政人员、教辅人员、工勤人员、校办企业职工等(见表 3)。

表3 _____学年教职工花名册

学校名称：（盖章）　　　　　　　　　　　　　　　　　　　　单位负责人签字：

序号	姓名	性别	民族	学科	学历	职称	年龄	身份证号	人员分类	备注
1										
2										
3										
4										
5										

备注：人员分类一栏，中小学及中职学校分为专任教师、行政人员、教辅人员、工勤人员、校办企业职工等；幼儿园分为园长、专任教师、保健医、保育员、其他。

3. 设计固定资产台账

最初设计的固定资产台账是精确到每件物品，由于该指标专业性较强，须财务部门提供，数据主要来源于财务上的固定资产系统，该系统虽可以做到精确到物，但是给出的数据太多、冗余，数据更新不及时，对于统计工作并没有起到很大的作用。后来，就把固定资产台账由"到物"改进为"到类"，即固定资产六大类：房屋及构筑物；专用设备；通用设备；文物和陈列品；图书、档案；家具、用具、装具及动植物。而教学仪器设备、实验设备和计算机等指标单列出来，主要从专用设备和通用设备中取数（见表4）。

表4 _____学年固定资产台账

学校名称：（盖章）　　　　　　　　　　　　　　　　　　　　单位负责人签字：

序号	资产名称	分类	数量	单位	固定资产值（元）	备注
1						
2						
3						
4						
总　计						

其中教学仪器设备资产值：　　　　万元；实验设备：　　　　万元；计算机　　　　台。

备注：固定资产一般分为六类：房屋及构筑物；专用设备；通用设备；文物和陈列品；图书、档案；家具、用具、装具及动植物。

4. 设计校舍情况台账

校舍基本情况台账是根据"基础基512中小学校舍情况"表设计的，包括建筑物名称、校舍名称、建筑物分类、建筑结构、建筑面积、是否危房、是否当年新增等指标。其中，建筑物分类有教学及辅助用房、行政办公用房、生活用房及其他用房；校舍名称有教室、实验室、图书室、微机室、语音室、实训室、体育馆、教师办公室、教工宿舍、学生宿舍、食堂、厕所等（见表5）。

表 5 _____学年校舍基本情况台账

学校名称：（盖章）　　　　　　　　　　　　　　　　　　　　单位负责人签字：

序号	建筑物名称	校舍名称	建筑物分类	建筑结构	建筑面积（平方米）	是否危房	是否当年新增	备注
1								
2								
3								
4								
5								

占地面积：　　　　平方米，绿化用地面积：　　　　平方米；运动场地面积　　　　平方米。

备注：建筑物分类有教学及辅助用房、行政办公用房、生活用房及其他用房；校舍名称有教室、实验室、图书室、微机室、语音室、实训室、体育馆、教师办公室、教工宿舍、学生宿舍、食堂、厕所等。

校舍台账的填报有些复杂。经常出现的问题是，学校为了省事往往按类填报，而没有按单体校舍填报，因此就失去了台账的意义。原因主要是取数难度确实很大。以往的校舍指标往往是由学校的后勤人员估算而得，如果要精确到每一个单体建筑，这样一方面需要专门的测量，另一方面还需要专业培训和界定。

5. 设计图书台账

图书台账中设计了图书名称、期刊号、单价、数量、金额等指标。台账填报上并没有太大难度，但是对于图书量较大的学校来说任务太重，这项任务需要学校的图书管理员来整理，而且图书管理员一般多是年纪较大的人员，推行此项工作有一定难度（见表6）。

表 6 _____学年图书台账

学校名称：（盖章）　　　　　　　　　　　　　　　　　　　　单位负责人签字：

序号	图书名称	期刊号	单价（元）	数量（册）	金额（元）	备注
1						
2						
3						
4						
5						

三、《平顶山市教育事业统计工作规范》实施效果

《平顶山市教育事业统计工作规范》的核心是统计台账的建立和运行。通过统计台账的

试点运行可以看到,台账制度提高了数据的真实性,指标的变化灵活方便,Excel 表便于基层统计员操作,有效地实现了动态管理。同时,台账并没有明显增加统计人员的工作量。因为增加的工作量其实都分解到了各数据提供部门。一来可以将统计复杂的表内表间关系转换为简单的数数工作,降低工作门槛和难度;二来可以将统计工作责任分解给各个数据提供部门,遵循"谁提供谁负责"的原则,让责任更加明确;三来可以使统计报表中的每个数据都数出有据,数据质量得到进一步保障。

景米娜:"我认为这套台账,整体来说,应该是目前比较省时省力、省钱省事、便于基层学校接受和掌握、相对简单容易上手的一套台账体系。"

统计工作制度化建设使得数据质量有了来自学校领导层、各业务提供部门、统计人员的三层保障,也使统计数据不因人员变化而发生较大波动,保持了数据的连贯性和一致性。

景米娜:"在从事统计工作中,我最不希望看到的是,基层统计人员辛辛苦苦找了那么多部门,好不容易要到了数据,加班加点完成了当年的统计工作,最后还要背负那么大的责任。如果真是这样,就会形成恶性循环,没有人再愿意做统计工作了。所以一直以来,我总是在寻求不断提高统计数据质量的同时,想办法将统计员从中解脱出来,让统计人员可以轻松快乐地做统计工作,而不是出力不讨好,所以这套工作规范也有这方面的意图。"

基于统计台账的《平顶山市教育事业统计工作规范》经过近两年的运行,取得了预期的效果。当然,这项工作还处于试运行阶段,还有许多亟待改进的地方,例如个别县级教育行政管理部门和学校的统计人员在思想上有抵触,认为多了一套台账是额外增加了工作量。又如各基层学校内部的数据提供部门不愿积极配合工作,这些都有待于根据国家和省级的工作要求继续完善。

四、平顶山工作模式的启发

(一)没钱的情况下如何成功设立台账

《统计法》第二十一条规定:国家机关、企业事业单位和其他组织等统计调查对象,应当按照国家有关规定设置原始记录、统计台账,建立健全统计资料的审核、签署、交接、归档等管理制度。建立台账的难度与学校的管理水平和规范程度有关,管理水平越高越规范的学校,建立台账越容易。教育部也提出建立全国统一的电子台账系统的思路,从各省实践来看,建立教育统计台账系统,工作量和资金投入都非常大。在全国电子台账还没有建立,又急需通过台账提高数据质量的情况下,平顶山的做法提供了一种思路。

(二)如何选择确定重点指标设计台账

在设计台账时,要对接上级要求和本单位需求,结合本地实际,充分考虑可操作性,不能一味求大求全。平顶山的台账设计就充分考虑了可操作性,例如固定资产台账,考虑到实际情况，没有具体到物，只明细到类。新的问题是：只明细到类的台账还是台账吗？需要思考的问题是：建立和运行统计台账，会增加基层统计工作人员的负担吗？需要建立全国统一的台账吗？台账如何在满足上级对统计工作的要求基础上，更好地为基层学校和地方服务？台账中涉及个人信息，如何保证安全？

（三）如何确保台账在工作中能顺利实施

从管理的角度来看，不管做什么，一定要制度先行。《平顶山市教育事业统计工作规范》，主要的内容其实就是相关的统计制度：有执行的制度，有考评的制度，还有监督的制度。统计工作如果只有技术指导，没有制度约束，工作质量还是难以保证。制度执行好的县区，统计数据质量明显提升。《重点指标监测确认表》反映的是教育重点和难点指标及可能会受政策影响的数据，能够起到提纲挈领的作用，同时要求学校领导签字，是学校领导审核基层统计报表的重要工具，也是明确责任的重要抓手。《专（兼）职统计人员基本信息登记表》是加强统计队伍管理的好抓手，是落实各基层学校统计人员变更制度的重要手段。

（四）如何保证统计工作的独立性

《统计法》第六条规定：统计机构和统计人员依照本法规定独立行使统计调查、统计报告、统计监督的职权，不受侵犯。

《平顶山市教育事业统计工作规范》中实行了统计工作业务科室归口负责制："数据的真实准确性，交由归口业务科室（部门）进行把关负责。"

"在基层学校中，在校生情况由教务部门把关负责，教职工情况由人事部门把关负责，办学条件由总务部门把关负责。"基层学校的业务部门是数据的生产者，学校统计人员向这些部门调查采集数据并要求其对提供的数据负责不是问题，也不涉及统计调查的独立性。

"在教育行政部门中，中小学校由基教科（股）室把关负责，幼儿园由幼教科（股）室把关负责，职业教育学校由职教科（股）室把关负责，社会力量办学单位由社办把关负责。"行政业务部门不产生数据，也不掌握相关统计数据，如何对统计数据把关？在教育行政管理部门中，统计部门是独立的部门，把采集的统计数据交由其他部门审核，是否违背《统计法》第六条规定的统计工作独立性的相关内容？

省厅点评

案例点评——以统计台账为核心的教育统计工作规范探索

河南省教育厅发展规划处副处长 杨冰

统计数据质量是统计工作的生命线,没有质量,统计工作就是无源之水,无本之木。我国现行的教育事业统计工作主要实行自上而下布置、自下而上汇总的分级管理体制,各级教育行政部门、学校都将维护教育事业数据的客观性、真实性、准确性作为保障教育数据质量的基础性工作。为了规范教育事业统计工作,2018年,教育部以部长令的方式出台了《教育统计管理规定》,对全国教育统计工作做了全面规范,这标志着教育统计管理工作进入法治新时代。

在我们国家的行政管理体系中,地市级这一层级在各省级行政管理中具有承上启下的重要作用。市教育局向上对省级教育厅负责,向下既要负责各县(市)区统计数据的汇总和审核,又要负责各直属学校统计数据的布置、上报和校验。既有宏观管理,又有具体指导,承上启下,责任重大。从全国范围看,各地情况千差万别,教育管理水平、对教育的重视程度、对统计工作的投入水平等都对教育数据质量有着重要的影响,如何更好地结合本地实际情况贯彻落实《教育统计管理规定》,规范教育事业统计工作流程,需要调动基层工作的积极性,尊重基层的首创精神。河南省平顶山市作为地市一级的教育统计管理者,如何把握"统计数据质量"这个生命线是摆在当前工作中的一项重要课题。多年的探索过程中,平顶山市建立了《平顶山市教育事业统计工作规范》(以下简称"《工作规范》"),在实际工作运用当中,对规范基层统计工作、提高基层统计数据质量等方面具有很好的指导意义,在我省已经进行了推广应用,本次也向全国进行推介。在本案例中,景米娜作为市教育局一名统计人员,她认为自己所掌握的统计技术十分有限,便通过规范管理,以弥补自己在技术和经验上的不足。于是她先后设计了教育事业统计工作目标承诺书、重点指标监测表、学生台账、教职工台账、校舍台账、固定资产台账、图书台账等,经过两年多的探索和完善,最终形成了《工作规范》。《工作规范》主要是两方面的内容:一是建章立制,明确分工,确保投入,优化流程。以签订承诺书为抓手,科学分工,明确责任。以加强队伍建设为抓手,加强培训,确保投入。以优化工作流程为抓手,合理分工,突出重点。以贯彻统计法规为抓手,抓好检查,落实责任。二是依据年报,重点突出,科学设计统计台账。按教育事业统计报表制度,主要设计了学生台账、教职工台账、固定资产台账、校舍情况台账和图书台账。为便于监控,又设计了《重点指标监测表》。《工作规范》的核心是统计台账的建立和运行,台账制度保证了数据的真实性,统计制度保障了台账的正常运行,两者相辅相成。

研究制定《工作规范》可以说是万里长征迈出了第一步,如何在实际工作中更好地执行,才是推动工作的关键。在推动《工作规范》实施过程中也遇到了许多困难和问题。

一、没钱的情况下如何成功设立统计台账

《统计法》第二十一条规定:国家机关、企业事业单位和其他组织等统计调查对象,应当按照国家有关规定设置原始记录、统计台账,建立健全统计资料的审核、签署、交接、归档等管理制度。教育部也提出要建立全国统一的电子台账系统,但是从广东、江西和陕西等省的实践来看,建立线上的教育统计电子台账系统,工作量和资金投入都非常大。

案例中的这套台账体系有四个特点:一是形式上是用 Excel 电子表做载体,便于基层统计员操作;二是尽量精简指标,仅限于满足统计报表要求,将数据采集的工作量减到最少;三是表式简单,变化灵活方便,充分适应统计报表年年变化的情况;四是几乎没有建设成本,便于推广。这应该是目前比较省时省力、省钱省事,便于基层学校接受和掌握,相对简单、容易上手的一套台账体系。

在全国尚未建立统一电子台账,缺钱又急需通过设立台账提高统计数据质量的情况下,平顶山的做法提供了一种可借鉴的思路。

二、如何选择确定重点指标设计台账

在设计统计台账时,要对接上级部门工作要求和本单位需求,结合本地实际,充分考虑可操作性,不能一味求大求全。平顶山的统计台账设计就充分考虑了可操作性,例如固定资产台账,考虑到实际情况,没有具体到物,只明细到类。新的问题是:只明细到类的台账还是台账吗?需要思考的问题是:建立和运行统计台账,会增加基层统计工作人员的负担吗?全国各地情况不一样,需求不一样,有必要建立全国统一的统计台账吗?统计台账如何在满足上级对统计工作要求的基础上,更好地为基层学校和地方服务?台账中涉及个人信息,如何保证信息安全?

三、如何确保台账在工作中能顺利实施

《工作规范》主要的特点就是统计制度和统计台账相互配套:有执行的制度,有考评的制度,还有监督的制度,保证了统计台账的正常运行。统计台账如果只有技术指导,没有制度约束,统计数据质量还是难以保证。两年多的实践也表明,《工作规范》执行得好的县区,统计数据质量明显提升。《重点指标监测确认表》反映的是教育重点和难点指标及可能会受政策影响的数据,能够起到提纲挈领的作用,是学校领导审核基层统计报表的重要工具,也是明确责任的重要抓手。《专(兼)职统计人员基本信息登记表》是加强统计队伍管理的好抓手,是落实各基层学校统计人员变更制度的重要手段。

四、如何保证统计工作的独立性

《统计法》第六条规定:统计机构和统计人员依照本法规定独立行使统计调查、统计报

告、统计监督的职权,不受侵犯。为了解决统计工作独立性问题,《工作规范》中建立了统计工作业务科室归口负责制,其中明确"数据的真实准确性,交由归口业务科室(部门)进行把关负责"。同时,对于下级教育行政部门和学校的责任也进行了划分,基层学校的业务部门是数据的生产者,学校统计人员向这些部门调查采集数据并要求其对提供的数据负责不是问题,也不涉及统计调查的独立性,因此,《工作规范》提出"在基层学校中,在校生指标由教务部门把关负责,教职工指标由人事部门把关负责,办学条件指标由总务部门把关负责"。既然行政业务部门不产生数据,也不掌握相关统计数据,那么如何对统计数据把关负责呢?《工作规范》提出"在教育行政部门中,中小学校由基教科(股)室把关负责,幼儿园由幼教科(股)室把关负责,职业教育学校由职教科(股)室把关负责,社会力量办学单位由社办把关负责"。各司其职,分块审核统计数据质量,进而对全部数据进行审核把关。

通过对该案例的剖析,我们可以看到,该案例立足基层统计工作实际,较好地解决了困扰基层工作的实际问题。《工作规范》以省级汇总会上的"核查软件风波"为切入点,展现了统计核查说明的精准和翔实,这"精准"背后折射出了统计工作的本源——数出有据。为了做到"数出有据",更好地开展教育统计工作,统计人员一方面从管理层面入手,制定了一个工作流程优化、责任分工明确、科学有效合理的工作规范,为市、县教育行政管理部门提供了统一的制度和规范;另一方面从数据源头入手,制作了一套依据年报、数据有重点、便于操作的台账体系,为学校和统计人员提供了如何做好统计工作的方法和步骤。工作规范和台账体系的运行,保障了统计资料的真实性和准确性,实现了教育统计工作规范化、制度化,促进了平顶山市教育统计事业的快速发展。但是,本规范中使用的台账仅涉及教育统计核心指标,尚未达到指标全覆盖,建议同行在借鉴使用过程中根据本地情况予以取舍。

近年,中央深改委(办)针对统计工作相继出台了一系列关于深化统计制度改革、不断提高数据质量方面的规范性文件,国家领导人也对统计工作进行了多次批示和指示。鉴此,我们将结合平顶山市和全省教育统计工作开展情况,继续在使用过程中不断完善《工作规范》内容,努力在我省乃至全国教育统计战线上进行推广使用,努力为全国教育统计工作做出应有贡献。

专家点评

因地制宜，各具特色，确保统计数据有据可依

中国教育科学研究院教育信息与数据统计研究所所长　马晓强

数据千万条，真实第一条。统计数据的真实性是统计工作的生命线，没有真实性，数据就会成为任意玩弄的游戏，统计工作也就没有存在的价值。在保障数据真实性的实践探索中，四川省南江县的《"单机＋网络平台"建立统计台账管理长效机制》、河南省平顶山市的《基于统计台账的教育事业统计工作规范》和昆明市西山区的《构建县域内教育事业统计体系提高数据质量》这三个统计工作案例给我留下深刻印象。

首先，这三个案例所针对的问题是真实且至关重要的。统计数据已成为国家宏观管理和科学决策的重要依据。但长期以来统计数据受到诸多质疑，如何提高数据的公信力和可信度？为每一条数据建立统计台账、可以对数据的来源一查到底是一个大家公认的解决方案。《统计法》也明确提出"统计调查对象应当设置原始记录和统计台账"的法律要求。但如何建立统计台账？市、区级统计台账有何特点？如何确保统计台账制度可持续推进？这些问题是真实存在的，回答不了这些问题，统计台账建设还是仅停留在文件层面空转。这三个案例都以统计台账建设为选题，抓住了教育统计工作改革创新的关键，具有重要的现实意义和应用价值。

其次，这三个案例中提出的对策是可行的。天下大事必作于细，作细作实就是提高统计数据质量的基本要求。在统计台账工作案例中我们可以看到：将统计工作作于细，把一个个统计数据背后的个体数据建成台账，对每一个学生、教师、每一类的设施设备进行精细化标识，每一个学生的姓名、年龄、性别、家庭情况信息都建立数字化档案，每一位老师的学历、职称、教学科目等都详细记录，正是有了这样细和实用的台账，在需要进行报表统计时，直接由台账得到汇总数据，实现了统计数据有据可查，有数可依。

再次，这三个案例是可学的。这三个地方都不是经济发达地区，可以说都是在缺少投入的情况下探索如何开展台账建设工作的。建立统计台账有多种方式，可以有更加智能化、更具可视化的方案，这种高大上的建设方式是大家都喜欢的。但在现阶段，局限于经费和人员的信息化应用能力，这种高大上的统计台账却可能是镜中花、水中月。三个地方都是从本地实际出发，从目前已有的资源入手，探索出了自己的模式和路径，不需要复杂高深的数据库及管理平台，只用Excel即可；不需要一开始就力求全面深入，而是立足解决统计工作问题需要，让工作成效立即可见。很多地方、很多人在说到建立统计台账时，在谈必要性时都是说十分重要；但一谈到可行性时，就多是讲需要上级部门配备信息平台、需要培训人员、需要增加经费，等等。但这三个地方的工作案例告诉我们：与其坐而待之，不如起而行之。先进

从来不是等来的,而是率先干出来的。

这三个地方的案例也对各地推进统计工作有诸多借鉴意义,归纳起来,我想可能有以下四点:

(1)磨刀不误砍柴工。建立统计台账正是磨刀,统计报表数据就是砍柴。只要在平时把统计台账建得清清楚楚,把刀刃磨得亮亮的,集中填报统计数据时就会游刃有余了。河南平顶山的统计台账工作案例实施效果证明,"通过统计台账的试点运行可以看到,台账制度提高了数据的真实性,指标的变化灵活方便,Excel表便于基层统计员操作,有效地实现了动态管理"。

(2)统计工作的基础在学校。基础不牢,地动山摇。正如昆明市西山区教育局的《构建县域内教育事业统计体系提高数据质量》案例中所说:学校级教育事业统计工作是教育事业统计工作的基础,是数据之根,是重中之重。抓好了学校级教育事业统计工作,就抓好了教育事业统计工作的基础和根本。如何提高教育事业统计数据质量?最终的落脚点仍然是抓好学校统计基础能力建设工作。

(3)基础教育阶段统计信息统筹管理应"以县为主"。在四川的工作案例中,以学校为主体建设台账体系存在基础信息容易丢失、学校不重视、没有达到最初设定的效果等问题,以县级统筹建立台账体系的做法则起到明显作用,解决了因县、校统计人员更换及学校电子信息丢失等原因导致的数据断档,避免了年年重复采集数据、年年数据不能衔接等问题。

(4)抓好制度建设是关键。好的制度不仅仅是防止坏人干坏事,更重要的是让好人干成事。一个好的工作方式方法,必须有健全的制度保障才能持续推进。例如河南平顶山的统计台账工作并不是推行台账的Excel表这样简单,而是从制度管理入手,系统设计了统计工作目标承诺书、重点指标监测表、在校生台账、教职工台账、建筑物台账、固定资产台账、图书台账等,形成了规范统计工作内容和流程的制度文件。正是在一系列科学分工、明确责任的制度规定中,规范了每一个部门、每一个人的岗位职责和行为准则,确保了统计台账工作能够落到实处、形成合力、取得实效。昆明市西山区教育局根据台账、流程和制度这三点要素,初步搭建出了学校级教育事业统计体系的正四面体模型结构,拟定出了包含成立领导小组、代码维护、培训、制定工作方案、召开工作会议、建立台账、规范流程、审核上报、归档管理九个方面内容的《学校级教育事业统计工作规程》。四川省南江县也基于本县实际情况,建立起了教育统计基础信息长效管理机制。

作为一位从事统计工作的研究者而言,在这三个基层一线的生动的、鲜活的实践探索中,我认为中国教育统计改革创新应该在以下三个方面加大工作力度。

(1)标准化与特色化并行。大力推进统计台账建设是当前教育统计工作创新发展的重要方向。在各地实践的基础上,应该出台国家层面教育统计台账的数据标准、技术标准和管理规范等要求,以在更大范围内推行数据的共享、交换和安全管理。在统一标准的同时,同样重要的是需要更多地方向四川省南江县、河南省平顶山市、昆明市西山区一样进行积极探索。中国这么大,没有一个模式能解决好所有地方的问题,关键是从解决思想认识入手,从本地实际出发,以问题解决为导向,以建立制度为基础,在全国建成目标一致、路径多样、各具特色的统计台账建设方案和实施体系。

（2）从单向数据采集到双向数据服务转变。统计不是单纯地要数据，更重要的是用数据服务学校、区域教育事业的发展。昆明市西山区教育局的《构建县域内教育事业统计体系提高数据质量》案例中，统计人员不是坐在办公室等着各业务部门报数，而是主动与各业务部门对接，了解业务工作具体内容、工作流程，建立了学生信息采集模板、教师信息采集模板、资产信息采集模板，利用模板生成统计报表数据之外，还将相关数据信息服务于学校的管理和教师教育教学；体现了教育统计数据来自业务工作，又服务于业务工作需要的重要原则，这也是推动教育统计工作高质量发展的重要方向。统计不仅是一级一级上报数据，而是每一级都要学会切实用好数据，上级要主动为下一级的教育教学工作提供数据支持和服务。

（3）统计工作要和教育教学日常工作相结合。只有把统计工作扎根于学校教育教学活动之中，才能真正确保统计数据的真实性和生命力。如果学生、教师有变动了，而不去更新统计台账，那这本台账也就变成了死账，也就失去了存在的价值。更深层的问题是，迫切需要将统计台账系统与现有的学生学籍系统、教师管理系统、校安工程、学生体质监测等系统数据挂钩，在教育系统内部数据之间建立有效的数据抽取、核验和共享整合机制。在此过程中，既要充分考虑法定统计数据的相对独立性，也要充分依托业务管理系统以减少不必要的重复统计，因此，与业务管理部门做好数据采集口径、方法等方面的协同尤其重要和紧迫。

最后我想说的是，在这三个典型工作案例中，我们看到了基层统计人员的专业智慧、辛勤付出和研究工作的激情。高质量的统计数据归根到底是要依靠统计人干出来的。我认为，统计工作要干得好，统计人员必须做到心中有数，手中有招，身上有甲，眼里有光。要让别人相信统计数据，首先自己心中得有数，知道每一个统计数字的来龙去脉；面对统计工作中各种情况和难题，统计人员手中要有足够的招数，方能够从容应对；统计数据是敏感的，统计工作需要多方面的协调配合，统计人员必须要有制度的保障，身上披上制度的铠甲，确保顺利前行；但对统计人来说，我认为最重要的是眼里有光，是面对统计数据时眼眸中闪烁的兴趣、执着和坚毅之光，在这些眼光所到之处，才会有对问题不断探究的动力，才会有对追求更加真实、准确、完整和及时的统计数据不懈努力的精气神。在这三个案例中做出贡献的统计人，他们做到了，祝贺他们！

"标准模板"新模式确保提高数据质量

山东省聊城市教育局　郑明静

为了提高统计数据质量，聊城市推广实行"统计标准"制度，探索启用"标准模板"新模式，力求解决统计工作的"难度与挑战"。实行"统计标准"制度后，聊城市教育事业统计工作提高了工作效率，提升了数据质量，保障了全市教育事业统计工作正规、高效、有序地开展。聊城市"统计标准"制度的推广与应用，加强了制度建设，用法治思维和法治方法解决工作中的矛盾和问题。

一、导言

"终于有一套统计模板了，我们搞事业统计也有据可依了，特别是台账太方便了，节省了时间不说，数据也准确了，根本不用来回修改了，真好！"

当聊城市教育事业统计标准制度正式推出后，我感慨万千。

我是一名普通的教育工作者，在基层学校和县、市教育局兼职从事教育事业统计工作已经有二十多个年头了，深深地感受到了基层统计人员的"艰辛与困惑"、在具体操作中遇到的"难度与挑战"。自2015年7月借调到聊城市教育局工作以来，我更深切地感到肩上的担子更重了。

近年来，每当省教育厅规划处组织全省各地市进行教育事业统计汇总时，我总是忙得焦头烂额，加班到深夜。数据总会出现各种各样的问题，必须对出现的问题逐一核实，当问到填表人某些数据的具体情况时，最多的回答竟然是：我也不是很清楚。区县统计人员也经常听到学校统计人员作这样的回应。这充分反映出部分统计人员对教育事业统计工作不够重视，对这项工作缺乏责任心。再加上基层学校，甚至区县统计人员常常是"铁打的营盘，流水的兵"——岗位不固定，都是兼职，经常换人，也从一个侧面反映出基层统计人员对统计工作无从下手，没有一套现成的标准可以参照学习。

总之，统计人员急需一套可以直接利用的工作标准模板，这是多年来的心声。这套"标准模板"终于在2016年教育事业统计工作中在全市各区县试运行，2017年全面推广，并取得了理想的成果，不仅大大提高了工作效率，而且还明显提升了数据质量。

二、"统计标准"制度出台背景

每年的教育统计工作要及时、客观地反映教育事业发展的基本态势,为决策层把握和判断教育事业发展状况、制定教育发展战略、编制规划和制定政策、监督和调控教育发展,及时准确地提供决策依据和咨询建议服务。我们的统计数据和服务工作日益得到重视,在教育改革发展的咨询、决策等方面发挥着越来越大的作用。

新形势和新任务对教育统计工作提出了更高的要求。当前,全国进入改革密集期,我省针对教育事业也密集出台了一系列改革措施和重大政策项目。改革措施的制定,政策项目的出台,都需要准确、完整、及时的统计数据作为保证。在这个背景下,我们肩负的担子更重,来自各方面的压力更大,遇到的"艰辛与困惑"更多,产生的"难度与挑战"更多。能否及时、准确、完整地完成数据采集汇总,为教育科学决策提供数据支撑,考验着我们每一位同志。

为了解决统计人员的"艰辛与困惑""难度与挑战",我一直想整理、推广一套行之有效且操作性强的"统计标准"。

我们的基层统计人员在一年的事业统计开始时,工作千头万绪,一头雾水。感觉什么都很重要,什么都要干,什么都得干,什么都想干好,但就是不知道怎样才能干好,从哪里开始,能借助和依靠哪些资源,干到什么程度才算可以。这就是基层统计人员遇到的最大的"难度与挑战",也就是搞事业统计需要目标、需要顺序、需要助手、需要尺度。

为了解决这个"难度与挑战",我在工作中积极探索,经过努力,通过参考、借鉴外地经验与成果,依据上级有关规定,结合自己的工作实际,草拟了"聊城市教育事业统计标准制度"。

"统计标准"虽然不一定符合有关行业标准的编排格式,但它基本上明确了统计工作的"基本要求及工作流程"、建立台账制度及会签制度、加强数据校验与核查等标准。区县及基层学校有了"标准"可依,明确了目标及方法,利用"台账",保证所采集的每个数据来源都有出处,有据可查、有人负责。

"统计标准"的推出,进一步明确了统计数据真实准确的要求,努力做到数出有依、数出有据,加大数据审核力度,建立健全统计工作流程规范,将提高统计数据质量的责任层层分解,责任到人。

"标准模板"新模式的推广与应用,加强了事业统计工作的制度建设,能够引导统计人员用法治思维和法治方法解决工作中的主要矛盾和突出问题。

三、"统计标准"制度核心问题

教育事业统计工作的核心问题就在于如何解决最大的"难度与挑战",搞清楚教育事业统计"按什么要求干?先干什么、后干什么?怎么干省劲?如何才能干好?达到什么效果?"

等一系列问题。只有把这一系列的"问号"拉直了,才能实现"提高数据质量"的统计最终要务;才能把维护统计数据的真实性、统计法律的权威性作为贯彻党的实事求是思想路线;才能坚决遏制数字上的腐败,自觉维护党和政府的公信力;才能旗帜鲜明地反对统计造假,切实提高统计数据质量。

那么,"统计标准"要解决的核心问题就是如何做到实事求是,掌握统计工作的灵魂,把握统计工作的生命线。统计工作既不能虚报,也不能漏报,必须真实反映教育事业发展的结果和分析的成果。严格规范统计流程,坚决抵制弄虚作假行为;夯实统计工作基础,减少工作的随意性和统计误差。

四、"统计标准"制定出台过程

"统计标准"的制定和出台是一个艰难生产的过程,它要依据统计工作运行机制和工作程序,明确统计工作的岗位和责任,确保教育统计年报工作高质量地顺利开展,要统筹安排好每年的统计工作,做到组织落实、工作落实、任务落实、责任落实、时间落实、人员落实。只有这样,才能进一步明确事业统计的目标问题、顺序问题、助手问题、尺度问题。

"统计标准"的制定和出台过程中,首先遇到的问题就是包括哪些内容,准备哪些素材;其次要考虑的是采用什么形式,按照什么顺序,借助什么工具,达到什么效果;最后需要明确解决的核心问题是什么。

"统计标准"的制定和出台,紧紧围绕解决核心问题,将各项内容采用"标准模板"的格式逐项展开。

首先,为了明确事业统计的"目标和方法",确定的第一项内容就是"基本要求及工作流程"。

其次,收集一系列必要的"基础工作"(如各级培训、代码维护工作)。收集往年各级汇总时出现的问题,反馈下发给区县和学校,做到举一反三。明确本年度教育事业统计报表的定稿样式及指标解释作为"定盘星"。下发上年度定稿数据作为"承上启下",搞好数据的衔接。

借助"台账生成系统模板"作为统计工作的"得力助手",即"台账模板"这个工具。"台账制度"的推广,使基层统计人员采集数据省时省力,极大地提高了工作效率,顺利解决数据采集问题,减少出错概率。然后下发统计软件、代码及必要的工具,一切的准备工作都是为了这个"主战场"——将数据录入软件,生成基本数据。

最后,下发市级汇总资料作为"劳动成果"展示出来。也就是最后一个环节——数据汇总。在数据汇总过程中,主要是落实"会签制度"。"会签制度"作为保障数据质量的重要措施,成为数据把关的最后一道防线。

五、"统计标准"基本结构

"聊城市教育事业统计标准制度"一般是在全市各县区及市属学校培训、布置会议上作为重要的制度下发。

为了更好地展示"统计标准"的主要内容,我精心制作了"聊城市教育事业统计标准制度结构图"。"结构图"展示了"统计标准"的三个层次、八大方面,希望能从纵横两个角度直观地展示出"统计标准"的结构及层次(见图1)。

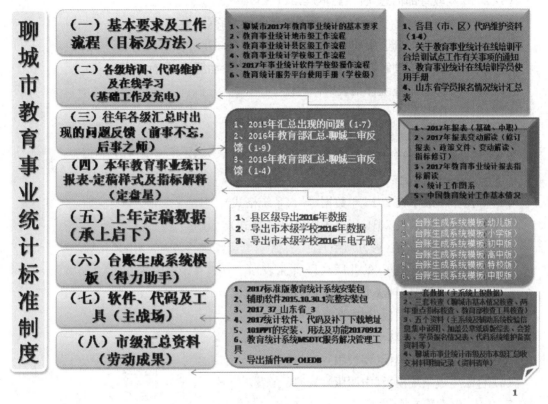

图1 聊城市教育事业统计标准制度结构图

"统计标准"包括以下八个方面内容:

1. 基本要求及工作流程(目标及方法)

(1)聊城市2017年教育事业统计的基本要求。

(2)教育事业统计地市级工作流程。

(3)教育事业统计县区级工作流程。

(4)教育事业统计学校级工作流程。

(5)2017年事业统计软件学校级操作流程。

(6)教育统计服务平台使用手册(学校级)。

2. 各级培训、代码维护及在线学习(基础工作及充电)

(1)各县(市、区)代码维护资料(1~4)。

(2)关于教育事业统计在线培训平台培训试点工作有关事项的通知。

(3)教育事业统计在线培训学员使用手册。

(4) 山东省学员报名情况统计汇总表。

3. 往年各级汇总时出现的问题反馈（前事不忘，后事之师）

(1) 2015年汇总出现的问题（1~7）。

(2) 2016年教育部汇总-聊城二审反馈（1~9）。

(3) 2016年教育部汇总-聊城三审反馈（1~4）。

4. 本年教育事业统计报表——定稿样式及指标解释（定盘星）

(1) 2017年报表（基础、中职）。

(2) 2017年报表变动解读（修订报表、政策文件、变动解读、指标修订）。

(3) 2017年教育事业统计报表指标解读。

(4) 统计工作图系。

(5) 中国教育统计工作基本情况。

5. 上年定稿数据（承上启下）

(1) 县区级导出2016年数据（导入系统格式）。

(2) 导出市本级学校2016年数据（导入系统格式）。

(3) 导出市本级学校2016年电子版（Excel格式）。

6. 台账生成系统模板（得力助手）

(1) 台账生成系统模板（幼儿版）（1~9张表）。

(2) 台账生成系统模板（小学版）（1~13张表）。

(3) 台账生成系统模板（初中版）（1~13张表）。

(4) 台账生成系统模板（高中版）（1~13张表）。

(5) 台账生成系统模板（特校版）（1~10张表）。

(6) 台账生成系统模板（中职版）（1~16张表）。

7. 软件、代码及工具（主战场）

(1) 2017标准版教育统计系统安装包（6.102）（各版本安装包、升级包，及时更新）。

(2) 辅助软件2015.10.30.1完整安装包（升级包、及时更新）。

(3) 2017_37_山东省_3（各个版本、及时更新）。

(4) 2017统计软件、代码及补丁下载地址。

(5) 101PPT的安装、用法及功能20170912。

(6) 教育统计系统MSDTC服务解决管理工具。

(7) 导出插件VFP_OLEDB。

8. 市级汇总资料（劳动成果）

(1) 一套数据（主系统上报数据）。

(2) 三套核查（聊城市基本情况核查、两年重点指标核查、教育部核查工具核查）。

(3) 五个资料（主系统及辅助系统校验信息集中说明、加盖公章纸质版综表、会签表、学员报名情况表、代码系统维护备案资料等）。

(4) 聊城市事业统计市级及市本级汇总收交材料明细记录（资料清单）（见图2）。

聊城市事业统计汇总各县（市、区）收交材料明细记录（资料清单）										
		简称"一三五"：一套上报数据、三套"核查"、五个资料								
时间安排		电子版								
						纸质版				
学校	备注	"事业统计上报数据"	学校基本情况核查表	两年重点指标核查表	数据核查报告	校验信息单独说明部分	聊城市学员报名情况统计汇总表-县级汇总	事业统计主系统县级综合报表（基础+中职）	审核确认表（汇签表）	代码管理系统维护备案资料：（会签表、学校名单、有关文件等）纸质版一式两份	备注
		1	2	3	4	5	8	6	7	9	

图 2　聊城市事业统计市级及市本级汇总收交材料明细记录(资料清单)

六、"统计标准"主要内容

鉴于"统计标准"涉及内容繁多，信息量庞大，无法一一描述，现就其中的基本要求及工作流程、代码维护与更新、建立台账制度及会签制度、加强数据校验与核查等部分内容做简要介绍。

（一）基本要求及工作流程

1. 基本要求

（1）加强组织领导。"统计标准"要求各区县加强对统计工作的领导，按照《统计法》要求，统筹协调并组织实施好本年度教育事业统计工作，确保统计工作必需的人员、经费和条件保障到位。切实按照习近平总书记关于树立正确的政绩观、速度观要求，加强对所属教育行政部门与学校统计工作的检查与督查，严查为完成虚高目标，在统计数据上弄虚作假的行为，对在统计工作中弄虚作假的行为实行零容忍，发现一起，查处一起，严肃追究相关单位、人员责任，坚决通报。

（2）严格依法统计。"统计标准"要求教育统计人员牢固树立依法统计的观念，严格遵守统计工作规定，认真贯彻执行新修订的《教育事业统计报表制度》，全面准确理解各项报表和指标内涵，严格执行统一代码，充分利用信息化手段，依法实施统计，确保统计数据准确可靠。

根据上级要求，深刻理解统计工作的重要性，按照防范和惩治统计造假、弄虚作假的总体方略、工作重点和基本要求，明确统计改革发展的方向和遵循。从"讲政治、讲纪律、守规矩"的高度旗帜鲜明地反对统计造假、弄虚作假，切实提高统计数据质量。牢固树立"数字造假也是腐败"的思想观念，依法统计。

"基本要求"的提出，解决了统计工作中的"按什么要求干"的问题，给统计人员竖起了标杆。一个学校的统计人员说："我确实认识到了统计工作的重要性，今后一定要充分理解指标解释，做到'依法统计'，决不搞随意的'估计'"。

2. 工作流程

在全市各县区及市属各级各类学校培训、布置会议上下发"教育事业统计地市级、区县级工作流程"及"学校级工作流程"（见图3～图5）。

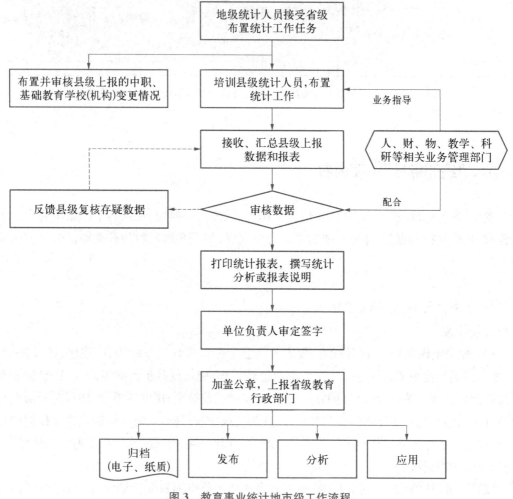

图3　教育事业统计地市级工作流程

"工作流程"的下发，解决了统计工作"先干什么、后干什么"的问题，给统计人员理顺了前后关系。某学校统计人员感慨地说："在'工作流程'推出之前，原来都是凭自己的私人关系一个个科室找人帮忙提供数据，很被动。现在好了，按照'工作流程'，县里培训会召开后，向校长汇报，然后成立由学校相关业务管理部门参加的'统计领导小组'，在校长动员下开展培训，分解指标到各科室。我认为这一环节太重要了！"

各级教育行政管理部门和各级各类学校的"工作流程"就是明确了"按照什么顺序干"的问题。

地市教育行政管理部门应要求各县区及学校据此制定适合本地实际的"统计工作制度"和"统计工作流程"，并且"制度"和"流程"都要上墙公布。

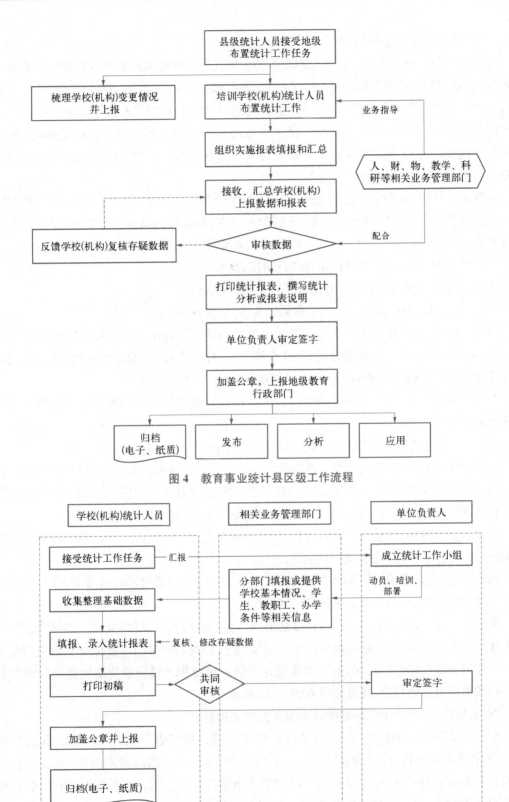

图 4 教育事业统计县区级工作流程

图 5 教育事业统计学校级工作流程

（二）代码维护、全面梳理

代码维护是一项严谨性与协作性都很强的工作。每年各季度都要进行县域内各级各类学校的代码维护工作，要通知到每个有关科室，分别和办公室、基教科、职教科、督导室、学前科或托幼办等有关科室加强联系、相互沟通。特别是在代码年度发布之前的第三季度代码维护时，注意辖区内学校的新建、变更、撤销信息动态，及时进行代码维护，纳入到本年度的事业统计范围，防止遗漏。在全省汇总审核时须提交县区的有关材料（各科室会签表、学校名单、有关新建、变更、撤销的文件等）。

在现实工作中，总会或多或少地出现一些意外情况。2017年代码维护时，我们按照常规，下发"统计标准"，通知到有关科室，分别和办公室、基教科、职教科、督导室、学前科或托幼办等有关科室取得联系、相互沟通。提示注意辖区内学校的新建、变更、撤销信息动态，及时进行代码维护，纳入到本年度的事业统计范围，防止遗漏。

但就在市属学校的代码维护时出现了一个特殊情况。

2017年11月，我们市本级汇总正在紧张有序地进行中……

这时，基教科一位同志给计财科负责事业统计的赵科长打来电话："我们市本级今年新增一处'特殊教育学校'，现在刚招收了20个孩子，要注册学籍呢，我才突然想起来，他们还没申请事业统计代码吧？请问特校现在还能统计上这20个孩子吗？"

赵科长非常着急："啊？今年维护代码时，特校没有申请代码吗？现在今年的代码维护已经结束了呀！"

当时的气氛很紧张，我们的第一感觉就是可能漏报了！这可麻烦了！

经过核实，由于考虑到当年没有准备招生，在2017年7、8月份维护事业统计代码时，直到9月1日年度标准发布之前，聊城市特殊教育学校也没有申请代码，没有填报提交"新增学校代码基本信息采集表"，所以特校就不能参与事业统计。

虽然当时没有招生，也没有申请代码，但是后来又招了20个学生，怎么办？学校领导和有关统计人员也是感到十分无奈，也很惋惜。

由此可见，代码维护的年度标准发布的时间节点很重要。错过了时间节点，学校就不能参与当年的事业统计，会给事业统计工作带来很大麻烦。

我们举一反三，将这个典型的案例推送给各县区，引以为戒。反复强调代码维护各级分季度实施提交的时间节点，始终保持高度的警惕状态，特别是每年的年度标准发布之前尤为重要。所以，"统计标准"专门明确了**事业统计代码系统维护各级分季度实施提交时间节点和学校代码季度更新市级、县级工作流程**（见图6、图7）。

"统计标准"还明确了**代码维护需要提供的有关材料**。

（1）新增学校。学校填写"新增学校代码基本信息采集表"（见图8），同时提供学校成立的相关正式文件（原件及复印件）及审批文号、学校有关部门颁发的"登记证书"（原件及复印件）及"法人和其他组织统一社会信用代码"。公办学校提供"事业单位法人证书"，民办学校提供"民办非企业单位登记证书"、"民办学校办学许可证"、法人身份证复印件等。

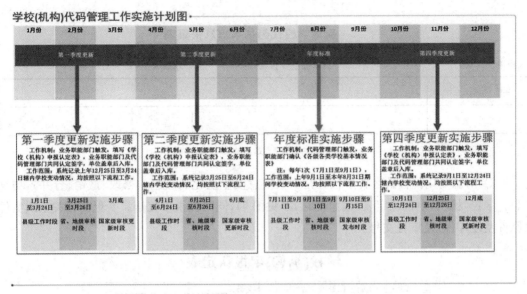

图 6　事业统计代码系统维护各级分季度实施提交时间节点

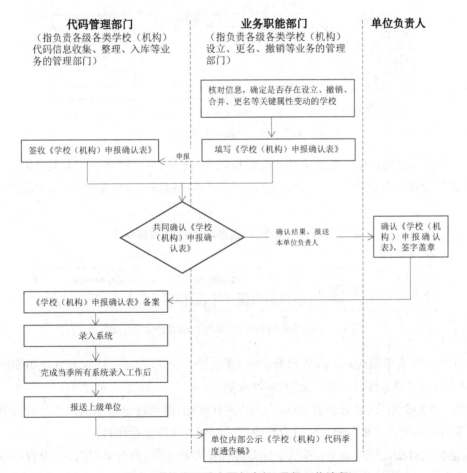

图 7　学校代码季度更新市级、县级工作流程

新增学校代码基本信息采集表

填报单位（章）：		单位主要负责人：		填表人：	
学校（机构）全称					
学校英文名称				学校校长（法人）	

图 8　新增学校代码基本信息采集表

（2）信息变化。各县区各学校凡是学校信息发生变化的（设立、修改、撤销、合并），均须填写"学校（机构）申报认定表（信息变化）"（见图 9），同时提供学校信息变更的相关正式文件（原件及复印件）及审批文号。

学校(机构)申报认定表

类型：□设立　□修改　□撤销　□合并　　文号：_____
申请学校代码：_____　　注：此项新设立学校无需填写
被合并学校填写　　合并到学校名称：_____
　　　　　　　　　合并到学校代码：_____

项目	原内容	变更后内容	新设立内容
学校名称			
办学类型名称			
办学类型代码			
统一社会信用代码			
举办者名称			
举办者代码			

图 9　学校(机构)申报认定表(信息变化)

（3）学校处数确认单。各乡镇（中学、联校联合）再填写一份"聊城市各县（市、区）辖区内学校处数确认单"（见图 10），并由有关科室（学前科、基教科等）负责人签字、加盖公章。

聊城市各县（市区）辖区内学校处数确认单

填报单位（章）：　　　　　　　　　　　填报日期：

办学类型	学校类型分组	学校(机构)数		本年度变化情况		
		合计	其中民办	设立	撤销	合并

图 10　聊城市各县(市、区)辖区内学校处数确认单

（4）统一社会信用代码。在代码维护中，增加了学校（机构）的"法人和其他组织统一社会信用代码"和"普惠性民办幼儿园"的属性分类。

"统一社会信用代码"为必填项，确实无信用代码的，要填写合理原因；"普惠性民办幼儿园"选项为必填项，如"是"，须上传教育行政部门的相关文件的影印件。

普惠性民办幼儿园的确定：被认定的普惠性民办幼儿园，由各县（市、区）教育行政部门在"山东省学前教育机构办园许可证（副本）"及"中华人民共和国民办教育办学许可证"的

"年检记录"中的"备注"栏里注明为普惠性民办幼儿园。

（5）新增代码。没有国标码的采集部门（如开发区、高新区、度假区、市本级采集代管单位）没有新建学校的权限，只有通过属地管理部门（区级）或市级管理账户维护新增代码。

（6）资料备案。"新增表""认定表"及"确认单"等表格由有关人员签字、单位盖章后，各县级单位自留备案，各县级"确认单"电子版及影印件还要进行市级备案。

2017年8月，按照"学校代码季度更新市级、县级工作流程"，最后一个环节就是"局内各业务职能部门公示"，打印出市本级各级各类学校代码季度通告稿，连同"新增表""认定表"及"确认单"等有关表格由有关科室负责人签字确认。

这时，问题又来了……

职教科的孙科长负责市级民办学校的审批业务，对民办学校的处数非常敏感，他发现少一处民办学校。我们马上核对各个学校的举办者名称一栏。

孙科长发现："竞技体校怎么是地级教育部门办学呢？应该是民办学校才对呢！原来也没签过字，没有发现呢！"

我们马上通知学校提交成立的有关证件，如"民办学校办学许可证"和"民办非企业单位登记证书"等，经过再次核对确认：竞技体校就是一处民办学校，是原来系统中举办者名称一栏的错误。发现问题后，我们马上在代码系统中做了举办者名称的变更。

这个事件说明，在代码维护过程中，会签制度的重要性体现得淋漓尽致，通过会签，隐藏多年的瑕疵也被发现了。

（三）两个"基本制度"即"台账制度"及"会签制度"

1. 数据采集建立台账制度

我们借鉴外地台账模板，博采众家之长，经过综合加工，推出了"台账生成系统模板"。要求每个学校都要实行台账制度，利用学籍系统收集第一手资料。台账模板采用动态开发锁定模式，随时可以更新，保证采用数据合理有效、准确可靠。保证所采集的每个数据来源都有出处，有据可查、有人负责。

（1）"台账生成系统模板"的组成。台账由"学生台账""教职工台账"和"资产台账"三部分组成（见图11~图13）。每类"台账"包括"幼儿版""小学版""初中版""高中版""特校版"及"中职版"六大台账生成系统。

教育事业统计学生台账												
单位名称：												
序号	姓名	性别	民族	身份证号	年龄	入学年月	所在班级	政治面貌	户口所在地	学籍号	是否寄宿生	是否农村留守儿童	备注

图11　事业统计学生台账

（2）"台账生成系统模板"的工作原理。可以直接从由学籍系统导出来的现成表格中取数，自动生成统计系统中需要填写的"学生数""班级数""民族"及"其他情况"。通过简单的

\multicolumn{13}{c	}{教育事业统计教职工台账}
\multicolumn{13}{l	}{单位名称：}
序号	姓名	性别	民族	身份证号	年龄	政治面貌	学历	职称	是否专任教师	所任课程	备注

图 12　事业统计教职工台账

教育事业统计资产台账											
单位名称：											
序号	校舍面积（平方米）				校舍面积				占地面积（平方米）		图书（册）
	小计	框架结构	砖混结构	砖木结构	土木结构	教学用房	行政用房	生活用房	其他用房	小计	绿化用地	运动场地面积	
1	0												
序号	计算机数（台）		教室（间）		教室中：普通教室（间）		固定资产总值(万元)		数字资源量			
	计	其中教学用	计	其中网络教室	计	其中网络教室	计	其中教学仪器	电子图书（册）	电子期刊（册）	学位论文（册）	音视频（小时）
2												

图 13　事业统计资产台账

设置及维护有关教职工的"人员信息表"，可以自动生成"专任教师分专业技术、分年龄""分课程、分学历"及"政治面貌"等表格，通过填写固定资产的"上年数"及本年的增减数，即可生成本年"固定资产数"等相关数值。

台账制度的建立与使用，大大提高了基层统计人员的工作效率，减轻了劳动强度，提高了数据质量。

2017年9月，市属学校的一位统计人员高老师在填表过程中遇到了问题，"郑老师，我填表时出现了问题，关于专任教师的这几张表总是出错，反复调整还是不行，咋办呀？"

我问她："高老师，你用台账了吗？"

她说："没有，我感觉就这几张表应该好填呀！所以就没用。"

我说："高老师，没那么简单。建议你利用台账，把教职工的基本信息表复制到台账中，有关专任教师的几张表就自动生成了，就不会出现几张表不对应的错误。"

她说："好吧，我试试。"

后来，她在电话中高兴地说："郑老师，终于成功了，一个错误也没有了，台账真的是太方便了，确实很好用！"

台账制度的建立与应用，夯实了统计工作基础，减少了工作的随意性和统计误差，使统计数据经得住考验。

2017年10月底，市级汇总进入最后的总结阶段。夜里12点多，汇总组办公室里依然灯火通明，我们还在针对汇总中出现的最后一些问题连夜讨论，进行总结，看看有哪些好的做法可以借鉴。

我说:"我们数据校验过程中基础基 312、基础基 313 表中前几年出现过的在校生年级呈现阶梯状的问题,今年通过刘彦辉和姜启琢科长开发的省辅助校验程序没有校验出来呀。"

一位区统计人员说:"阶梯状问题就是一个年级一个数的问题吧?这个问题我们区去年出现得最多,后来找出原因,就是个别学校没有采用台账模板采集数据,还是采用老办法,机械升级:一年级升二年级、二年级升三年级,依此类推……"他继续介绍:"今年我们区下大力度主推'台账生成系统模板',强调每个学校必须采用台账,学生年龄一律从学籍系统中的身份证号码取数,再也不能出现'小学在校生只出现六个数:一年级都是 6 周岁、二年级都是 7 周岁……初中、高中只出现三个数:初中一年级都是 12 周岁、二年级都是 13 周岁……'的现象了。"

大家一致认为:"台账生成系统模板"的推广应用使数据采集科学有效,经得住考验,大大提高了数据质量,我们必须坚持下去!

2. 坚持数据会签制度

所有事业统计数据都要由各有关业务科室明确分工、层层把关、签字确认(见图 14)。

统计指标业务职能科室(部门)分解情况及审核确认表(会签表)

科室 (部门)	主要指标 范围	主要报表及 指标	科室负责 人签字	分管局长 签字	局长签字
基础教育科	……	……			
学前教育科	……	……			
……	……	……			

注:本表各区县、各学校可根据实际情况进行调整。

图 14 统计指标业务职能科室(部门)分解情况及审核确认表(会签表)

明确分工,收集数据时既保证了数据的准确,又避免了个别教师推卸责任。当然我们的分工只是根据部分学校的情况完成的,各学校可根据自己的情况对分工进行调整。

每所学校的每张表格的填写都有明确的分工,填写完成后由负责本张表格的责任人签字确认,以确定其对该数据的认同。学校数据填写完成后由校长再次确认签字,加盖学校公章。同样,聊城市局内部对全市数据及市本级数据亦采用相同的方法,由各相关科室的负责人对数据进行审核,确认签字,再由局长最终定版。统计工作需要全局各有关科室的配合,特别是大班额及全面改薄数据更要高度重视,加强科室之间的沟通与对接。

"会签制度"的实行,解决了统计工作"如何才能干好?达到什么效果?"的问题,使数据提供人员以及所有参与统计的人员增加了责任心,确保了数据质量。

2017 年 11 月市级汇总时,一位县统计人员说:"我们县电教站,在拿到会签数据时,经过核对,发现某个学校的'电子图书'册数好像不实,就马上亲自到学校去逐项核实,结果发现'电子图书'册数确实和实际有差别,是由于填报人员对'电子图书'指标理解不够准确造成的。学校统计人员马上根据实际情况进行了修改。我认为,统计数据通过'会签',既有人负责,还能发现问题,真是'一举两得'!"

(四)加强数据校验与核查

1. 注重与学籍数据的差别情况

由于事业统计数据是法定数据,很多部门都在采用统计结果,应用广泛。比较敏感的监测指标要提前考虑,加强与有关科室的沟通、协调。为了掌握各县区填报数据与学籍数据的差别情况,我们要求各县区在县级汇总的基础上填报"事业统计数据基本情况表",分别按"幼儿园及附设""小学""普通中学"及"中职"的办学类型填报(见图15~图18)。数据出来后,所填报的事业统计数据与各自的学籍数据的差别会全部呈现出来,数据质量一览无余。该数据最后再由县区教育局机构有关科室负责人签字确认。

2017年事业统计数据基本情况(幼儿园及附设)

学校名称(盖章): 　　　　　　填报人(签字):

班数(个)	合计	小班	中班	大班			
事业统计数据							
在园幼儿数(人)	合计	小班	中班	大班			
事业统计数据							

核查部门: 　　　　　　责任人:

图 15　事业统计数据基本情况(幼儿园及附设)

2017年事业统计数据基本情况(小学)

单位名称(盖章): 　　　　　　填报人(签字):

在册学籍数(人)	合计	一年级	二年级	三年级	四年级	五年级	六年级
学籍数据(截止到2017年某一时点)	0						

核查部门: 　　　　　　责任人:

在校学生数(人)	合计	一年级	二年级	三年级	四年级	五年级	六年级
事业统计数据	0						

核查部门: 　　　　　　责任人:

图 16　事业统计数据基本情况(小学)

2017年事业统计数据基本情况（普通中学）

单位名称（盖章）：					填报人（签字）：		
在册学籍数（人）	合计	初一年级	初二年级	初三年级	高一年级	高二年级	高三年级
学籍数据（截止到2017年某一时点）	0						
核查部门：				责任人：			
在校学生数（人）	合计	初一年级	初二年级	初三年级	高一年级	高二年级	高三年级
事业统计数据	0						
核查部门：				责任人：			

图 17　事业统计数据基本情况(普通中学)

2017年事业统计数据基本情况（中职）

学校名称（盖章）：			填报人（签字）：				
班数（个）	合计	一年级	二年级	三年级			
学校实际班级数	0						
事业统计专业数	0						
在校学生数（人）	合计	一年级	二年级	三年级			
在册学籍数（人）（截止到2017年某一时点）	0						
事业统计数据	0						
核查部门：			责任人：				

图 18　事业统计数据基本情况(中职)

2.注意和县民政部门对接

校内外人口数与在校学龄人口的关系、农村留守儿童数要和县民政部门对接，注意解决大班额及全面改薄的成效等。注意上年全国汇总期间的核查情况，重点强调中职学生数为0的"三无学校"的清理撤销问题。核查报告的说明，一定要把理由、原因或来龙去脉写清楚，杜绝"情况属实"之类。

3.对奇异数据进行说明并逐条添加到系统中

在填报"山东省基础、中职教育两年重点指标核查表"时，所有指标凡是变化值超10%的要提供说明及有关证明材料（见图19）。要筛查奇异数据，对变化比率超过5%的数据核实一遍，并对奇异数据作出相关说明。

山东省基础、中职教育两年重点指标核查表

填报单位名称(以县、市、区为单位填报):

核查指标	2016年数	2017年数	增减(+—)	增减幅度(%)	增减幅度超10%数据核查说明

图19 山东省基础、中职教育两年重点指标核查表

通过系统本身自带的校验系统进行校验,所有校验包括山东省辅助校验系统产生的错误、提示等均须添加解释及说明。

要求将校验信息及说明逐条添加到各校"基112表"中的"数据核查结果说明及建议"一栏,并标明校验信息的来源,目的是在各校的"基112表"中的"数据核查结果说明及建议"一栏中能看到该校的所有校验信息及说明、解释,便于核实信息(见图20)。

数据核查结果说明及建议

1、省辅助软件校验提示:中学存在有10岁及以下学生 (27行)   涉及表 J313

说明:初二年级学生▆▆▆,现年只有10岁,身份证号:371502200７▆▆▆▆▆▆X,出生日期为2007-03-05,经查属实。

2、教育统计系统经验校验说明: 涉及表   J314

高二年级学生▆▆▆,年龄小于14岁,身份证号:371502200４▆▆▆▆▆▆▆,出生日期为2004-02-14,经查属实。

3、省辅助软件校验提示:基础教育在校生变化幅度大于10% 涉及表 J331   [1062,1287,-225]

说明:原因是初中部毕业了15个班,新生只招了9个班,总计减少6个班所致。

图20 "基112表"中的"数据核查结果说明及建议"

2017年省汇总期间,有位兄弟地市的统计人员看到我市"基112表"中校验信息说明条条写得都很详细,感到很惊讶,不禁问道:"你们的校验信息说明提供得如此准确,解释得如此清楚,是如何做到的呢?"

我们的统计人员自豪地说:"我市的工作模式有标准模板,数据采集有台账呀,台账还有校验功能呢。"

毋庸置疑,这就是"模板"的效果、"台账"的威力。只要发现哪个数据有校验提示,就能很快找到原因,这就是台账校验的结果。

七、"统计标准"制度实施效果

2017年我市推广实行"统计标准"制度、启用"标准模板"新模式以后,数据质量与前些年相比有了明显的改善和提升。各县区及基层学校明确了目标及方法,有了"标准"可依,严

格按"标准模板"的规范操作,确保了各县区领导层面统筹协调并组织实施好本年度教育事业统计工作,确保统计工作必需的人员、经费和条件保障到位。每个县区、每个学校都建立了台账制度,收集第一手资料。电子台账能及时更新,采用数据准确可靠。保证所采集的每个数据的来源都有出处,有据可查、有人负责。会签制度给每位统计人员添加了责任,改善了统计人员的工作态度。层层会签一方面起到了督促作用,另一方面还有查缺补漏的作用。基层人员填写的数据,要经过副校长、校长、科室负责人、分管副局长、局长等的签字确认,这一次次的审核保证了数据的质量。

数据质量的改善提升在2017年全省教育事业统计汇总时得到了验证。我们聊城市出现的问题大幅减少,保证了全省汇总工作的顺利完成。

2016至2017年,在省汇总及教育部汇总期间,反馈回来需要核实的校验信息条数和异常数据条数逐年减少,特别是在2017年推广实行"统计标准"模板以后,山东省和聊城市的信息条数比上年分别降低了3%和10%。

在2018年省级布置工作会议上,省厅规划处梁立波科长说:"聊城市事业统计工作做得这么扎实,一定要把你们的做法好好地给大家介绍介绍。"

八、结语:新启发及未来展望

虽然实行了"统计标准"模式,我市教育事业统计数据质量有了较大的提升,但我们仍有许多不足之处去发现,去改正。

其一,目前基层统计人员绝大部分是兼职工作,基本没有专职的统计岗位,这种尴尬的地位,造成部分学校领导对统计人员不够重视。事业统计工作烦琐辛苦,工作量大,时间紧,任务重,责任重大;基层统计人员的待遇问题得不到保障,统计人员只有"义务"没有"权利"的状况仍然得不到改善。在基层学校,统计人员除了兼任会计和统计工作之外,为了评定职称,还要兼课。职称涉及统计人员个人根本利益,只有从根本上解决这一问题,统计人员才能专职研究统计,全身心投入统计工作。对专职、兼职统计人员在职称评定和工资待遇上目前还没有相应的政策,直接造成统计人员队伍不稳定,经常换人,必然造成统计数据质量难以得到保障。

其二,有的地市、县区的统计业务骨干人员,部分还是省汇总组核心成员,由于不是所在单位的在编人员,属于借调,没有办理调动手续,在有关检查中不得不放弃自己干了多年的统计工作回到基层学校。这种不计后果一刀切的"清退"现象对所在县区乃至全市、甚至全省的统计工作都是个很大损失。希望各级领导能够从统计工作实际出发,把能胜任统计工作的人才留住,而不是"一撵了之"。

虽然基层统计人员的现状还未得到改善,但我相信,随着教育事业统计数据在国家各种重要政策中的应用与体现,我们的教育事业统计工作将得到更大的重视。特别是2018年8月1日起施行的教育部出台的《教育统计管理规定》(教育部令第44号),是贯彻落实相关法律法规,适应实践发展,解决教育统计工作现实问题的重要保障,标志着我国教育统计工作法治化建设迈上了新台阶。

《教育统计管理规定》的贯彻实施,对于规范教育统计行为,提高统计数据质量,解决教育统计工作面临的人财物资源不足等现实问题,更好地服务于国家经济社会发展具有重要意义。

我们有理由相信,教育统计人的明天会越来越好!我们要面对现实,不断地进行总结和借鉴,创新实践,继续探索和完善具有本地特色、行之有效、相对规范的"统计标准"新模式。

省厅点评

聊城"标准模板"精准击破统计工作中的"效率、质量与人员"等难点
—— 对聊城市教育事业统计案例的点评

山东省教育厅发展规划处处长　孙永海

基层统计人员新一年事业统计开始时，时常会感到工作千头万绪，一头雾水。会遇到"按什么要求干？先干什么、后干什么？怎么干省劲？如何才能干好？达到什么效果？"等一系列问题。只有把这一系列的"问号"拉直了，才能把"提高数据质量"作为统计最终要务。

新形势和新任务对教育统计工作提出了更高的要求。改革措施的制定，政策项目的出台，都需要准确、完整、及时的统计数据作为保证。在这个背景下，基层统计人员肩负的担子更重，来自各方面的压力更大，遇到的"艰辛与困惑"更多，产生的"难度与挑战"更大。

为了精准击破统计工作中的"效率、质量与人员"等难点，聊城市在这方面做了积极的探索与努力，采用"统计标准"的形式，推出了一套行之有效且操作性强的"聊城市教育事业统计标准制度"，启用了"标准模板"新模式。

聊城市教育局在统计工作中所实施的"标准模板"新模式，就是在山东省教育厅所主导的统计创新大潮中涌现出来的典型案例之一。该案例对全省，乃至全国的教育统计工作都具有较强借鉴意义和参考价值。

统计工作流程多，环节多，容易出现漏洞。而"标准模板"为基层单位提供了"统计工作说明书"，有了这个"说明书"，让统计所涉及的各个方面有了统一的操作方法，通过标准化实现简单化，保障整个工作有序进行，防止丢三落四，为提高工作效率和数据质量打下基础。其主要意义与价值可以简要总结为以下三个方面。

一、工作态度变被动为主动，变保守为创新

"标准模板"的推出，进一步确保了统计数据真实准确的责任感、紧迫感，努力做到数出有依、数出有据，加大数据审核力度，建立健全统计工作流程规范，将提高统计数据质量的责任层层分解，责任到人。使事业统计的每一位参与者的工作态度变被动为主动，变保守为创新。

"标准模板"的推出，大大降低了工作难度，提高了数据精准度。也正是这种被动变主动的态度，让"标准模板"不是一个静态模板，而是一个动态修正的模板。无论是工作流程的修正还是对指标理解、数据统计细节的修正都在不断写入制度和方案中，使得错报、漏报发生率大幅度降低，减少了工作的随意性和统计误差。同时，"标准模板"中各项流程和制度的设

计,严格遵守各项统计法律法规,强调依法依规办事,体现了统计工作的严肃性、严谨性。

二、工作流程变零散为系统,变模糊为清晰

"标准模板"工作模式,把零散的工作,通过一系列标准化制度整合为一个系统,化整为零,有效避免了因工作碎片化而导致的效率低下,让一些本来"朦朦胧胧""模模糊糊"的工作环节清晰可见。标准化制度、方案、流程的建立,让工作全局一目了然,让统计工作人员,尤其是初次参加统计工作的人员,能够更清晰地把握好工作的各个环节及填报质量要求。例如其中的工作流程清晰化之后,使得各个环节有了工作开展的"说明书",节省了下一级统计单位的思考、探索时间,在一系列标准化的"教科书式"的操作中,让一个初次接触统计工作的人能够顺利地开展工作。

聊城市"标准模板"模式中所包含的基本要求及工作流程、代码维护与更新、台账及会签制度、数据校验与核查等方面的内容,让县区及基层学校有了"标准"可依,明确了目标及方法,台账保证了所采集的每个数据来源都有出处,有据可查、有人负责,所有数据都要由各有关业务科室层层把关、签字确认。这种完整的模板体系,从责任到分工,让整个统计工作一切依照流程、按部就班、水到渠成地开展,使得工作变得简单,可操作性强,出错率低。

三、标准让工作变重复为高效,变"完成"为"高质"

统计工作是一项严肃的、受法律规范的行政工作,在这项工作中,数据本身无法"创新",想要提高效率,只有通过工作流程创新,把一切常规动作、重复动作标准化。标准化模板的建立,最终带来的是把原有的重复性工作变为高效率、高质量的工作流程。在原有的工作模式中,由于众多重复工作造成效率低下,导致了各统计节点,往往只能在规定时间内仓促提交"答卷",没有留出更多的时间进行台账核对、数据校验等工作,缺乏对数据高质量的保证。每年由于各个单位完成时间不一,总有一些统计人员,直到数据提交的那天,心里还是忐忑不安,对数据质量还是存在一丝顾虑。"标准模板"解决了基层统计工作中所产生的横向、纵向统计中的重复工作,大幅度提高了工作效率,对于数据质量提升有较大促进作用,这一点从近几年聊城市的数据中也可以清晰地看出。聊城市推广实行"统计标准"制度、启用"标准模板"新模式以后,2016至2017年,在省汇总期间,需要核实的校验信息条数和异常数据条数逐年减少。高效率的统计上报工作,给上级部门留出了充分时间进行数据校验和审核检查,确保了统计数据的真实性、准确性、严密性。

聊城教育事业统计工作"标准模板"的产生,并不是偶然现象,而是教育部高度重视教育事业统计的结果,是聊城市教育局统计工作人员主动工作的最好例证,也充分体现了统计主管部门的顶层设计意识和主动担当意识。希望教育统计战线的各位同仁能够借鉴聊城市"标准模板"的精华,结合岗位中出现的新问题、新挑战,坚守岗位职责,不断创新,大胆改革,为教育事业统计做出更大的贡献。

专家点评

《"标准模板"新模式确保提高数据质量》点评

西安财经大学统计学院院长 张维群

聊城市教育局为进一步提高教育事业统计数据质量,设计了全市教育事业统计工作过程的标准化工作模式,该工作模式"在2016年教育事业统计工作中在全市各区县试运行,2017年全面推广,并取得了理想的成果,不仅大大提高了工作效率,而且还明显提升了数据质量"。从案例资料来看,该模式在实践中也取得了较好的应用效果,"2016至2017年,在省汇总及教育部汇总期间,反馈回来需要核实的校验信息条数和异常数据条数逐年减少,特别是在2017年推广实行'统计标准'模板以后,山东省和聊城市的信息条数比上年分别降低了3‰和10‰"。可以看出,该标准化工作模式具有实践应用价值,值得在教育事业统计工作中推广。

聊城市设计与实施教育事业统计标准化工作模式,具有很强的逻辑性、系统性和内容的全面性。该模式依据教育事业统计的目标和方法,首先明确了教育事业统计的基本要求及工作流程,规范了标准化教育事业统计工作范式,尽可能降低统计工作中数据收集的人为误差。其次,以规范"基础工作"作为控制统计数据质量约束条件,建立了教育事业统计中的管理机制;以"台账生成系统模板"的推广和应用,构建了提高统计数据质量的基础。最后,以教育事业统计软件作为工具生成地区教育事业基础数据,并汇总生成统计报表,完成规范化的教育事业统计工作。该标准化工作模式设计科学、合理,具有很强的操作性和实用性。该案例报告通过设计了"标准化工作模式"的基本结构,并通过"结构图"展示了"统计标准化工作模式"的三个层次、八大方面,包括(1)基本要求及工作流程(目标及方法);(2)各级培训、代码维护及在线学习(基础工作及充电);(3)往年各级汇总时出现的问题反馈(前事不忘,后事之师);(4)本年教育事业统计报表——定稿样式及指标解释(定盘星);(5)上年定稿数据(承上启下);(6)台账生成系统模板(得力助手);(7)软件、代码及工具(主战场);(8)市级汇总资料(劳动成果)。从纵横两个角度直观地展示出"统计标准化"的结构及层次,设计的"统计标准化工作模式"层次清晰,内容具体、翔实,对于教育事业统计数据质量的提高具有很大的应用价值。

本案例总结了教育事业"统计标准化工作模式"在应用中存在的两个方面的问题,即:(1)无专职统计人员,统计人员的待遇差;(2)基层统计人员的后顾之忧无法解决。这些问题对于进一步提高教育事业统计高质量发展具有现实的影响,因此,解决基层教育事业统计人员的一系列问题是稳定统计队伍、提升统计人员素质、提高教育事业统计水平的根本途径。

从整体来看,该案例撰写内容翔实,层次清晰,是一篇不错的案例报告。但是,该报告中有关"工作流程""工作内容"和"两个制度"等之间的关系还需要进一步梳理,明确构建教育事业统计"标准化工作模式"的物理模型,从理论上提供统计数据质量提高的标准化模式,才能体现案例的理论价值。一个优良的"工作模式"应当是简洁高效的模式,本案例给出的"标准化工作模式"从提高统计数据质量的角度来看是有效的,但是从应用效率的角度看,显然不能够满足高效性。案例从如何提高教育事业统计数据的真实性角度谈提高统计数据的质量问题,其视角是合理的。但是,教育事业统计的效率提高也是我们关注的另一个主要问题,显然,一个优良的"标准化工作模式"不能仅仅解决一个方面的问题。

就目前情况来看,提升我国教育事业统计数据质量是一项巨大工程,需要在人力、制度、方法等方面进行长期的投入和优化,还需要各级教育管理部门付出巨大努力。我们应当从广义的角度去思考统计数据的质量问题,从统计数据对于决策的效应角度思考如何提高统计数据质量更有意义。因此,需要从提高统计数据的准确性、及时性、一致性、全面性等方面系统性地提高统计数据的质量[1]。除了提高统计数据的准确性外,保证数据的一致性也同样重要,尽管我们进行了指标间、表间数据的一致性检验,但是进行教育事业统计数据与外部数据的一致性检验尤为必要;提高统计数据的收集效率也不得不引起我们高度重视,一个烦琐的工作流程显然对提高数据收集的效率是不利的。基于此,建立我国教育事业大数据平台尤为必要,通过区域教育事业和区域人口的大数据(源数据)的云计算,实现教育事业统计数据的准确性、及时性、一致性和全面性,从根本上解决教育事业统计数据质量,是一个可行的方法。

---

[1] 欧盟统计局(Eurostat)将统计调查质量定义为:目的性、准确性、及时性、可得性、可比性、一致性、完整性七个维度;IMF的数据质量定义为:一个先决条件和保证诚信,以及方法健全性、准确性、可靠性、适用性、可得性五个维度。

VBA＋SQL 技术在教育事业统计数据分析中的运用

湖南省长沙市浏阳市教育局　刘辉旭

VBA＋SQL 技术在教育事业统计数据中的运用突破了教育事业统计软件不提供数据跨表查询及相关教育指标测算分析等功能的局限性，实现了一键从事业统计报表系统数据中提取自定义数据，并进行大量的数据比较、运算与分析的功能。将教育事业统计工作的数据查询、分析工作变得简单、快捷、准确，大大减少了统计人员的工作量，提高了统计数据分析质量。本案例适应各级教育行政部门、教育督导部门及从事教育事业数据汇总和数据分析的个人。

一、案例背景

2013 年，我市接受教育部义务教育均衡发展检查，检查组要求我市提供当年度县域义务教育校际间均衡基本数据统计表和当年度小学、初中办学条件基本标准达标情况明细表（涉及教育事业统计报表中相关学校名称、城乡类别、学校类别、在校学生数等大大小小指标近 30 个，涉及分城乡类别、类型和规模相关办学条件标准近 10 个指标，见图 1、图 2），并且要求一天内完成这项工作。

浏阳市2018年度县域义务教育校际间均衡基本数据统计表

1																									
2	学校标识码	学校（机构）名称（章）	城乡类别	学校类别		在校生数	教学及辅助用房面积（m²）	体育运动场馆面积（m²）	教学仪器设备值（万元）	计算机台数（台）	图书册数（册）	义务教育学校专任教师学历人数						义务教育学校专任教师职称人数							
3				学校类别	拆分类别							合计	研究生毕业	本科毕业	专科	高中阶段	高中阶段以下	合计	中学高级	小学高级或中学一级	小学一级或中学二级	小学二级或中学三级	小学三级	未评职称
4	bian1	bian2	bian3	bian4	bian5	bian6	bian7	bian8	bian9	bian10	bian11	bi	bian	bi	bi	bi	bi	bia	b	bian	bian	bian	bi	bi
5	2143000588	[illegible]	村庄	小学教学	小学教学	15	730	170	9.1	4	900	1	0	1	0	0	0	1	0	0	1	0	0	0
6	2143003362	[illegible]	村庄	小学教学	小学教学	1	270	260	6	1	1200	1	0	1	0	0	0	1	0	0	1	0	0	0
7	2143005867	[illegible]	村庄	小学	小学	150	900	1412	38.2	34	4820	5	0	3	2	0	0	5	0	0	5	0	0	0
8	2143006833	[illegible]	村庄	小学教学	小学教学	1	460	500	2	3	800	1	0	1	0	0	0	1	0	1	0	0	0	0
9	2143008008	[illegible]	村庄	小学教学	小学教学	31	676	496	13.5	6	1100	1	0	1	0	0	0	1	0	1	0	0	0	0
10	2143008407	[illegible]	城乡结合区	小学教学	小学教学	7	182	360	5.3	1	510	2	0	2	0	0	0	2	0	0	1	1	0	0
11	2143008628	[illegible]	镇乡结合区	小学	小学	228	1809	3000	55.68	25	7000	5	0	3	2	0	0	5	0	2	3	0	0	0
12	2143008745	[illegible]	村庄	小学教学	小学教学	18	356	500	15	4	800	1	0	0	1	0	0	1	0	0	1	0	0	0
13	2143008897	[illegible]	村庄	小学教学	小学教学	29	378	400	6.8	2	800	2	0	0	2	0	0	2	0	0	1	1	0	0
14	2143009045	[illegible]	村庄	小学教学	小学教学	59	696	1000	12	2	1152	3	0	2	1	0	0	3	0	3	0	0	0	0
15	2143009101	[illegible]	镇中心区	小学教学	小学教学	79	512	838	17.8	5	2420	4	0	4	0	0	0	4	0	1	1	0	0	2

图 1　义务教育校际均衡基本指标

我负责本市的教育统计工作，这项艰巨的任务毫无悬念地落到了我头上。我市中小学校近 400 所，九年一贯制学校、完全中学和十二年一贯制学校还要根据每个学校各学段的学生人数按比例拆分所有指标；各个学校办学条件指标值和标准值更是需要根据学校规模、城乡类别不同分别计算、比较并依据比较结果在相关指标值上标注不同的颜色，最后再依据比

浏阳市2017年度表Ⅱ-2： 小学、初中办学基本标准达标情况																				
学校名称	三比		教师学历合格		生均占地面积		生均所有校舍面积		生均体育场馆		实验室		六大功能室		图书室		生均教学设备值		生均藏书		综合评定
	省级评估标准	指标值	省级评估标准	指标值	省级评估标准	指标值	省级评估标准	指标值	省级评估标准	指标值	省级评估标准	指标值	省级评估标准	指标值	省级评估标准	指标值	省级评估标准	指标值	省级评估标准	
A1	L2	L3	L4	L5	L6	L7	L8	L9	L10	L11	L11	L11	L11	L11	L11	L11	L15	L20	L2		
6 ×××	0.043	100	100	44.86	22	13.58	7.4	7.84	2.3	1	1	6	6	1	1	2110	2000	49.541	30	100	
7 ×××	0.043	100	100	######	22	######	7.4	######	2.3	1	1	6	6	1	1	10000	2000	150	30	100	

图 2　中小学基本标准达标情况表

较的结果计算每个学校的综合评分。而更大的问题是检查组需求的表格数据涉及事业统计报表体系中学校教学班数、班额等基础表格 11 张(见图 3)，最让人头疼的是事业统计软件系统不提供跨表查询功能。

业务分组	模板	模板名称	t
	基础基111	十二年一贯制学校信息表 →	0
	基础基112	十二年一贯制学校信息表	0
班级	基础基212	小学教学班数、班额情况 →	3
班级	基础基213	中学教学班数、班额情况 →	3
学生	基础基312	小学学生数 →	3
学生	基础基313	初中学生数 →	3
学生	基础基314	普通高中学生数 →	3
学生	基础基331	中小学、特殊教育学生变动情况	3
学生	基础基332	在校生中死亡的主要原因	3
学生	基础基333	中小学、特殊教育学生退学的主要原因	3
学生	基础基341	在校生中其他情况及外国籍学生情况	3
教师	基础基412	中小学教职工	3
教师	基础基422	中小学专任教师分专业技术职务、分年龄	3
教师	基础基423	小学专任教师分课程、分学历 →	3
教师	基础基424	中学专任教师分课程、分学历 →	3
教师	基础基431	中小学、特殊教育专任教师变动情况	3
教师	基础基4411	教职工其他情况	3
教师	基础基4412	专任教师其他情况	3
教师	基础基442	上学年专任教师接受培训情况	3
办学条件	基础基512	中小学校舍情况 →	3
办学条件	基础基522	中小学占地面积及其他办学条件 →	3
办学条件	基础基531	中小学信息化建设情况	3
办学条件	基础基532	中小学"信息技术"课程课时数	3

图 3　涉及教育事业统计软件系统中的表格

这种情况下，我所能做的好像只有一个办法——通过事业统计软件现有功能，将所有表格按学校过录，生成数十个不同的表格；然后每张表按学校排序，将这数十个表格的数据连接或者拼接到一张表格当中，再根据这个拼接的表格做成领导要求的表格式样；最后依据每个学校的办学规模和学校城乡类别——算好相关的办学条件指标值和标准值，并比较、标色、计算综合评分。我心想，有了这思路，夜以继日，一步步做下来，应该能在规定时间内完成任务。

"这么多表格要拼在一起，如果是我做的话，我只有一个个数据请人录入，怕是要好几天才能做出来。幸好你计算机还熟悉，手脚快，不然一天怕是出不来这两个表格。如果里面的某些数据有变化,这个表格是不是得全部重新计算?"正在我按着思路全力以赴地完成领导安排的任务时,督导室杨主任的两句话让我陷入了深思。如果系统里的数据经核实有错误,需要修改的话,这些数据又要全部重新过录,重新拼接,重新计算。这个临时工作任务虽然能在一天内完成,但如果以后每次核实修改一部分数据就要重新计算,岂不是每次想看计算结果都要忙碌一天?如果每年事业统计数据收集时都需要查询学校上报的相关数据,每收集一个乡镇的数据进行一次这样的计算,工作重复,效率低,那完成37个乡镇的数据需要多大的工作量啊!

是否有一种方法和工具能让统计工作者从大量繁杂的数据提取、比较、拆分、合并及运算工作和大量的重复劳动中解放出来呢?

二、核心问题

教育事业统计工作能准确、及时、全面地反映全国教育事业发展基本情况,为国家和地方政府编制教育发展规划、制定教育政策提供重要决策参考依据,为拨付各项教育经费、各项政府考核工作提供依据。教育事业统计报表软件是由教育部统一开发的用于教育事业统计工作的专用工作软件,软件提供数据录入、导入、导出,数据的基本逻辑审核和经验校验,县和学校基表查询与过录,省、市、县综合报表查询及过录等功能,基本满足各级部门和学校的数据查询和分析需求。

《国务院关于深入推进义务教育均衡发展的意见》(以下简称"《意见》")指出:"我国用25年全面普及了城乡免费义务教育,从根本上解决了适龄儿童少年'有学上'问题,为提高全体国民素质奠定了坚实基础。但在区域之间、城乡之间、学校之间办学水平和教育质量还存在明显差距,人民群众不断增长的高质量教育需求与供给不足的矛盾依然突出。深入推进义务教育均衡发展,着力提升农村学校和薄弱学校办学水平,全面提高义务教育质量,努力实现所有适龄儿童少年'上好学',对于坚持以人为本、促进人的全面发展,解决义务教育深层次矛盾,推动教育事业科学发展,促进教育公平、构建社会主义和谐社会,进一步提升国民素质、建设人力资源强国,具有重大的现实意义和深远的历史意义。"《意见》明确要求必须"推动优质教育资源共享""均衡配置办学资源""合理配置教师资源"。

教育部在落实国务院《意见》的要求时,不是采用惯常的"定性评价加定量评分"的评估办法,而是从教育统计报表上直接提取数据。运用统计学中的"差异系数"计算方法,计算出县域内所有中、小学的差异,用来精确评价县域内校际间的均衡状况。在教育部印发的《县域义务教育均衡发展督导评估暂行办法》中是这么描述的:"对义务教育校际间均衡状况的评估,重点评估县级政府均衡配置教育资源情况。以生均教学及辅助用房面积、生均体育运动场馆面积、生均教学仪器设备值、每百名学生拥有计算机台数、生均图书册数、师生比、生均高于规定学历教师数、生均中级及以上专业技术职务教师数8项指标,分别计算小学、初中差异系数,评估县域内小学、初中校际间均衡状况。"经教育部这么一精确量化"校际间均衡状况"差异系数,必然将对各地校际间办学条件的均衡起到巨大的推动作用。但教育事业统计报表软件不提供数据跨表查询及县域义务教育均衡发展差异系数测算等功能，这给教育统计分析工作和义务教育均衡发展督导评估带来了一定的困难。

那么如何将统计人员从大量繁杂的数据提取、比较、拆分、合并及运算工作和大量的重复劳动中解放出来；如何便于审核相关数据的逻辑性和合理性，方便统计汇总人员查数、取数，灵活获得自己想要的数据，查看具体到某一个学校的短板，并给教育行政部门提供决策参考，这就成了要解决的核心问题。

三、解决方案

为了解决这个核心问题，我开始寻找方案。我想起了培训时省厅领导解释义务教育均衡发展差异系数计算方法时说的一句话："SQL 是专为数据库而建立的操作命令集，是一种功能齐全的数据库语言。在使用它时，只需要发出'做什么'的命令，'怎么做'是不用使用者考虑的。"SQL 是 Structured Query Language（结构化查询语言）的缩写。这种语言功能强大、简单易学、使用方便，已经成了数据库操作的基础，并且现在几乎所有的数据库均支持 SQL 语句，"有基础的话，这些均衡发展相关指标涉及的数据可以用 SQL 一次性导出来"。教育事业统计软件的数据是以 SQL 数据库形式存放在电脑中的，简而言之可视为电子化的文件柜——存储电子文件的处所，用户可以对文件中的数据进行新增、截取、更新、删除等操作，完全可以很方便地将数据导出来。

基本思路就这么确定——将数据导出来，再利用 Excel 表格计算。

利用 VBA+SQL 技术可以将数据提取至 Excel 表格，首要目标就是将义务均衡基本指标、义务教育学校基本达标指标和差异系数（初中和小学两个表）需要的数据导出到 Excel 表格（分为了三类四个表格）。

分析这三类四个表格的数据，我们很容易得出结论：义务教育均衡基本指标和学校基本达标指标有差异也有重复，而差异系数的计算可以根据义务教育均衡基本指标计算得出。我有下面三个方案：一是用四个命令要求计算机将四个表格需要的数据分别放到四个表格；二是用两个命令要求将义务教育均衡基本指标和义务教育基本达标指标数据放到我的目标表格中，再得到由此数据计算的差异系数；三是用一个命令将义务教育均衡基本指标和义务教育学校基本达标指标的数据一次性放到一个临时表格中，再根据临时表格中的数据分别计算需要的四个表格。显然，第三种选择只需要 Excel 表格和 SQL 数据库进行一次交互，而另两种选择分别需要进行两次或四次交互才能完成。毫无疑问，第三种方案是最优选择，不需要和数据库进行重复交互。

这样我确立了"将所需数据一次性提取到 Excel 表格，然后再计算各类表格"的整体思路。这时我又想：如果以后需要的数据指标有变化呢？如果领导要求分析其他的数据呢？难道又要重新写程序语句吗？

这时我想起原来学习编程时教授给我们说的一句话："写程序最重要的是灵活，不要将程序语句写死。"最理想的做法是程序语句可以读取普通用户自由设定的取数条件，即可以由普通用户自定义取数条件，今后就不要再去修改程序语句了。而生成自定义数据表格的最大优势是因为 Excel 数据表格的操作自由程度高，普及率高；一般统计工作人员都能自由操作表格和数据，得到自己需要的结果和呈现方式。

于是我把思路改成了"设定自定义取数条件并读取自定义信息，根据取数条件取数到表格，再利用已取数据进行其他计算三个大步骤"。

第一个步骤，设定自定义取数条件并读取这些信息，是为了将需要的数据和未来需要的数据以条件形式生成相关的 SQL 命令，以备和计算机交互。

第二个步骤，用 SQL 语句和计算机交互，将数据读取到 Excel，以备生成固定表格和方便查看所需的数据。

第三个步骤，利用 VBA[Visual Basic for Applications，这是 Visual Basic 的一种宏语言，是微软开发出来在其桌面应用程序中执行通用的自动化（OLE）任务的编程语言。主要能用来扩展 Windows 的应用程序功能，特别是 Microsoft Office 软件。也可说是一种应用程式视觉化的 Basic 脚本]语句生成需要的固定表格，得到需要的义务教育均衡基本指标表等表格和图表，以方便分析。

四、实施步骤

（一）总体框架和模块

分成取数条件设置、取数模块、运算模块。如图 4 所示：

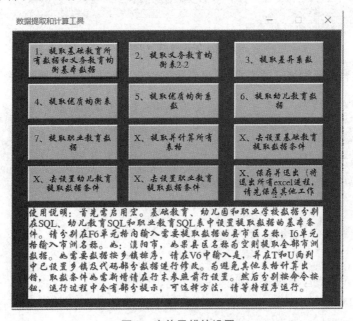

图 4　窗体及模块设置

(二) 利用 VBA+SQL 提取需要的数据

利用 VBA+SQL 连接到 SQL 数据，语句示例如下：

conn.ConnectionString="Provider=SQLNCLI10.1;Integrated Security=sspi;Persist Security Info=False;Initial Catalog=" & Right(Left(kk,14),13) & ";Data Source=.\SQLEXPRESS"

conn.CommandTimeout=300

从 SQL 数据中提取需要的单位名称、单位类别等基本信息，SQL 示例语句如下：

rssqls ="SELECT af.organizationno as attdm, af.organizationname as atna, af.businesstype as typn , af.citycountrytype as type,   af.regionc+ af.regiond as sity , af.ownerType as x, (CONVERT(varchar,jwd.x)+'-'+ CONVERT(varchar,jwd.y)) as y   FROM " & kk & ".[dbo].[schoolBusinessRelation] as af right JOIN " & kk & ".[dbo].[schoolEntity] as jwd on af.organizationNo=jwd.organizationNo   where " & sm & " and af.schoolTypeNo< >'111'and af.businessTypeNo in (211, 218, 228, 311, 312, 319, 341, 342, 345) and af.islastyearcancel=0 ORDER BY attdm"

依据获得的单位名称和单位类别，根据 Excel 表格中设定的条件，循环从 SQL 数据中得到需求的自定义数据并写入相应的表格(程序语句略)。如图 5 所示：

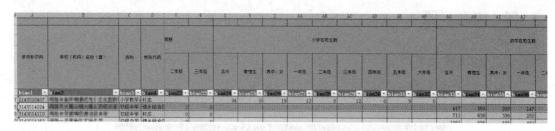

图 5　自定义数据表格

根据义务教育均衡发展评估要求，从已有数据中获取需求的数据并生成表格，如图 6 所示：

图 6　县城义务教育校际间均衡基本指标

自定义需求数据，可自由设定，如图 7 所示。

(三) 利用 VBA 运算相关数据

根据制定的模板需求表格和已从 SQL 数据中提取的数据，利用 VBA 运算可以得到想要的所有数据表或图表，如图 8～图 15 所示：

小学班数	计	bian8	J212	e5	e	01	d	基础基212	小学教学班数、班额情况
	一年级	bian9	J212	f5	f	01	d	基础基212_N	小学教学班数、班额情况_附
	二年级	bian10	J212	g5	g	01	d	基础基213	中学教学班数、班额情况
	三年级	bian11	J212	h5	h	01	d	基础基213_N	中学教学班数、班额情况_附
	四年级	bian12	J212	i5	i	01	d	基础基214	特殊教育班数
	五年级	bian13	J212	J5	J	01	d	基础基311	幼儿园、幼儿班分年龄幼儿数
	六年级	bian14	J212	k5	k	01	d	基础基311_N	幼儿园、幼儿班分年龄幼儿数_附
	计	bian15	J213	f6	f	01	d	基础基312	小学学生数
	一年级	bian16	J213	g6	g	01	d	基础基312_N	小学学生数_附

图 7　自定义数据提取条件设置

浏阳市2017年度“小学教育优质均衡发展”差异系数表										
综合差异系数		0.384693122	在校学生数	每百名学生规定学历教师数	每百名学生骨干教师数	每百名学生间体美教师数	教学及辅助用房	体育运动场地面积	教学仪器设备值(元)	每百名学生拥有多媒体教室
		全县合计	99812	3949	839	889	449412.34	755304.43	22085.299	2582.6112
		县平均值 $\overline{X}$	-------	0.0395644	0.0084058	0.0089067	4.5025883	7.5672707	0.221269	0.0258748
标准差		$S=\sqrt{\sum^{n}(P_i/P_N)\times(X_i-\overline{X})^2}$	-------	0.0086493	0.0035833	0.0038034	2.6543806	3.6972623	0.1066094	0.0115324
差异系数		$CV=\left(\frac{S}{\overline{X}}\right)\times100\%$	-------	0.2186131	0.4262857	0.4270286	0.5895233	0.488586	0.4818092	0.4456992
列1	列2	列3	列4	列5	列6	列7	列8	列9	列10	列11
1	2.143E+09	[redacted]	152	6	1	1	900	1412	38.2	6
2	2.143E+09	[redacted]	231	6	2	3	1809	3000	55.68	10
3	2.143E+09	[redacted]	62	4	1	0	1260	600	13.14	2
4	2.143E+09	[redacted]	809	26	4	8	7639.62	8328	237	22

图 8　小学教育优质均衡发展差异系数表

浏阳市2017年度“初中教育优质均衡发展”差异系数表										
综合差异系数		0.309363992	在校学生数	每百名学生规定学历教师数	每百名学生骨干教师数	每百名学生间体美教师数	教学及辅助用房	体育运动场地面积	教学仪器设备值(元)	每百名学生拥有多媒体教室
		全县合计	44500	2866	410	408	189425.0341	471224.0538	12645.051	979.044578
		县平均值 $\overline{X}$	-------	0.064404494	0.009213483	0.009168539	4.25674234	10.58930458	0.2841584	0.022001
标准差		$S=\sqrt{\sum^{n}(P_i/P_N)\times(X_i-\overline{X})^2}$	-------	0.011397926	0.003470911	0.003196122	2.047151139	4.655294014	0.1072938	0.00603914
差异系数		$CV=\left(\frac{S}{\overline{X}}\right)\times100\%$	-------	0.176974078	0.376720879	0.348596592	0.480919674	0.43962226	0.3775845	0.27449396
列1	列2	列3	列4	列5	列6	列7	列8	列9	列10	列11
1	3143014024	[redacted]	417	32	5	4	3587	5047	108.34	10
2	3143014110	[redacted]	711	40	7	7	4656	7843	182.75	22
3	3143014163	[redacted]	1063	79	10	12	8403	14575	900	[illegible]

图 9　初中教育优质均衡发展差异系数表

浏阳市2018年度“小学教育基本均衡发展”差异系数表											
综合差异系数		0.391381362	在校学生数	教学及辅助用房	体育运动场地面积	教学仪器设备值(元)	每百名学生计算机台数	图书馆藏书册数	教师数	高于规定学历的教师数	专业技术职务教师数
		全县合计	97355	432541.243	743990.36	234331091	943771.032	3278507.53	3691	3602	1980
		县平均值 $\overline{X}$	------	4.44292787	7.64203544	2406.97541	9.69411979	33.6758003	0.03791279	0.03699861	0.02033794
标准差		$S=\sqrt{\sum^{n}(P_i/P_N)\times(X_i-\overline{X})^2}$	------	2.42513098	3.84316147	730.84562	4.80227872	7.28202412	0.00911787	0.00892889	0.01190238
差异系数		$CV=\left(\frac{S}{\overline{X}}\right)\times100\%$	------	0.54584073	0.50289762	0.30363651	0.49538058	0.21623908	0.24049578	0.24133028	0.58523032
列1	列2	列3	列4	列5	列6	列7	列8	列9	列10	列11	列12
211	3143014530	[redacted]	588	1666.2157	3647.7887	1364979	4824.4947	20131.675	16	16	3
212	3143014533	[redacted]	93	954.92083	1328.1669	382308.16	1585.8709	4672.6553	6	6	5
213	3143014662	[redacted]	263	1606.4572	2574.1565	799403.72	1147.4695	10212.478	9	9	6
214	3143014666	[redacted]	284	2363.1264	7434.555	1019596.1	6478.6836	15931.189	15	15	8
215	3143014669	[redacted]	91	561.77433	967.29354	409239.57	1116.1079	5952.5756	5	4	3

图 10　小学教育均衡发展差异系数表

图11 初中教育均衡发展差异系数表

图12 小学、初中优质均衡发展达标情况表

图13 小学、初中办学基本标准达标情况表

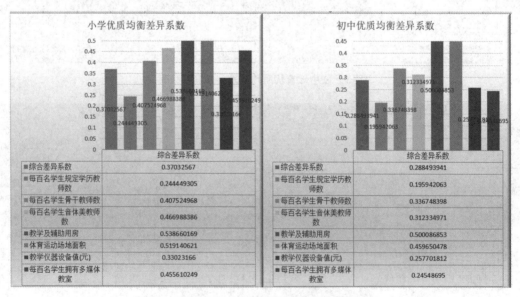

图14 小学、初中优质均衡发展差异系数图表

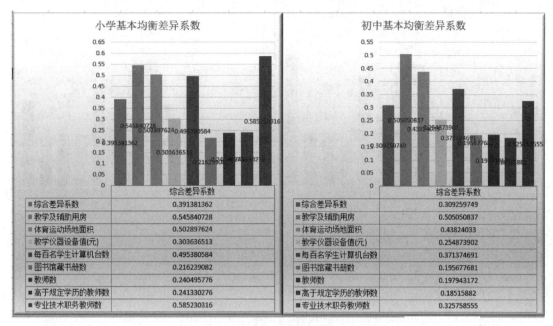

图15　小学、初中基本均衡发展差异系数图表

五、突出优势

利用VBA+SQL技术对教育事业统计数据进行分析运用,具有以下优势：

一是大大减轻了统计工作人员的工作量,提高了效率,可以轻松得到想要的准确结果。原来需要一两个工作日才能得到的数据,现在只需鼠标一点,稍等一两分钟就展现在眼前。

二是通过计算均衡系数和学校达标条件可以查看具体到某一个学校的短板,可以分析哪些学校哪些指标存在不合理、不符合逻辑的情形,并给教育行政部门提供决策参考。如图16～图19所示。

在我们县级汇总的时候,大家对这个方法纷纷点赞。

"刘总,您这个表格真是太方便了,我原来算这个达标情况表,算得要死,还不知道对不对,您这个还没一分钟就将我需要的东西全部算出来了。"

"刘总,您这个工具真是太直观了,市里花了十几万元的那个软件还没您这个好,它只能看到一个结果,您这个还非常直观地让我看到了哪个学校还存在不足。"

三是极其便于统计汇总人员查数、取数,可以自由设置取数条件、筛选结果,可以通过自定义查询需求灵活获取需要分析的数据,完全做到了自定义查看任意想查询的数据。如图20～图24所示。

"刘总,我通过综表看到50个初中里有2个学校误报成了无水源,是不是只要在你这个SQL表中增加这个取数就可以看到是哪2个学校报成了这个?"

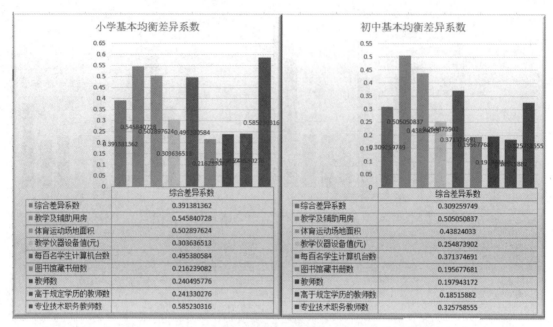

图 16　固定需求图表：小学、初中基本均衡发展差异系数图表

浏阳市2018年度表Ⅱ-2 ： 小学、初中办学基本标准达标情况

学校名称	师生比		教师学历合格		生均占地面积		生均所有校舍面积		生均体育场馆		实验室		六大功能室		图书室		生均教学设备值		生均藏书		综合评定
	指标值	省级评估标准	指标值	省级评估标准	指标值	省级评估标准	指标值	省级评估标准	指标值	省级评估标准	指标值	省级评估标准	指标值	省级评估标准	指标值	省级评估标准	指标值	省级评估标准	指标值	省级评估标准	
A1	L1	L2	L3	L4	L5	L6	L7	L8	L9	L1(	L1	L1	L1	L1	L1	L1	L1	L1	L1!	L2(	L2
[illegible]	0.0333	0.043	100	100	16.84	17.57	5.23	5.8	5.68	2.3	1	1	6	6	1	1	4285.7	2000	66.6667	30	93.2919
[illegible]	0.0351	0.043	100	100	15.32	15.45	4.56	5.4	4.40	2.3	1	1	6	6	1	1	2029.4	2000	30.0191	30	94.2372
[illegible]	0.0373	0.043	100	100	17.02	22	7.18	7.4	6.98	2.3	1	1	6	6	1	1	2019.6	2000	30.1961	30	91.7157
[illegible]	0.0287	0.043	100	100	20.28	22	5.06	7.4	6.90	2.3	1	1	6	6	1	1	2241.4	2000	37.3563	30	86.4586
[illegible]	0.0363	0.043	100	100	14.50	22	8.71	7.4	5.98	2.3	1	1	6	6	1	1	2054.4	2000	30.0634	30	89.1284
[illegible]	0.0332	0.043	100	100	20.80	22	12.52	7.4	7.24	2.3	1	1	6	6	1	1	2097.2	2000	30.179	30	93.9194
[illegible]	0.0473	0.043	100	100	18.34	22	9.29	7.4	8.88	2.3	1	1	6	6	1	1	2189.3	2000	31.9527	30	96.3432

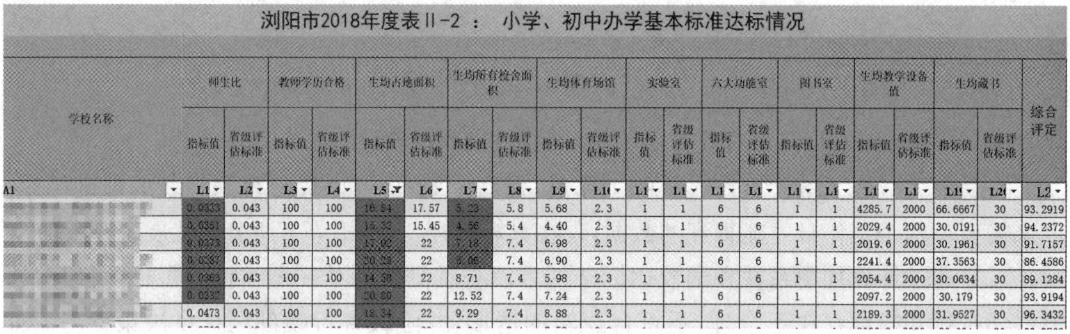

图 17　具体查看某个短板：按颜色筛选生均占地面积不达标学校

浏阳市2018年度表Ⅱ-2 ： 小学、初中办学基本标准达标情况

学校名称	师生比		教师学历合格		生均占地面积		生均所有校舍面积		生均体育场馆		实验室		六大功能室		图书室		生均教学设备值		生均藏书		综合评定
	指标值	省级评估标准	指标值	省级评估标准	指标值	省级评估标准	指标值	省级评估标准	指标值	省级评估标准	指标值	省级评估标准	指标值	省级评估标准	指标值	省级评估标准	指标值	省级评估标准	指标值	省级评估标准	
A1	L1	L2	L3	L4	L5	L6	L7	L8	L9	L1(	L1	L1	L1	L1	L1	L1	L1	L1	L1!	L2(	L2
[illegible]	0.0333	0.043	100	100	44.47	22	10.81	7.4	9.41	2.3	1	1	6	6	1	1	2546.7	2000	32.1333	30	95.1667
[illegible]	0.0323	0.043	100	100	112.90	22	32.29	7.4	16.00	2.3	1	1	6	6	1	1	4354.8	2000	35.4839	30	94.629
[illegible]	0.0219	0.043	100	100	42.98	22	14.70	7.4	13.16	2.3	1	1	6	6	1	1	2442.1	2000	30.7018	30	89.4649
[illegible]	0.0246	0.048	100	100	23.78	15.45	10.05	5.4	6.20	2.3	1	1	6	6	1	1	2008	2000	30.1577	30	88.2768
[illegible]	0.0192	0.043	100	100	76.15	18.79	17.04	6.6	14.50	2.3	1	1	6	6	1	1	2055	2000	32.4399	30	88.1154
[illegible]	0.0427	0.043	100	100	22.91	22	8.78	7.4	8.75	2.3	1	1	6	6	1	1	2253.9	2000	37.436	30	99.8483

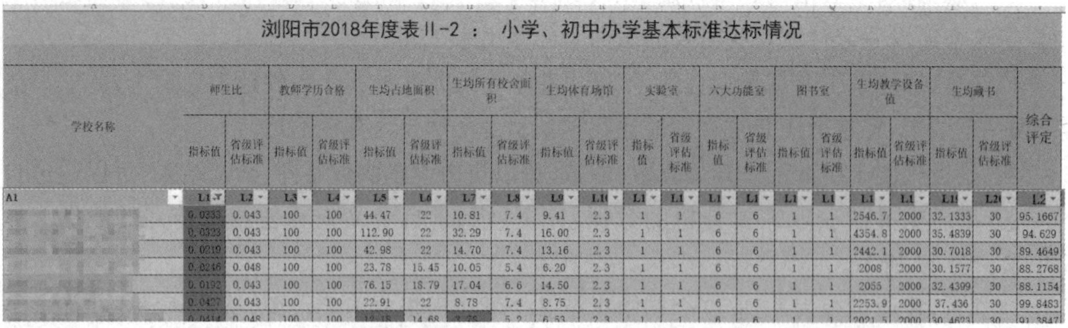

图 18　具体查看某个短板：按颜色筛选师生比不达标学校

浏阳市2018年度表Ⅱ-2 ： 小学、初中办学基本标准达标情况																					
学校名称	师生比		教师学历合格		生均占地面积		生均所有校舍面积		生均体育场馆		实验室		六大功能室		阅书室		生均教学设备值		生均藏书		综合评定
	指标值	省级评估标准	指标值	省级评估标准	指标值	省级评估标准	指标值	省级评估标准	指标值	省级评估标准	指标值	省级评估标准	指标值	省级评估标准	指标值	省级评估标准	指标值	省级评估标准	指标值	省级评估标准	
A1	L1	L2	L3	L4	L5	L6	L7	L8	L9	L1(	L1	L1	L1	L1	L1	L1	L1	L1	L1!	L2(	L2
[illegible]	0.0508	0.043	100	100	59.32	22	16.51	7.4	16.95	2.3	1	1	6	6	1	1	2033.9	2000	19.5254	30	97.9051
[illegible]	0	0.043	0	100	0.00	22	0.00	7.4	0.00	2.3	1	1	6	6	1	1	0	2000	0	30	-98.9
[illegible]	0	0.043	0	100	0.00	22	0.00	7.4	0.00	2.3	1	1	6	6	1	1	0	2000	0	30	-98.9
[illegible]	0	0.043	0	100	0.00	22	0.00	7.4	0.00	2.3	1	1	6	6	1	1	0	2000	0	30	-98.9
[illegible]	0	0.043	0	100	0.00	22	0.00	7.4	0.00	2.3	1	1	6	6	1	1	0	2000	0	30	-98.9
[illegible]	0	0.048	0	100	0.00	22	0.00	7.4	0.00	2.3	1	1	6	6	1	1	0	2000	0	30	-101.4
[illegible]	0.0433	0.043	100	100	40.99	22	6.70	7.4	7.54	2.3	1	1	6	6	1	1	2166.4	2000	24.5234	30	97.505
[illegible]	0	0.043	0	100	0.00	22	0.00	7.4	0.00	2.3	1	1	6	6	1	1	0	2000	0	30	-98.9

图 19　具体查看某个短板：按数字筛选生均图书小于 25 的学校

					取数列名	取数编号	取数表名	编号所在列名	
		右边单元格输入需提取县市数据的县市名称	浏阳市	[eduData2018db]		长沙市	左边输入市洲名称（可选）		
小学班数	计	bian8	J212	e5	e	01	[eduData2018db].[dbo].[J212_r]	d	基础基212
	一年级	bian9	J212	f5	f	01	[eduData2018db].[dbo].[J212_r]	d	基础基212_N
	二年级	bian10	J212	g5	g	01	[eduData2018db].[dbo].[J212_r]	d	基础基213
	三年级	bian11	J212	h5	h	01	[eduData2018db].[dbo].[J212_r]	d	基础基213_N
	四年级	bian12	J212	i5	i	01	[eduData2018db].[dbo].[J212_r]	d	基础基214
	五年级	bian13	J212	J5	J	01	[eduData2018db].[dbo].[J212_r]	d	基础基311
	六年级	bian14	J212	k5	k	01	[eduData2018db].[dbo].[J212_r]	d	基础基311_N
初中班数	计	bian15	J213	f6	f	01	[eduData2018db].[dbo].[J213_r]	d	基础基312
	一年级	bian16	J213	g6	g	01	[eduData2018db].[dbo].[J213_r]	d	基础基312_N
	二年级	bian17	J213	h6	h	01	[eduData2018db].[dbo].[J213_r]	d	基础基313
	三年级	bian18	J213	i6	i	01	[eduData2018db].[dbo].[J213_r]	d	基础基313_N
	四年级	bian19	J213	J6	J	01	[eduData2018db].[dbo].[J213_r]	d	基础基314
高中班数	计	bian20	J213	k6	k	01	[eduData2018db].[dbo].[J213_r]	d	基础基314_N
	一年级	bian21	J213	16	1	01	[eduData2018db].[dbo].[J213_r]	d	基础基315
	二年级	bian22	J213	m6	m	01	[eduData2018db].[dbo].[J213_r]	d	基础基331

自定义区县

自定义系统所需数据

图 20　自定义需求查询的数据(自定义区县和自定义系统数据)

学校标识码	学校（机构）名称（章）	类别	类别代码	乡镇	办学类型	经纬度	小学班数						
							计	一年级	二年级	三年级	四年级	五年级	六年级
bian1	bian2	bian3	bian4	bian5	bian6	bian7	bian8	bian9	bian10	bian11	bian12	bian13	bian14
2143017595	[illegible]	小学教学点	村庄	040 浏阳市社港镇	县级教育部	113.585-2	6	1	1	1	1	1	
2143017609	[illegible]	小学教学点	村庄	040 浏阳市社港镇	县级教育部	113.534-2	1	0	1	0	0	0	
2143017614	[illegible]	小学教学点	村庄	040 浏阳市社港镇	县级教育部	113.598-2	2	1	0	1	0	0	
2143017831	[illegible]	小学教学点	村庄	009 浏阳市沿溪镇	县级教育部	113.819-2	1	0	0	0	0	0	
2143018288	[illegible]	小学教学点	村庄	021 浏阳市澄潭江镇	县级教育部	113.745-2	2	1	1	0	0	0	

图 21　自定义查询结果筛选(学校类别为小学教学点相关数据)

学校标识码	学校（机构）名称（章）	类别	类别代码			高中班数							小学在校生数	
				三年级	四年级	计	一年级	二年级	三年级	合计	寄宿生	其中：女	一年级	二年级
bian1	bian2	bian3	bian4	bian18	bian19	bian20	bian21	bian22	bian23	bian24	bian25	bian26	bian27	bian28
2143017609	[illegible]	小学教学点	村庄							3	0	2	0	3
2143017614	[illegible]	小学教学点	村庄							9	0	3	4	0
2143017700	[illegible]	小学	镇中心区							74	0	32	22	13
2143017831	[illegible]	小学教学点	村庄							5	0	3	2	2
2143018288	[illegible]	小学教学点	村庄							24	0	12	12	12
2143018289	[illegible]	小学教学点	村庄							13	0	5	7	6
2143018290	[illegible]	小学教学点	村庄							43	0	14	6	7
2143018292	[illegible]	小学教学点	村庄							5	0	4	0	5

图 22　自定义查询结果筛选(小学生人数小于 100 的学校数据)

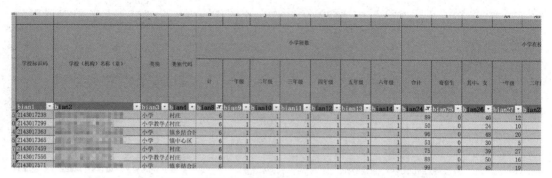

图 23 自定义查询结果筛选(小学生人数小于 100 而又有 6 个班的学校数据)

图 24 自定义查询结果筛选(教职工人数为 1 的单人校数据)

"对,只要在这增加一个,基本数据表格就会将所有学校报的内容全部罗列出来,然后简单地筛选一个就可以看到是哪 2 个学校了。"

"真是太方便了,谢谢!"

"刘总,我用您这个工具一下子就找到了好几个学校报错的数据,一个教学点报出了几个亿的资产,原来是将万元看成了元;另一个那么好的新建标准学校,居然报出了几万平方米的危房。"

六、结语

2013 年,我的临时工作任务经过了一整天的数据取数、比对和计算才算拿到一个结果,并且还要再次去核对是否正确。而现在提取并运算所有数据,得到想要的结果总时间约 1 分钟,所有结果呈现在眼前。现在我们市所有县市都采用我设计的方法和工具。同时按这个思路,我实现了数据审核自动化和可扩展性,不再需要专业的程序知识,一般工作人员均可以根据自己的想法自由设定审核条件,实现对教育事业统计数据的审核。

通过这个案例,我认为任何一项工作都不能只用常规方法去思考,而是应该扩散思维,多思考,有时候一个点子一句话,就可能突破我们的常规,大大提升工作效率。本案中,如果没有想到用 VBA+SQL 来突破教育事业统计软件不提供数据跨表查询及相关教育指标测算分析等功能的局限性,实现一键从事业统计报表系统数据中提取自定义数据,并进行大量的数据比较、运算与分析的功能,那我市的教育统计工作肯定还停留在大量繁杂的数据提取、比较、拆分、合并及运算工作和大量的重复劳动中,效率无比低下。

　　VBA+SQL技术完全可以运用到更多、更广的地方,特别适用于各级各类数据汇总部门、数据分析部门和从事数据汇总及数据分析的个人,都可以利用VBA+SQL自定义查询数据灵活获取需要分析的数据,以及分析系统数据的逻辑和其他各类问题。

省厅点评

强化数据分析能力，提升统计服务水平
——点评《VBA+SQL技术在教育事业统计数据分析中的运用》

湖南省教育厅发展规划处处长　王玲

为切实落实中央深化统计管理体制改革、提高统计数据真实性的工作要求，鼓励地方教育统计工作改革创新，积累教育统计工作实践经验，提升教育统计工作整体能力水平，教育部开展了教育事业统计工作案例征集活动。我省选送了浏阳市教育局提供的《VBA+SQL技术在教育事业统计数据分析中的运用》案例，现就本案例进行简要点评。

本案例突破了教育事业统计软件不支持数据跨表查询及相关教育指标测算分析等功能的局限性，实现了一键从事业统计报表系统数据中提取自定义数据，并进行大量的数据比较、运算与分析功能，高效实现了对统计分析基础源数据的重构，大大提高了统计分析工作效率。

一、主要成效

长沙市将本案例所介绍的工具在全市范围内进行了推广，并在教育事业统计工作中加以应用，主要取得以下工作成效：一是有效提高了数据质量，通过智能快捷地提取数据，并利用排序、比对、汇总等功能进行数据校验，避免人工取数时因数据量大容易出现的工作疏忽，确保源头基础数据准确；二是降低了统计工作的上手难度，相比复杂的教育事业统计系统，该工具能够更直观、清晰地展示各项基础指标，让统计人员能够更快速地加深对教育事业统计工作的认识，有效降低统计新人对统计工作的陌生感；三是极大减少了汇总阶段工作量，通过一键提取相关数据，并可自定义其他有关指标，快速得到想要的数据结果，大大提高数据汇总及数据审核的工作效率。

二、指导意义

通过运用该工具，我们认为该工具在自定义查询提取指标数据、计算校际均衡差异系数以及以类似思路开展的其他有关工作方面有很大指导意义。

一是该工具极其便于统计汇总人员查数、取数，可以自由设置取数条件、筛选结果，通过自定义查询灵活获取需要分析的数据，可以说完全做到了自定义查询任意想获取的所有数据。例如我省今年开展的乡村小规模学校和乡镇寄宿制学校"两类学校"建设，须提取教育事业统计系统中在校生和寄宿生等相关指标，如果使用教育事业统计系统过录功能，须按小学、初中和高中三张过录表分别提取，且难以区分乡镇和城区，但通过此工具，可一键提取所

有学校寄宿生和在校生等数据,再根据城乡类型即可快速定位目标学校。

二是该工具通过提取测算校际均衡差异系数和学校达标条件,既可以有效防范学校在办学条件方面的数据作假风险,又可快速分析学校在校际均衡方面的短板。通过对每一所学校每一项指标的差异系数进行测算,一方面通过上下年度数据对比,可以方便地分析哪些学校哪些指标存在不合理、不合逻辑的情形,在统计汇总与审核过程中,对上述数据可快速反馈给相关学校进行重点核实;另一方面对未达标的相关指标,将测算结果提供给教育行政部门决策参考,在条件装备、经费投入等方面对有关学校予以重点解决和倾斜。

三是该工具给类似工作提供了突破常规工作方法的思路。参照本案例工作思路,利用VBA+SQL自定义查询数据灵活获取需要分析的数据,可以分析系统数据的逻辑和其他各类问题。例如我省2018年全面改薄工作中有一项2017年度执行数据及年中规划数据调整工作,因为改薄工作软件并未能提供规划调整后与规划调整前数据比较工作,单靠人工进行规划调整前后数据比较将造成全省改薄规划调整工作被动的局面。改薄办同志会同有关人员利用VBA+SQL语句成功实现规划调整前后数据对比,审核全省122个县市区规划调整数据,使得规划调整工作顺利推动。

三、期待目标

一是工具的可视化。通过将工具的可视化升级,即便不懂VBA+SQL语言的统计人员也能轻松掌握、快捷运用,可提升工具的普及性。同时在可视化窗口中继续保留计算机语言编辑接口,便于部分精通VBA+SQL语言的统计人员能灵活快速对工具进行按需设计,提升工具的实用性。

二是工具的智能化。该工具目前的主要功能注重于数据的查询、提取以及对提取数据的校验、运用,通过工具的智能化升级,在各级教育行政部门、各类学校开展数据采集、汇总、审核上报的过程中,充分发挥其数据校验的功能,可大大减轻基层统计人员的工作压力,也可以进一步提升统计数据质量。

三是进一步强化分析功能。通过广泛吸收基层对统计数据分析方面的需求,增加相应模块和功能,提供更加智能的统计分析功能,更好地服务统计人员、服务教育改革发展大局。

专家点评

信息技术提高统计数据分析效率

叶铭　博士

统计数据的整理与分析是呈现统计工作成果成效的最终过程,传统的手工方法需要经过过录、制表、比对、计算等多个步骤,工作量大且容易出错,并且难以对问题进行追踪,是广大基层统计工作者的"痛点"。在利用信息技术替代统计数据整理与分析的手工操作、提高基层统计工作效率的探索中,浏阳市的统计工作案例给我留下深刻印象。

首先是接地气。数据过录与制表是手工处理最烦琐的一步,如果系统里的数据经核实有错误,需要修改的话,数据要全部重新过录、拼接与计算。在总体统计计算方面,每年事业统计数据收集时都需要查询学校上报的相关数据,每收集一个乡镇的数据都需要重新进行一次计算,工作重复,效率低。本案例以统计整理与分析为选题,抓住了教育统计工作改革中信息技术与工具使用的创新点,具有重要的现实意义和应用价值。

其次是有效。基于采集的数据,利用 PC 端 VBA 与数据库查询的信息技术实现数据提取、比较、拆分、合并及运算,充分保证了从数据提取到最终计算的完整性与一致性,通过系统完整的方法,实现了数据整理与分析的快速执行。整个系统实现完整,且有一定的适应性,能够有效解决面临的问题。

再次是可行。浏阳市不是经济发达地区,在缺少投入的情况下探索如何开展统计汇总与分析工作。统计汇总分析有多种方式,可以通过智能化、可视化的商业软件与开源工具实现,但在现阶段,局限于经费和人员的信息化应用能力,上述方法的可实现性很低。浏阳市从本地实际出发,从已有的资源入手,立足解决统计工作问题的实际需要,让工作成效立即可见。

这个案例也对各地推进统计工作有诸多借鉴意义,归纳起来主要有以下三点:

(1)"以市为主"提高统计工作效率。在工作案例中,在市级统计工作人员中,具备熟悉统计业务与相关技术能力的人员,可以组织内部力量从实际工作要求出发开发相关的工具,在所辖范围内进行推广,为日常统计资料整理与分析工作提供帮助。解决了因统计人员更换、能力不足等原因导致的统计分析不及时与不准确的问题,便于及时发现问题、提高质量。

(2)加强数据服务是关键。采集数据的目标最终需要为日常的管理与决策提供支持,将采集的数据入库,并提供接口进行提取,为不同的目标提供服务才是关键。在案例中,通过 VBA+SQL 的方式,通过基础教育数据库提供的接口,确保了所需的各类数据可以根据需求进行提取,在这个基础上,才能够保证后续实现整理、计算与展示的准确与有效。

(3)信息化建设是方向。本案例不仅开发了一个完整的 PC 端信息技术工具,并在本市的工作中得到了应用,同时还在兄弟单位与下属的区县进行了共享,有效提高了整个区域的工作效率。基于PC端的工具软件共享的方式在当前阶段是有效的,但马上就会面临数据库访问的安全性以及后续的升级维护问题。从发展的角度来看,5G网络、云平台、物联网、移动计算以及微服务等信息化技术的引入,将会大幅降低信息化建设的初始投入成本,改变现有的数据采集与处理分析模式。信息系统的方式在解决数据交换处理、安全共享、升级维护等方面会有比较好的表现,另外也便于后续数据的有效积累和持续的改进分析。信息技术使用将是教育统计改革的一个重要方向。

从信息系统的研究者视角出发,在案例的实践探索中,个人认为中国教育统计改革创新需要信息化,应该在以下三个方面加大工作力度:

(1) 标准先行。出台国家层面基于基础教育统计的数据标准、技术标准和管理规范等要求,以在更大范围内推行数据的共享、交换和安全管理。在统一标准的同时,结合信息技术,特别是云与移动计算技术,结合现有的台账体系,从降低工作量的角度,做好数据的有效管理。

(2) 面向服务。统计不是单纯地要数据,更重要的是用数据服务于学校、区域教育事业的发展,每一级都要学会切实用好数据,上级要主动为下一级的教育教学工作提供数据支持和服务。对于统计分析工作,可以在保证数据安全的前提下,通过开放数据接口,提供基础数据、统计数据与分析工具等方式,为需要统计分析服务的单位提供支持。同时还可以在市级层面组织力量,进行统一的统计数据分析报表开发,各单位可以根据权限直接访问报表,获取相关的指标统计及分析数据。各个下属单位可以把主要的精力放在提升数据采集质量和教育质量方面。

(3) 根植教育。只有将统计分析工作扎根于学校日常教育教学业务活动之中,才能真正为教育决策提供支持。可以有效利用数据交换、数据接口等信息技术,将上报与分析的数据与现有的学籍、教师、校产等系统数据进行集成,实现数据的自动同步与采集。在确保统计数据的相对独立性的同时,尽可能减少重复统计。

最后,在这个典型工作案例中,我们看到了基层统计工作人员的智慧。在缺乏信息系统支持的情况下,能够从工作的需求出发,有效地利用最通用的工具,系统性地解决工作中面临的问题。同时还能够从通用性与易用性角度出发对工具进行完善,实现了工具的有效分享,在提高了整个市县教育统计工作效率的同时,还为下一步的升级扩展留下了可能。相信这个案例的贡献者已经具备了相当高的信息化素养,熟悉业务又熟悉信息的他们一定能够在教育统计工作改革中做出更大的贡献。

数据自动生成模板提高填报效率和质量

吉林省蛟河市前进乡九年制学校　毕延林

为帮助学校统计人员更高效、高质地完成教育统计数据填报工作,本文的"教育统计数据自动生成模板",简化了工作流程,统一了数据标准,降低了数据统计工作的难度,本案例对于"模板"的设计背景、设计思路作了较详细的说明。本案例适合所有的基础教育学校(高中、初中、小学),特别对于下属村小、教学点较多的农村中小学校的教育统计工作的帮助作用更加明显。

一、引语:统计效率与数据质量问题

2017年,我作为基层学校统计工作人员,同时又参与并负责县、地两级基础教育统计数据核查工作。在数据核查过程中发现学生年龄不准确,一年级7岁学生数占总数的20%多。进一步核查学校数据,发现有些学校学生年龄不符合标准数的竟然超过40%,其他年级学生年龄结构也存在类似的情况。这明显不符合我市对小学新生入学年龄的要求。经过与相关学校统计人员沟通了解到,这是由于年龄计算的标准不一致造成的。计算年龄的时间节点是"年度",而不是教育事业统计数据要求的9月1日。

我在调查与分析了全市各校的统计现状后发现,教育事业统计不仅存在数据标准不一致,而且学校统计数据上报效率偏低的现象也不仅仅是个例,而是普遍存在于基层学校,严重拖滞了全市教育统计工作的进程。

以上问题究竟是由什么原因造成的呢?

二、核心问题

2018年2月,在刚刚负责蛟河市教育统计工作的闫成山科长对全市教育统计现状调研时,我向他汇报了以上情况。闫科长了解情况后组织了由主管科室秘书科牵头,相关科室负责人、基层学校校长、统计员代表参加的研讨会,针对蛟河市教育统计工作当前存在的各类问题做了调研与分析。在对全市各学校的布局、师资、统计员详细分析后,发现目前我市存在很多影响全市教育事业统计工作的问题,基本都集中在"人"的问题上,即统计员本身:业务能力差的效率低,工作难度偏大;业务能力强的兼职多,工作强度大。

(1)部分学校统计人员计算机应用能力偏低,在数据统计过程中不能正确地使用公式和函数进行数据统计。例如在计算年龄时,很多统计员是用统计年份-出生年份得到的"虚岁",而不是用9月1日时间节点计算的"周岁"。在统计方法上,有些统计员甚至不会使用数据透视表,直接用"查数"的方法进行数据统计,不仅效率低,数据质量也无法保证。还有些统计人员直接向学校的学籍管理员和人事干事等相关人员索取"数字",直接填报到统计系统中,没有经手基础数据,统计数据质量不高。

(2)绝大多数学校的统计员都是兼职,既要从事一线教学工作,同时还兼任学籍管理、人事管理等其他工作,工作任务繁重。而教育统计数据上报工作对时间要求紧,对数据质量要求高,很多统计员不能及时高效地完成统计数据上报工作。例如,青背九年制学校的统计员王平老师,不但同时兼职学校的统计员、学籍管理员、人事干事、劳资员,还有教学任务,虽然工作能力很强,但繁重的工作量依然对时限要求相对集中的教育统计进度产生了一定的影响。

(3)我市有4所乡镇中心校、12所乡镇九年制学校,每个学校下辖几个甚至十几个村小和幼儿园。这些村小和幼儿园在教育统计数据上报时均作为独立单位上报,但从事这项工作的却只有总校的统计员一人,工作量很重。例如漂河九年制学校,除本部的中、小学外,还下辖8个村小、6个教学点、2个幼儿园,每次数据统计都相当于17个独立学校的工作量。

在征询了相关学校校长和一些优秀统计员的意见后,我发现针对"人"本身去解决问题并不容易。首先基层学校人员紧张,擅长数据管理和计算机应用的教师少,在学校工作中还有很多岗位对人员的要求是相似的,如人事、劳资、财会、学籍、网管等,都需要责任心强、业务精湛的教师承担,所以要想调整分工、降低工作量,难度很大。其次加强统计员的业务能力培训,提高新统计员的业务能力虽然是必须要做的,但也不是一朝一夕可以见效。

既然从"人"本身去解决问题不容易,见效慢,那么从"事"上解决是否可行呢?有的统计员提出:教育数据统计涉及学校工作的方方面面,特别是教职工和学生的数据,每年都是完全不一样的,而且涉及的表格多,表间关系复杂,不但需要统计工作人员有强烈的工作责任心,还要有比较强的逻辑思维能力、数据分析能力和计算机应用能力。特别是新统计员,需要在很短的时间内适应这项工作,经常有错、漏情况发生。如果有办法降低数据统计的工作难度,降低对统计员的要求,就能在很大程度上提高全市教育统计工作的效率和质量。

那么如何降低教育统计工作本身的难度呢?

三、解决问题

作为全市教育统计数据质量核查人员,根据自身的技术优势,我提出了"设计制作一个依托统计数据台账自动生成统计系统需要数据的Excel模板,尽量降低因统计员个人原因

造成数据错误的概率,同时也能提高统计数据的效率"。大家对我的提议很感兴趣,也提出了进一步的建议:

漂河九年制学校的崔继成老师说:"我负责2017年学校和幼儿园的数据统计上报,每年做统计时我都是把全乡所有的教职工、学生、校舍、装备、财务等做到一个表格里,用透视表来统计数据。每切换一个学校其实就是一次重复劳动,再加上有其他工作干扰,很可能就出现错、漏,甚至因为太疲惫了而导致数据填错行的低级错误发生,你设计的模板最好能把这种重复性工作考虑进去。"

青背九年制学校王平老师提出:"统计报表中需要的年龄、年龄段等涉及时间节点计算的问题,最好在模板中自动计算,避免由计算方法错误造成的数据错误。"

……

结合教育事业统计系统的数据特点和大家的建议,我设计制作了"教育统计数据自动生成模板"。

(一)设计思路

(1)教育统计系统教职工和学生两个模块涉及的表格多、表间关系复杂,是统计工作的重点和难点,可以先重点解决这两方面的数据自动生成问题。

(2)教育统计数据需要建立相应的台账,设计的数据生成模板应与统计台账紧密结合,先建台账,在台账的基础上生成数据,能有效地保证统计数据的质量。

(3)实现填报的数据自动生成,让统计员只需先按要求做好统计台账,就能自动生成相应的统计数据,简化数据统计的过程,降低对统计员的技术要求。

(二)目标实现

"教育统计数据自动生成模板"包括设置表、基础信息表(小学生、初中生、高中生、教职工)、数据生成表(基础基312、313、314、412、422、423、424、4411、4412)。

设置表需要设计的内容是:(1)设置单位名称,用于切换不同学校数据;时间节点,用于计算年龄。(2)设置年龄段,用于通过年龄自动生成年龄段数据。(3)对基础信息表的数据要求作说明,创建保护与解保护按钮。

基础信息表分学生基表和教职工基表:(1)小学、初中、高中三个学生基表结构相同,包括如下字段:所在学校(用于多学校账号数据筛选)、姓名、性别、民族、出生日期(计算年龄)、年级、班、年龄(自动生成)。学生基表预设计了数据透视表,用以填报"班数、班额"表。(2)教职工基表包括如下字段:序号、学校、学段、姓名、性别、民族、出生日期、编制人员、聘任职称、最高学历、职务分工、学科、政治面貌、年龄(自动生成)、年龄段(自动生成)。

数据生成表的表格样式采用从教育统计系统中导出的表格,保持与统计系统一致。如果统计系统表样有变化,则对模板表样和公式作相应调整。数据生成原理,主要运用countifs()函数对基表数据做多条件汇总。

(三) 使用方法

教育统计数据自动生成模板的使用环境要求是 Excel 2010 及以上版本,宏安全性设为最低。

(1) 设置时间节点和学校名。时间节点为统计年度的 8 月 31 日,例如 2018 年度的统计数据填报,时间节点就设置为"2018-8-31"。学校名为当前填报统计数据的学校名,可自行设定,例如负责的学校有九年制学校本部及下辖的村小共 5 所学校的统计数据填报,那就把这 5 所学校名设定为"1 九年制学校""2 太阳村小""3 额勒赫村小""4 八里堡村小""5 平地沟村小"。在填报本部的统计数据时,设置表中的学校名为"1 九年制学校",数据生成表中的数据就是本部数据。

(2) 在"设置表"中单击"保护工作表"按钮,保护所有工作表的公式和结构在使用过程中不被破坏。

(3) 在统计台账的基础上,把整理后的原始信息粘贴至模板中相应的基础信息表中。例如"学校"字段为自己设定的学校名,多个学校的数据也一次性粘贴至信息表,用学校名字段来区分;"聘任职称"只能填"高级教师""一级教师""二级教师""三级教师",其他字段和学生基表的各个字段同理,在"设置表"中都有详细的说明。只有各个字段内容按要求整理,最后生成的统计数据才能准确。

(4) 对数据生成表中自动生成的数据抽样检查,一般只需检查相应项的汇总数据,例如检查小学生数,只须检查全校学生总数、女生总数、少数民族总数……看汇总数据是否正确即可,若有数据错误,则需要检查各个字段内容是否按要求填写。

(5) 在统计系统中导出相应学校的空表(通过业务办理页面左上角的"导出所选报表"按钮),把模板中自动生成的数据分别粘贴到导出空表中相应的表格中,保存后关闭导出表。

(6) 在统计系统中业务办理模块打开相应的表格,点击表格上方的"导入"按钮,导入上步保存的表格中的数据,保存后切换至下一个表格,重复导入—保存的过程,导入所有数据后,完善模板中未涉及的数据(留守儿童、残疾儿童、上年毕业生数……),完成当前学校的统计数据填报。

(7) 如果有多个学校数据需要填报,做基础信息表时,一次性把所有学校的数据整理录入,更新"设置表"中的学校名,重复(4)~(6)步骤。

四、实际效果

我比较擅长数据的分析整理与统计汇总,在应用教育统计数据自动生成模板前,我在每年的统计数据上报工作中效率和质量都是比较高的。教育统计数据自动生成模板设计完成后,我利用此模板对 2017 年教育统计系统做了模拟填报,效率至少提高 10 倍以上,对于业务能力偏低的新手统计员的帮助必然更加明显。同时由于减少了在数据填报环节因人为因素产生的数据错误,提高了统计数据的质量,降低了后期数据质量核查的难度。

2018年教育统计工作中,此模板在全市各校全面推广使用,要求各校统计员先做统计台账,然后把统计台账中的教师和学生信息整理后按要求复制到模板中,再将自动生成的数据导入统计系统中。

在后期统计数据核查环节,全市各校教师与学生方面的数据未发现任何因技术原因产生的质量问题,所有使用此模板的统计员都对其赞不绝口。漂河的崔老师对我说:"老毕,太谢谢你了,我往年用数据透视表做统计报表,15个学校和教学点的师生数据至少得3天。用你这个模板,除去做统计台账的时间,一两个小时就搞定了,只要'复制—粘贴—导入—切换学校',非常简单,既快又准。"

五、结语

数据自动生成模板的推广应用简化了数据统计的流程、统一了数据标准、降低了数据统计的难度,有效地提高了工作效率和数据精度,为推进全市教育统计工作规范化发展提供了一定的技术支持。

但是这套模板目前只是确保教职工和学生两个模块在台账的基础上快速生成精确数据,无法验证数据台账是否精确合理,也无法验证模板中未涉及的数据是否有漏报、错报现象。下一步我将针对数据核查环节设计一套易操作、开放性强、可扩展的教育统计数据质量核查模板,对统计系统中未提供校验的项目进行快速、精确的逻辑性、合理性验证。

省厅点评

《数据自动生成模板提高填报效率和质量》点评

吉林省教育厅巡视员、副厅长　战高峰

《教育统计管理规定》(中华人民共和国教育部第44号令,以下简称"《规定》")自2018年8月1日起施行后,吉林省教育系统多措并举全面贯彻落实《规定》。一是加强组织领导,落实责任,统筹协调并组织实施好教育事业统计工作;二是依法依规统计,确保统计数据数出有据、全过程可查;三是在全省推广应用试点,整体提升教育统计质量;四是培树典型,充分发挥统计在教育管理、科学决策和服务社会发展中的重要作用。本案例《数据自动生成模板提高填报效率和质量》正是研发人毕延林老师落实《规定》的具体举措。

本案例研究凸显了一定的理论和实践价值。基层实践工作的及时总结非常重要,毕延林老师就是善于及时总结日常工作且能及时提升之人。本案例研究主要采取了调查研究、案例分析、理论推演与问题导向、比较分析、示范分析与实证分析相结合等研究方法,在了解现状的基础上进行归因分析,采取相应策略予以解决问题。

首先,本案例具有一定的理论价值。我省教育统计工作存在以下问题:一是统计人员多为兼职,力量相对薄弱,统计工作主要依靠业余时间完成,对统计工作的研究多是出于兴趣爱好;二是统计人员信息技术应用能力普遍偏低;三是"学生""教职工"数据表格多,表间关系复杂;四是一些基层学校对统计工作的重视程度不够,没有配备专用的设备和资金,同时统计工作属于教辅业务,统计人员很难获得荣誉,也使很多统计人员对统计工作缺乏认同感。一方面,教育统计工作任务繁重,责任重大,对统计人员的工作能力和业务素质要求很高;另一方面,由于提供的待遇、奖励有限,有能力的教师不愿意干,能力不足的又干不好,统计人员配置与统计工作实际需要的矛盾突出,由统计力量薄弱等造成的数据不精准现象仍时有发生,从而提高了各级教育统计数据核查工作的难度。此案例研究以问题为导向,积极引导各级统计人员不断加强统计基础问题研究。

其次,案例具有一定的实践价值。一是抓住"学生""教职工"两个模块,突破工作重、难点;二是建立教育统计的相应台账,在台账基础上生成数据;三是将"教育数据生成模板"与"统计台账"合成使用;四是合理简化教育统计过程,实现填报数据的自动生成。数据自动生成模板的设计和应用降低了教育统计工作对基层统计人员个人能力的要求,从技术层面避免了因基层统计人员能力有限而造成数据不精准的问题。据了解,蛟河市在2018年的教育统计数据填报工作中,在基础教育学校中普遍使用了"数据自动生成模板",利用模板建立台账,在台账的基础上生成统计数据,从而保证了数据的精准。

研究成果显著之处,主要体现在设计模板的目标模式和主要优势。(1)工作流程方便快捷便于操作。整体简化了工作流程,统一了数据标准,降低了统计难度,减少了后期数据质量的核查难度。(2)有效解决教育统计工作中存在的问题。例如,根据在汇总工作中发现的问题,设计开发了学生数和教师数的自动生成模板,主要解决了统计报表中"按9月1日计算年龄"与"通常按年度计算年龄"的差异造成数据失真的问题。(3)表格样板和公式可相应调整。数据生成表采用导出表格,保持与统计系统一致。系统表有变,模板表和公式相应作出调整。(4)模板可广泛适用于中小学校。对下属村小、教学点较多的农村中小学校的教育统计工作,作用更为明显。(5)有效提高教育数据精准水平。相比2017年教育统计系统模拟填报,效率至少提高10倍以上,有效降低了错误率和核查难度。

研究成果创新之处,在于最大限度为统计工作提质升级。(1)培养了创新精神和实践能力,有效避免重复性劳动。案例折射出教育统计工作者发现问题、解决问题的实战本领,勤于学习、爱岗敬业的工作态度,善于思考、攻坚克难的奋斗精神。(2)形成了高质量的科研成果,取得了可推广的实践成效。"教育统计数据自动生成模板"一是包括设置表、基础信息表和数据生成表。二是设置表细目清晰:"单位名称"用于切换不同学校数据;"时间节点"用于计算年龄;"年龄段"用于通过年龄自动生成年龄段数据;对基础信息表数据要求作以说明,并创建保护与解保护按钮。三是基础信息表分为学生基表和教职工基表予以设置。(3)形成了较为广泛的社会影响,为教育统计工作提质升级。模板的设计与应用,一方面最大限度从技术层面避免了因基层统计人员能力有限而造成数据不精准的问题;另一方面解决实际问题,省时高效,为教育统计工作提质升级。(4)有效提升了区域统计工作的质量。蛟河市在2018年教育统计数据填报工作中,基础教育学校使用"数据自动生成模板"建立台账,在台账基础上生成统计数据,短时高效。(5)案例征集活动,为基层统计人员搭建国家级成长平台,体现了国家对统计工作的高度重视和肯定。毕延林老师在网管、学籍、人事、教育统计管理等方面深有建树,提醒各级教育部门要更加珍惜人才,为其成长搭建平台,激励更多人致力于教育统计工作。

就进一步深化研究,有如下建议。(1)对教育统计工作进行深化研究。各地要借此机会积极行动起来,进一步研发出易操作、开放性强、可扩展的教育统计数据质量核查模板,对统计系统中未提供校验的项目进行快速、精确的逻辑性、合理性验证。(2)向统计工作试点单位学习取经。各级行政和业务部门要以此案例评选为契机,深入试点学习,不断改进统计方法。更要大力加强教育统计信息化建设,研究本地区教育统计模式,切实提高数据统计科学性、准确性。(3)最大限度实现统计工作的现代化。各单位应积极利用互联网、大数据、云计算等现代信息技术,推进教育统计信息搜集、处理、传输、共享、存储技术和统计数据库体系的网络化、现代化建设。(4)形成合力助推教育统计工作规范发展。教育统计工作任重道远,必须形成合力并建立长效机制。例如,建立教育统计工作制度、健全教育统计工作网络、加强教育统计资料管理等,以推进全省教育统计工作持续健康发展。

借此机会还想提出以下几点思考。一是省级层面要立足教育大数据,共建"大统计",提供"大服务",组织培训,推广经验做法,提升整体数据服务能力和水平;二是组织专门技术人员设计统一的系列台账模板,研发一些简单易上手的小程序,简化数据采集、生成过程,方便统计人员工作,提高数据准确性;三是充分发挥数据平台优势,不断开拓数据平台功能,为大数据、云计算在统计工作中的应用奠定基础;四是鼓励开展教育统计评比表彰活动,不断提高基层统计人员的地位,为基层统计人员创造奖励、晋升的机会和途径,让统计人员拥有更多的认同感、幸福感和获得感。

教育事业统计为了解教育现状、科学制定教育发展规划提供数据支持,是教育事业发展极其重要的基石,确保统计数据的准确、及时和完整,是教育行政部门、各级各类学校和教育统计工作人员的重要责任,更是做好统计工作,确保统计数据质量,有效支撑教育科学决策的重要保障。在今后的工作中,吉林省教育厅会以此为契机,更加积极发挥省级统筹管理的作用,高质量做好教育事业工作。

专家点评

《数据自动生成模板提高填报效率和质量》点评

西安财经大学统计学院院长　张维群

基础教育事业统计报表系统中,既包含了基础教育单位、教师、学生等方面的信息统计,也包含了教学运行和教学条件等方面的信息统计。该报表系统中涉及的统计指标众多,统计内容丰富全面,系统中指标之间与表表之间存在着很强的内在逻辑关系,统计系统体现了系统性强的特点。由于基础教育事业统计报表中指标之间和表表之间的逻辑性强,指标之间和表表之间关系复杂,加之部分基层统计人员工作任务重,计算机应用能力弱,使得基层统计人员进行教育事业统计的工作难度增加,统计数据质量难以保障。案例《数据自动生成模板提高填报效率和质量》为解决以上实际问题提供了一种有效、可行实施手段,此案例的应用适合于所有的基础教育学校(高中、初中、小学),特别是对于下属村小、教学点较多的农村中小学校的教育统计工作的帮助作用更加明显。该案例的研究对于提高教育事业统计的效率和质量具有现实意义和推广价值。

案例对基础教育事业统计实践中存在的部分计算机应用能力弱、兼职统计人员任务重和基层学校下属单位多等问题分析准确,抓住了主要矛盾和问题的症结。解决手段的设计思路是:首先解决教职工和学生两个有着关联关系模块的统计表生成问题,其次解决教育事业统计台账数据与报表数据的关系问题,最后解决基于台账自动化生成报表统计数据问题。案例设计思路清晰,目标明确,抓住了统计报表数据生成逻辑基础,符合教育事业统计的基本要求。教育统计数据自动生成模板对于硬件及软件环境要求低,该模板的使用环境要求软件是 Excel 2010 及以上版本,并且使用宏安全性设为最低。硬件和软件环境技术要求不高,容易满足,有利于该模板在基层统计单位的推广应用。

从模板功能设计来看,"教育统计数据自动生成模板"功能设置合理,抓住解决主要问题,使得功能简单,结构清晰。同时,数据结构标准化设计能够满足统计报表数据采集的需要,其操作简单,对用户友好,便于基层统计人员操作应用,能够有效地提高教育事业统计工作的效率,控制教育事业统计数据的质量,减轻统计人员的工作强度。该模板简化了教育事业统计工作流程,统一了数据标准,降低了数据统计工作的难度,不但能够提高基层统计人员的工作效率,也减少了后期数据质量核查的难度,有利于整体提高统计数据质量。

从实际应用效果来看,该模板在吉林省蛟河市基础教育事业统计工作中取得了显著成绩,吉林省蛟河市对2017年教育统计系统做了模拟填报,报告称"效率至少提高10倍以上,对于业务能力偏低的新手统计员的帮助必然更加明显";2018年教育统计工作中,此模板在全市各校全面推广使用,报告称"在后期统计数据核查环节,全市各校教师与学生方面的数据未发现任何因技术原因产生的质量问题,所有使用此模板的统计员都对其赞不绝口"。基于此,我认为该模板值得在基层教育事业统计单位中进一步推广应用。

本案例也存在着一些缺陷和不足,例如报告中提出"既然从'人'本身去解决问题不容易,见效慢,那么从'事'上解决是否可行呢?""有的统计员提出:教育数据统计涉及学校工作的方方面面,特别是教职工和学生的数据,每年都是完全不一样的,而且涉及的表格多,表间关系复杂,不但需要统计工作人员有强烈的工作责任心,还要有比较强的逻辑思维能力、数据分析能力和计算机应用能力"等判断的表述是否正确有待进一步讨论。该模板的开发与应用的逻辑检验是基于研发者本人对教育事业统计系统内在指标与表之间关系的理解,其算法的科学性、合理性有待进一步验证;并且,教育事业统计系统内在逻辑关系是动态变化的,固化其逻辑关系可能使得该模块的应用丧失其生命力;对系统内数据的逻辑性检验,也可能对于统计数据真实性存在干扰,只有基于台账真实资料生成的统计数据才是数据质量保障的根本。

提高教育统计数据填报效率和质量是一项系统化的工程,本模板设计仅是从技术层面解决基层教育事业统计效率低、数据质量有待提高的问题。我认为:首先,提高教育事业统计系统填报效率和数据质量的核心问题还是提高统计人员本身的业务素质和责任心,统计人员的业务素质的提升有利于教育事业统计效率的提高,树立基层统计人员责任心,更有利于提高教育事业统计数据的质量;其次,要切实落实教育事业日常的台账制度,保障统计基础资料的质量,正如本项目中指出该模块应用的前提条件是"这套模板目前只是确保教职工和学生两个模块在台账的基础上快速生成精确数据,无法验证数据台账是否精确合理,也无法验证模板中未涉及的数据是否有漏报、错报现象",因此,教育事业统计中教育台账基础数据的真实性和及时性是提高教育事业统计数据质量的根本保障;最后,统计技术创新是提升统计工作效率和提高统计数据质量的保障手段,属于外生性手段,技术手段和方法不能够从根本上解决教育事业统计效率提升和质量提高的核心问题。因此,在教育事业统计工作中,解决好基层统计队伍的业务素质问题和统计制度的落实问题是关键,是从上到下都应当重视的根本性问题。

用程序语言编程提升学生信息统计效率

石河子大学　杨璐

本案例对如何提升学生信息统计效率的方法进行分析,使用目前流行的Python语言进行编程,实现统计的自动化,主要解决在学生信息统计过程中存在的效率低下问题,大大提高了统计效率及统计准确度。本案例的结果表明,用程序语言去实现学生学籍信息与统计报表之间关系的描述,模拟人脑自动生成统计报表,是可行且可靠的,并且提升了学生信息统计的效率及准确度,实现简单,能够随时根据统计需求变更代码,具有运行速度快、灵活性高的特点。

一、导言

2018年9月,新的学年又开始了,石河子大学迎来了11 736名新生,学校在校生人数为41 829名。此时,学校的学生学籍管理部门忙于新生信息的录入及在校生的注册工作。此外,为完成当年度学校《高等教育基层统计报表》,由学校专职统计人员杨璐老师牵头,要求各学生学籍管理部门于10月10日前完成报表中关于学生信息的统计工作,便于杨老师进行汇总及校验。作为一所学生种类多、学科专业齐全的211高校,学生学籍管理部门不仅要在入学季完成新生信息的录入工作及在校生的注册工作,而且须按时完成《高等教育基层统计报表》中学生信息的统计工作,这是一个不小的挑战。

学生信息统计工作给学校的学生学籍管理部门带来了很大压力,主要表现在时间紧、任务重两方面。第一,统计时间紧。新生的注册工作时间周期较长,例如我校的五年制高职转入学生,一般补录工作将持续到每年国庆节前后,因此,统计时间仅为10天。第二,统计工作任务重。学生信息统计是《高等教育基层统计报表》中任务量比较重的一块,接近整个统计报表工作量的三分之一,而学校的各类学籍信息管理人员仅为5人,学籍信息管理人员作为兼职统计员不仅需要对接各学院学生信息,还需要在规定时间内准确完成统计报表。

杨老师想如果能用程序语言实现学生学籍信息与统计报表之间关系的描述,用计算机自动实现从学籍信息表到统计报表之间的转换,不就能提高统计效率和准确性,同时降低工作强度吗？为缓解学校学籍信息管理部门的工作压力,作为学校专职统计人员,杨老师决心从提升学生信息统计效率的方法入手,研究代替手工筛选填写报表的方法,实现自动处理学生信息生成统计报表的目标,从根本上解决问题。

二、主要问题

每年9月上旬,新疆维吾尔自治区教育厅召集自治区各高校专职统计人员进行本学年《高等教育基层统计报表》的任务下发及培训工作,要求各高校于10月31日之前提交报表。为保质保量完成报表,石河子大学由专职统计人员杨老师牵头,首先,对《高等教育基层统计报表》进行任务分解,召开会议对各业务部门兼职统计员进行统计指标的培训;其次,因学校专职统计人员仅杨老师一人,故各部门须于10月10日前上报本部门相关报表,便于杨老师进行数据汇总、校验及办学条件的测算等后续工作;最后,分别由主管统计工作的部门领导及学校校长审核报表,审核通过后上报至自治区教育厅。

学籍信息管理人员作为兼职统计员,需要在规定时间内准确完成统计报表,学生种类多、学籍信息管理人员少造成了学生信息统计工作时间紧、任务重。一方面,石河子大学为综合性高校,学生种类较多,几乎涵盖所有学生类型,包括普通专科生、普通本科生、硕士研究生、博士研究生、成人专科生、成人本科生、留学生。在高等教育基层报表的填报过程中,涉及学生信息的统计报表包括分专业学生数、学生分年龄情况、招生及在校生来源、学生变动情况、学生休退学情况、在校生中的其他情况、本专科生招生录取情况、学生民族情况这些类别,一共18张报表。每张报表涉及的内容不同,除高基311-318表分专业学生数外,其余每张表均涉及各类学生的信息情况,7大类学生信息均须体现在这18张表中。另一方面,石河子大学涉及学生学籍信息管理的部门一共有4个,教务处管理普通本、专科学生学籍信息,研究生处管理硕士、博士研究生学籍信息,成教院管理成人本、专科学生学籍信息,外事处管理留学生学籍信息。然而,学籍信息管理人员仅为5人。

作为学校专职统计人员,杨老师负责组织各部门对《高等教育基层统计报表》中的数据进行填报。经过沟通,学籍管理部门表示学生信息统计工作给学籍信息管理人员带来了极大的工作压力。每年9月是新生入学季,学籍管理部门不仅需要录入新生信息,还需要及时报出全部学生的统计信息。然而,此项工作在开展过程中存在以下问题:(1)在统计方法上,主要使用Excel的查找筛选功能,手动填写统计报表,效率极低,且容易产生因疲劳而引起的人为错误;(2)在人员配备方面,学校的学生学籍信息管理人员仅为5人,管理普通专科生、普通本科生、硕士研究生、博士研究生、成人本科生、成人专科生、留学生7大类学生的学籍,学生总数达到4万多名,人手严重不足;(3)在统计时间方面,每年在新生补录结束之后,仅留有不到10天的时间进行统计,要求在日常工作之余完成18张统计报表的填报工作,时间严重短缺。因此,在统计方法陈旧、学籍管理人员人手不足、统计时间不充裕的情况下,急需一种自动生成统计报表的方法代替手工筛选统计,提升统计效率成为亟待解决的问题。

为确保《高等教育基层统计报表》按时准确报出,鉴于学生信息统计工作存在任务重、效率低的问题,进行提高统计效率的信息化技术方法研究势在必行。杨老师考虑依据学生学籍信息库,用信息化技术手段,解放工作人员的劳动力,完成从学生信息库到数据统计表的自动准确对接,自动生成以上 18 张统计报表,如图 1 所示。一方面,可以缓解学校学籍信息管理部门的工作压力;另一方面,能够提高统计效率及准确度。

图 1　问题描述

三、工作过程

为实现学生信息库到数据统计表的准确对接,自动生成学生信息统计表,有两种方案可供选择:第一种是使用具有统计功能的软件或者相关软件模块,实现自动统计,如 Excel 的数据透视表模块、SPSS 软件等;第二种是使用编程语言根据需求编写相关功能程序代码,生成统计信息表。

通过实践,杨璐老师总结了以上两种方案的差异。方案一受限于所使用软件的统计功能,不能实现从信息库到统计表之间百分之百的自动对接;方案二则更加灵活,可根据需要完全实现统计表的自动生成,并且运行速度快,便于维护和更新。因此,杨老师使用编程语言编写相关程序代码,从而实现从学生信息库到数据统计表的准确对接及学生信息统计表的自动生成。

在程序语言方面,常用的有 C、C++、C♯、Python、Ruby 等。考虑到需要实现的功能简单,选择易于理解、安装简便、功能库多的程序语言,对于一般统计人员来说,达到只要具备基本的编程基础就能够对程序进行更改和维护的目的。Python 是目前流行的用于处理大量数据的面向对象的程序语言,它语法简单、免费开源、兼容性强并拥有大量的功能库。一方面,它便于后期功能维护、变更及交叉验证工作的实施;另一方面,它安装便利,运行速度快,利于统计工作的开展。

基于以上分析,杨老师最终选择了 Python 语言来实现学生学籍信息与统计报表之间关系的描述,达到自动生成统计报表的目的。在具体的实现过程中,首先,对原始学籍信息进行处理,用 Python 读取学籍信息内容,并暂存;其次,编写相关功能程序代码,实现学生学籍信息与统计报表之间关系的描述,根据暂存信息自动生成学生信息统计表;最后,输出学生信息统计表。只要执行上述的三个步骤,就能够达成预设的目的,而这三个步骤都是简便可行的,具体表现为 Python 有读写 Excel 的功能库,调用方便,且能够用"与""或""非"的逻辑关系实现学籍信息表到统计报表之间的关系映射。

综上所述,此方法思路简单、灵活度高、可行性强,对于一般统计人员来说,只要具备基本编程基础,就能够轻易实现。它充分利用了信息化技术手段,给统计工作带来了便利,降低了工作强度，提高了统计效率。

四、解决方案

使用 Python 程序语言编写代码处理学生学籍信息库，实现学生信息统计表的自动生成，所需要解决、分析的核心问题有两部分：第一，Excel 与 Python 之间的信息交互问题。从学籍信息管理系统导出的学籍信息表一般为 Excel 格式，Excel 与 Python 都有其各自的数据存储方式，因此，需要特定的功能模块实现两者之间的交互。一方面，使用 Python 相关功能模块读取 Excel 版本的学籍信息，筛选出需要的学生信息，为后续处理做准备；另一方面，将生成的数据统计报表用 Python 相关功能模块写成 Excel 格式，完成数据统计表的输出。第二，处理筛选的学生信息，生成统计报表。用 Python 编写相关程序代码，对读取到的学籍信息做处理，实现学籍信息表与统计报表之间的关系描述，准确地生成统计报表。

杨老师提出通过四个步骤来实现用 Python 语言自动生成学生信息统计报表。首先，对统计报表进行分析，得到需要在学生学籍信息库中提取的字段。第二，根据分析结果，读取学生学籍信息库，根据学生学籍库信息与统计报表之间信息的关系，用 Python 实现这一关系的建立，生成统计报表。第三，将生成的报表用 Python 写入 Excel 文件。最后，进行方法验证，一方面，编写测试程序进行表内平衡与表间平衡的测试；另一方面，对比生成统计表与人工统计表的差异。如图 2 所示整个工作过程及解决方案的难点及重点在于第二个步骤，即如何描述学生学籍信息与统计报表之间的关系，使之能用 Python 语言实现，即实现人类社会活动的计算机语言描述。这是一种过程的描述，也是人工智能的一种表现形式。

图 2　Python 生成统计报表

下面以本科生信息统计为例，主要使用在籍学生信息表及学生变动信息表作为输入，研究自动生成本科生统计报表的方法，对以上四个步骤的实现过程作详细说明。

（一）分析统计报表

在《高等教育基层统计报表》中，涉及本科生的统计报表有高基 312、高基 321、高基 322、高基 331、高基 332、高基 341、高基 811 表，为实现这 7 张报表的自动生成，对其进行如下分析：

（1）高基 312 表——普通本科分专业学生数表。高基 312 表为普通本科生分专业学生数表，所涉及的字段有学科类型、专业分类、专业名称、自主专业名称、专业代码、专业类型（是否是师范专业）、年制、毕业生数、授予学位数、招生总数、招收应届毕业生数、春季招生数、预科生转入学生数、在校生总数、一年级学生数、二年级学生数、三年级学生数、四年级学生数、五年级及以上学生数、预计毕业生数。根据学校的情况，选取本科生学籍信息表中的学生姓名、性别、学科类型、专业分类、专业名称、专业代码、专业类型、年制、年级、是否应届、入学时间这 11 个字段信息，用于整合生成高基 312 表。

（2）高基 321 表——在校生分年龄情况表。高基 321 表涉及的字段有学生年龄，只需要选取本科生学籍信息表中的出生日期，就能通过计算得到高基 321 表。例如：以 2018 年数据填报为例，出生日期为 1996 年，则对应年龄为 22 岁，对应的关系表达式可写为 age = year_this − year_birth。

（3）高基 322 表——招生、在校生来源情况表。高基 322 表涉及的字段为生源地，只需要选取学籍信息表中的生源地即可。

（4）高基 331 表——学生变动情况表。高基 331 表涉及的字段为招生、复学、转入等学生增加情况，以及毕业、结业、休学、退学、开除、转出等学生减少情况，可在学生变动信息表中选取学生变动原因这一字段。

（5）高基 332 表——学生修退学的主要原因表。高基 332 表涉及的字段为学生修退学的主要原因，包括患病、停学实践、贫困等原因，可在学生变动信息表中选取学生修退学原因这一字段。

（6）高基 341 表——在校生中其他情况表。高基 341 表涉及的字段为党派信息及民族信息，需要选取学籍信息表中的党派及民族这 2 个字段。

（7）高基 811 表——高等学校学生民族成分表。高基 811 表涉及的字段为学生民族，只需要学生的民族信息即可。

综上所述，须读取的学籍信息表中的字段为学生姓名、性别、学科类型、专业分类、专业名称、专业代码、专业类型（是否师范）、年制、年级、是否应届、入学时间、生源地、党派、民族这 14 类，须读取的学生变动信息表中的字段为学生变动原因、学生修退学原因这 2 类。

（二）读取学生学籍信息并生成统计报表

这一部分是整个解决方案的核心部分。作为专职统计人员，应该准确理解统计报表中每一个指标的含义，在这一基础上，用程序语言去实现学生学籍信息与统计报表之间关系的描述，模拟人脑自动生成统计报表。其中，部分代码在附件中展示。

Python 与 Excel 有良好的交互性，能够较容易地读取并生成 Excel 文档，具体为通过安装轮子 xlrd.whl 来读取 Excel 文档，读取在第一步中需要获得的字段信息，并暂存以便后续处理。此外，Python 能够根据暂存信息表中的行列关系及具体内容进行自动筛选、计数等操作，将操作得到的数据写入需要生成的统计报表中。在统计报表变化的情况下，只需要更改相应的代码，就可以快速得到统计报表，复用性较高，且能够大大降低人为统计的错误率，并提高统计效率。

以高基 312 表与高基 321 表为例，描述统计报表与学生学籍信息表之间的关系，并用 Python 语言实现。高基 312 为浮动表，表头固定。首先，在学生学籍信息表中读取学生专业字段，获得专业对应的学科、分类及代码，自动生成表格的 B、C、D、E、F、G、H 字段内容；然后，以专业名称为主键对暂存的学籍信息进行搜索，对各年级学生数、预计毕业生数、招生数等进行计数，生成统计报表。高基 321 表为固定表，涉及学生的性别及年龄信息，只需要选取相应的学生学籍信息表，利用"与""或""非"的逻辑关系筛选信息，对符合性别及年龄要求的学生进行计数及其他相关数字运算，生成统计报表。

对于统计工作人员来说，用自然语言去描述统计报表与学生学籍信息表之间的关系并不困难，手工筛选得到统计报表的过程依据的也是两者之间的关系。难点在于如何用程序语言去实现统计报表中每一个指标的自动计算方法，这不仅需要统计人员的业务知识，也需要统计人员具备一定的编程基础与逻辑思维。庆幸的是，在这一过程的实现过程中，所需要使用的编程技术仅限于条件搜索、"与""或""非"的逻辑运算、计数以及一些相关的数字运算，并不涉及特别复杂的编程方法与思维结构。此外，Python 语言简单易学，执行起来相当简便，因此，只要统计人员对指标的理解是正确的，就可以根据自己的需求编写程序，实现报表自动生成。

综上所述，用程序语言去实现学生学籍信息与统计报表之间关系的描述是可行并且可靠的。对于统计工作人员来说，只需要具备基本的编程基础，就能够用计算机自动实现从学籍信息表到统计报表之间的转换。相比特定的功能软件，用程序语言做这项工作对于后续的功能测试、更改及维护都提供了极大的便利。

（三）输出统计报表

在第二步自动生成统计报表之后，须用办公文档的形式进行存储，因此，将统计报表写入 Excel 文档，便于后续的使用。Python 有专门的模块实现其与 Excel 之间的交互，安装 xlwt 模块到 Python，并用 xlwt 下的相关函数写工作簿，完成统计报表的输出。相关代码在附件中展示。

（四）方法验证

用 Python 实现自动生成学生信息统计报表的功能之后，应对实现功能的方法进行验证。编写测试程序，一方面验证表内是否平衡、表间是否平衡；另一方面用 Python 脚本处理往年的学生信息库，生成统计报表，和已有的统计报表作对比，比较其差异性，实现生成信息表与已有信息表零差异。

在方法验证的过程中，杨老师强调应遵循全面多场景测试的原则，表现在以下三个方面：(1) 分别用不同数据量的信息库进行验证；(2) 分别在不同操作系统的计算机上运行；(3)对生成的每一个表的每一个数据进行验证。对有差异的数据项进行回溯，改写代码，再进行测试，直到所有表格表内、表间完全平衡，生成信息表与已有信息表完全一致。如图3所示。

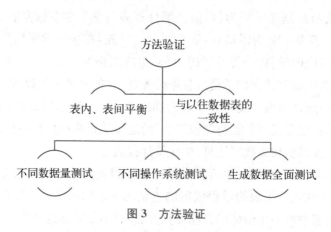

图3　方法验证

五、实际效果

杨老师充分利用信息化技术手段来代替传统的手工统计流程，给统计工作带来了便利，使用当前流行的Python脚本对原始学籍信息库进行处理，编写相关程序代码，自动生成学生信息统计报表，提高了统计效率、统计准确性，实现了统计的自动化，同时降低了工作人员的劳动强度。当年度仅对成人学生信息统计这一部分功能进行了使用和测试，结果表明，实际使用效果良好。整个实现过程较为简易，代码结构清晰，长度在百行以内，便于日后更改及维护工作，给统计工作带来了极大的便利。

程序的统计效率及准确度较人工统计有显著提高，并且为4个学籍信息管理科室提供了便利(见图4)。学生学籍信息管理科室工作人员表示："此方法大大减少了统计工作量，生成的统计数据表较人工统计更为准确，希望以后能够开发出更多类似的能够给工作带来便利的小工具。"

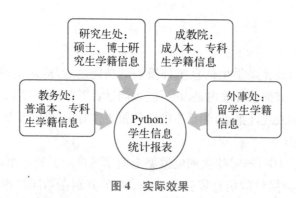

图4　实际效果

此方法有待在全校进行推广,对各类统计工作提供一定的帮助和良好的工作思路。预期在每年9月新生入学季,一方面,学校专职统计人员将根据新一年报表的变化,修改相关程序代码,使之能够生成符合新一年要求的统计报表;另一方面,学籍管理工作人员将全力录入学籍信息,并用此代码迅速生成准确的统计报表,从而大大降低工作人员的劳动强度。

六、结语

作为学校的专职统计人员,杨老师根据将近三年的统计工作经验,总结出提高统计业务水平主要从三方面入手:准确理解指标、掌握统计方法、积极沟通协调。

在指标的理解方面,涉及教育教学、基本建设、财务经费、资产管理等学校各个方面的业务知识,需要和各个业务部门沟通,共同把握指标的定义,报出准确专业的数据,还需要提前掌握教学、财务、基建等相关专业知识;在统计方法上,可以更多地依靠信息化技术,利用专门的统计软件,如 SPSS 或者使用编程语言根据业务需求实现特定的统计功能,以便统计工作能更快、更好地进行;在沟通协调方面,应积极组织各部门,向业务人员认真解释指标含义,共同完成数据填报工作。

杨老师认为,统计业务的根本是在教育教学过程中、过程管理进程中、甚至社会发展中,用一系列可以量化的指标去表明当前的状态,并分析分解,找出薄弱环节进行完善,是一个法定的监测机制。因此,要求每一个统计人员具有良好的业务能力及法律素养。在如今的信息化时代,为提高统计业务能力,应当掌握良好的信息化技术,为统计工作服务。

附件(部分代码)

一、读取学籍信息表

使用 Python 脚本读取学籍信息表,安装 xlrd 模块到 Python,并编写程序,在程序中引用 xlrd 模块,使用 xlrd 模块的 open_workbook()函数,读取学生学籍信息表,并循环行和列,查找需要的字段信息,并读出,从而完成学籍信息表的读取任务。相关代码如下:

```
# 引用 xlrd 模块,该模块的函数主要用来读取 Excel,获取每一个单元格的内容
import xlrd as excel_rd
# 定义一个函数 read_table()用来从学籍信息表中获取所需要的14个字段
def read_table(filename)
    data = excel_rd(filename)
    # 读取表单句柄
    table = data.sheets()[0]
    # 读取表单的行数和列数
    row = table.nows
    column = table.ncols
```

```
# 循环表格，获取所需要的信息
for j in range(1,column):
    for i in range(1,row):
        循环体：具体读取哪些内容，如何处理等
return(something_need)
```

以上代码尚未全部展示，函数的主要功能是提取学籍信息表的相关内容，并返回所需内容，供生成统计信息表使用，循环体内的内容可根据需求灵活实现。

二、生成统计信息表

使用 Python 脚本生成统计信息表，安装 xlwt 模块到 Python，并编写程序，在程序中引用 xlwt 模块，使用 xlwt 模块的 xlwt.workbook() 函数，创建工作簿，并用 workbook.save() 函数保存工作簿，从而完成统计信息表的生成任务。相关代码如下：

```
# 引用 xlwt 模块，该模块的函数主要用来写 Excel 文件
import xlwt as excel_wt
# 创建工作簿
writedata = excel_wt.Workbook()
# 根据需求创建所需数量的工作表
Sheet_gj312 = writedata.add_sheet(u'gj312',cell_overwrite_ok=True)
Sheet_gj321 = writedata.add_sheet(u'gj321',cell_overwrite_ok=True)
Sheet_gj322 = writedata.add_sheet(u'gj322',cell_overwrite_ok=True)
Sheet_gj341 = writedata.add_sheet(u'gj341',cell_overwrite_ok=True)
Sheet_gj811 = writedata.add_sheet(u'gj811',cell_overwrite_ok=True)
# 根据需求预先确定表单的大小
col_gj312 = 20
col_gj321 = 18
row_gj321 = 4
col_gj322 = 2
row_gj322 = 36
col_gj341 = 9
row_gj341 = 3
col_gj811 = 18
row_gj811 = 4
# 生成表格
for j in range(0, col_gj312):
    循环体：生成高基 312 表
for j in range(0, col_gj321):
    for i in range(0, row_gj321):
```

```
            循环体：生成高基 321 表
for j in range(0, col_gj322):
    for i in range(0, row_gj322):
            循环体：生成高基 322 表
for j in range(0, col_gj341):
    for i in range(0, row_gj341):
            循环体：生成高基 341 表
for j in range(0, col_gj811):
    for i in range(0, row_gj811):
            循环体：生成高基 811 表
# 保存表单到指定路径
Sheet_gj312.save(filepath312)
Sheet_gj321.save(filepath321)
Sheet_gj322.save(filepath322)
Sheet_gj341.save(filepath341)
Sheet_gj811.save(filepath811)
```

循环体内的代码未完全展示，主要根据 read_table( ) 函数的返回值去循环生成高基表，根据筛选关系补充循环体的内容，再将生成的表单写入指定路径，完成整个自动统计的功能。

省厅点评

《用程序语言编程提升学生信息统计效率》点评

石河子大学校长　代斌

石河子大学党校办副主任　陈飞

高校的教育统计工作是国家教育事业统计工作的重要组成部分,担负着高等教育基层活动中的数据收集、整理、编报和分析等重要职责,是上级管理部门了解高等教育现在、把握高等教育未来的重要手段,是高校制定自身发展规划以及领导决策的重要依据,也是高校进行科学管理的重要手段。杨璐老师撰写的《用程序语言编程提升学生信息统计效率》一文以问题为导向,聚焦统计数据处理工作中的具体问题进行分析。

一、案例取得的成效

(一)学校教育统计工作现状

《高等教育基层统计报表》的填报工作是石河子大学的一项重要工作,而学校的专职统计人员仅杨璐老师一人。杨璐老师不仅要分配任务,组织各部门填报数据,还需要在规定的时间内完成数据的审核及上报,工作烦琐,数据收集涉及的部门多,信息量大。因此,这项工作分配给各部门业务数据的填报人员时压力也很大,尤其是学生学籍管理部门,涉及学生相关数据,人数多,数据量大,如果不能按时上报数据,将会影响报表整体填报进度。

学校在统计工作中虽然引入了计算机技术,但是各部门在做统计工作时仍然只是进行简单的数据录入及处理,很少使用比较先进的数据处理技术。一直以来,学校的统计工作效率较低,准确率不高,学生信息的统计在这些方面表现尤为明显。

(二)案例在学校教育统计工作中取得的成效

统计过程中学生信息的填报是统计工作的瓶颈。为保证报表按时准确地报出,提高统计工作效率,同时缓解工作人员压力,杨璐老师针对学生信息统计这个瓶颈,对如何提升学生信息统计效率的方法进行了探索。

案例从统计方法入手,采用信息化技术手段代替传统手工统计。用传统手工统计方法统计学生信息需要7~10个工作日进行基础数据整理、筛选及报表填报,又需要2~3个工作日进行报表校验;而采用案例中提出的方法,学生信息统计报表的生成及校验工作仅在几分钟内就能完成,效率提高至原来的几千倍。此方法不仅效率高,更能达到百分之百的正确率,从根本上解决了因工作人员不足且工作量大造成的矛盾。更重要的是,案例中的方法不仅适用于学生信息统计,而且能推广到整个统计工作中;不仅能准确、可靠、高效地提取相关数据资料,保障数据的准确性、完整性、全面性、系统性,避免重复统计,而且能为后续全方位、多角度开发利用统计数据提供有力保障,为学校办学条件的测算、经费拨付,以及学校发展规划的制定提供有力依据,能够更好地为业务梳理、信息咨询和管理决策服务。这种方法不仅给学校的教育统计工作带来了便利,也值得各业务部门学习借鉴,值得在学校管理过程中进行推广。

二、案例的指导意义和重要价值

案例提出的统计数据处理技术提升了学生信息统计效率,不仅给学校统计工作带来了便利,更为学校信息化建设工作提供了一个新的思路。

学校信息化建设不仅包括硬件设施的建设,同时,也包括配套软件功能的建设。案例主要使用信息化技术手段,将业务流程用程序语言描述,用自编功能软件实现自动统计,从而提高统计效率及统计数据的准确度。在学校信息化建设过程中,特别是数字化校园的建设,主要实现学校各业务的网上办公,简化办事流程,实现网上签批,本质上也是从业务流程到程序语言的映射过程,和案例描述实质相同。

基于案例带来的新方法,学校各部门可逐步推进从业务流程的自然语言描述到计算机可实现的流程的描述,并逐步开展各业务流程的信息化建设。通过以数字校园平台存储各类业务数据,形成业务数据基础库,并嵌入各类统计功能,能够自动生成如《高等教育基层统计报表》之类的定期统计报表。一方面,业务工作人员只需要对业务数据基础库进行日常维护,统计工作人员则可以直接从数据平台获取数据统计报表,完成报表的上报任务;另一方面,数据平台可对工作人员开放不同的权限,保留一定的二次开发功能,实现统计功能的实时变更。数据平台存储的数据为基础业务部门维护的一手数据,数据平台的使用能够减少因各级工作流转引起的数据偏差及数据冗余,能够实现学校各项业务的数据融合。此外,数字校园平台不仅使整个统计过程变得简便而快速,而且规范了各业务部门的过程管理,提高了办公效率。

案例中提出的方法可为学校信息化建设,特别是数字化校园的建设提供一定的方法借鉴,这种方法值得在全校各业务部门进行推广,使各业务部门能够充分参与到学校信息化建设的进程中。

三、进一步做好学校教育统计工作

高校教育统计是学校统计工作的重中之重,大数据时代的到来也给高校教育统计工作带来了重大机遇与重要挑战。为不断提高我校教育统计工作质量,提升数据统计品质,在该案例工作经验的基础上,学校下一步工作思路如下:

一是构建全面的统计系统网络平台。目前,我校已初步建立了统一信息服务门户平台,尝试打破各部门之间的信息壁垒,将统计系统与学校数字校园平台融合,建立学校统计数据库,通过打破保守的数据测量思想,创新统计理念,对繁杂的数据集合进行分析和整理,既要保证数据的精准性,也要能够利用数据的模糊特点构建数据模型,以大数据智能分析来提高统计信息的利用价值,达到数据分析目的,以充分发挥数字校园平台功能作用。

二是抓好专职统计队伍建设。统计工作是一项连续性很强的专业工作,不经过一段时间的摸索和实践,很难把握整套统计报表的统计口径和内在联系。因此,要加强统计工作人才培训,提高工作队伍专业素质,培养统计人才队伍,为提升统计工作效率和作用奠定坚实的人才保障。

三是不断完善统计工作的指标体系。基于自身实际发展情况进行分析,以教育部及上级主管部门颁布的统计指标体系为核心,结合实践需求,建立规范、科学的统计工作指标体系,促进数据统计工作效率提升。同时,保持统计指标体系相关数据与学校管理层领导信息畅通,对出现的问题及时汇报,并通过专业统计人员分析和预测得出可行成果报告,上报学校进行决策。

综上所述,杨璐老师案例提出的统计方法在实践中取得了很好的效果,也丰富了统计工作的思路,为石河子大学教育统计工作以及信息化建设工作的发展奠定了坚实的基础,值得肯定和推广。

专家点评

《用程序语言编程提升学生信息统计效率》评析

厦门大学经济学院助理教授　张玉哲

　　2018年8月,教育部发布的《教育统计管理规定》明确指出,教育行政部门在加强统计科学研究,健全科学教育统计指标体系等同时,也应当加强教育统计信息化建设,积极利用互联网、大数据、云计算等现代信息技术,推进教育统计信息搜集、处理传输、共享、存储技术和统计数据体系的现代化。《用程序语言编程提升学生信息统计效率》在实践中,尝试使用Python程序语言实现学生学籍从Excel功能库的读写、调用,使之实现信息交互,并利用Python进行数据分析,生成统计报表,再写入Excel。该案例尝试运用当前逐渐广泛使用的、面向动态数据类型的高级程序设计语言Python用于学生信息统计工作,对于教育统计数据的收集、处理、传输及共享和存储都具有重要示范意义。实践上,这一方法的不断完善和运用,将大大提高统计工作效率,降低教育统计者的工作强度,推进教育统计工作方法改革。Python技术在统计工作中的运用,不仅有利于统计工作方法的改进,而且对于提升教育统计数据质量,完善统计数据信息库都具有一定的实践意义。

　　教育统计工作是以学校作为调查单位,通过搜集学校、学生、教职工、资产及校舍等信息,逐级报送、汇总,为教育行政部门、学校及社会提供统计服务的工作过程。统计工作是一个较为专业的、具体的工作,每一个数据都来源于我们的基层学校,由基层统计人员填报,并形成统计报表。目前,教育统计工作中,基层教育部门和基层学校的数据填报任务较为繁重,统计数据量大,指标数量多,一般填报工作需要在规定时间内完成,再加上基层学校统计队伍薄弱,近90%以上的基层统计人员是兼职完成统计工作。因此,当前从事教育统计工作的同志感到工作量大、有压力,而上级管理部门的同志又感到信息量不足不准,致使基层教育统计工作者处于一种两难的境地。

　　特别是大数据时代,统计的数据量出现了成倍的增长,统计数据搜集和分析处理能力需求增强,统计方法也需要随之而转变,统计工作面临着机遇与挑战。对于教育统计工作而言,教育统计的大数据使得原来的统计工作方法已经不能满足教育统计工作的需求,因此,在教育统计工作中,需要运用大数据技术进行教育统计工作方法的改进,从而加强统计信息建设。

　　Python是目前流行的用于处理大量数据的面向对象的程序语言,由于其语言的简洁性、易读性以及可扩展性而被大量用户所欢迎。目前Python已经成为最受欢迎的程序设计语言之一,自2004年以来Python的使用率呈线性增长。随着大数据的不断发展,统计学界越来越多的专家学者尝试运用Python语言处理统计工作。

Python运用于统计工作过程,一方面通过程序实现统计的自动化处理,有助于提升统计工作效率,将基层工作人员的工作从繁多的数据中解放出来,而且也将减少登记性差错,提升统计整理过程中的准确性,提高数据质量;另一方面,运用Python程序设计,便于后期功能维护、变更及交叉验证工作的实施,满足大数据对统计工作的需求,提高数据质量。对于基层教育统计工作人员而言,更为重要的是,Python语法简单,安装便利,简单易学。教育统计基层工作人员只需要具备基本的编程基础,就可以学会这一语言,具有较高的推广性。

本案例在统计工作实践中,为了解决学生学籍管理部门统计工作时间紧、任务重的问题,尝试研究使用Python代替手工筛选填写统计报表的方法,运用程序语言自动处理学生信息,并生成统计报表。该案例重点解决了以下两个问题:一是Excel与Python之间的信息交互问题;二是处理筛选的学生信息,生成统计报表。案例解决了学生信息统计过程中存在的效率低下问题,大大提高了统计效率及统计准确度,并且为4个学籍信息管理科室提供了便利。整个过程实现简单,代码结构清晰,便于日后更改及维护,给统计工作带来了极大的便利,而且能够用计算机自动实现从学籍信息表到统计报表之间的转换。Python相比特定的功能软件,用程序语言做这项工作对于后续的功能测试、更改及维护都提供了极大的便利。通过实际效果验证,本案例可以说是对统计基层数据搜集整理方法的改进。

《用程序语言编程提升学生信息统计效率》能够将理论用于实践,并通过实践提出改进工作的方法,是值得每一位教育统计工作人员学习的工作态度。本案例中,提出的问题恰恰是教育统计工作中最常见、最普遍的问题——教育统计工作基层工作量大,工作人员任务重、时间紧,人员配备不足。针对这一问题,结合实际,目的明确,提出改进工作方法,运用当前大数据处理中较为流行的Python程序处理统计数据,提出的方法有一定的实用性,语法简单明晰,能够解决本案例中所提出的提升学生信息统计效率,对于基层教育统计工作有一定的借鉴意义和示范作用。

本案例结构安排较合理,语句通畅,所提出的方法能够解决本案例的问题,如果能够增强本案例中所提方法的一般性,将这一方法运用于教育统计基层报表的填报和整理过程中,将是教育统计数据搜集、整理和分析方法的重大改进。

教育统计是教育行政部门的一项重要工作,是制定教育方针政策的重要依据。教育统计工作在实践中还存在着不少问题,如何适应不断变化的环境,改进统计工作方法,提升教育统计数据质量,促进教育统计工作的科学发展,是教育统计工作亟待解决的问题。教育统计工作任重而道远。

"单机+网络平台"建立统计台账管理长效机制

四川省巴中市南江县教育科技体育局　符登攀

本案例介绍了 NJ 县运用现代信息技术手段,实行教育统计基础信息台账"单机+网络平台"管理模式,从源头上抓好统计基础信息采集管理。建立了以 Excel 为基础的教育统计报表管理信息平台,规范设置了 Excel 基础信息台账及自动分析汇总模板,强化县校两级统计人员在线网络培训,从学校部门开始规范采集基础信息,分工协作,规范台账数据网络存储管理。

一、导言

2012 年 9 月,又是一年"黑色教育事业统计月"。

NJ 县教育局统计人员小李感觉到了前所未有的压力。由于从事教育统计工作才两年,对学校的基本情况了解不多,如何审核学校上报数据的准确性,让他特别头痛。小李好不容易把学校统计报表数据催收上来了,总觉得似曾相识,逐项审核后才发现,除了总数有变化外,校舍功能分类、资产、教职工分年龄、分职称、分学科等分类统计数据基本抄袭上年度数据,增减数据只在某一个部分进行变化。教育项目年年投入上亿元,可教育统计资产数据"原地不动"。再一比对,上年数据又"对不上号"。

无可奈何之下,小李只好向领导求助,教育局增加工作团队人员,逐校再次核实。由于各学校收集第一手基础数据的整理方式"五花八门",人数少的学校记在笔记本上,人数较多的单位弄了一张电子表格,有的单位直接无任何基础数据。学校统计人员大多兼职工作,孤军作战,学校其他部门配合程度不高,一个人既要收集基础数据,又要翻来覆去地分类汇总,报表逻辑关系又不好调整,半个月也没把报表弄清楚。为了应付教育局催报数据,只有汇总好学生人数后,年龄段按上年数据理论推移,其他指标基本不变,照抄上年数据,出现了学校真实状况与统计数据"两张皮"的现象,不能真实反映学校的发展变化。

二、案例背景

县级教育统计在全国教育事业统计工作中起着承上启下的作用,一方面要指导学校收集整理基础数据,核实学校机构变化调整情况;另一方面要指导学校做好"教育统计信息管理系统"数据填报工作,还要汇总审核学校数据并上报。县级教育统计数据质量决定着整个教育事业统计的数据质量。

但是在县级教育事业统计的基础数据收集、整理、汇总等方面还存在很多问题:

(一) 统计人员水平参差不齐

NJ县地处贫困边远山区,大多数学校统计人员均是兼职,教职工流动性大,统计人员极不稳定。很多统计人员是课堂教学工作中的"佼佼者",但对于教育事业统计工作又是新入门的"小学生"。还有一部分长年从事事业统计工作的老教师,对于统计工作流程,他们是熟手熟路,手中拿着发黄的教育基础信息笔记本,密密麻麻写满了相关数据,但靠手工分类汇总,总是出错,反复修改,浪费了不少时间,面对信息化的发展,他们总感到力不从心。

(二) 统计资料档案断档

统计人员离任换岗时,学校工作移交不重视档案资料交接,前任统计人员除了移交一台电脑和上年度的综合统计报表外,再也没有其他资料,工作无从下手。无第一手基础资料,每年统计工作开展时,又要组织大量人力去重复采集基础数据。

(三) 统计基础数据质量不高

由于每年统计工作的时间紧、任务重,学校上报的统计数据"只求表间平衡,不求数据核实"。县级统计人员手头无基础数据,无法进一步核实数据的真实性,也只注意表间逻辑关系的修改,没有时间认真核查统计数据的来源,统计数据质量不高,不能准确反映教育事业的发展。

(四) 基层统计工作流程未理顺

小李认真分析前几年的统计流程和工作安排,发现县级主管部门只注重了学校级统计数据结果的上报,没有注重源头基础信息的规范采集管理,没有综合考虑和安排统计人员的综合业务素质提升的培训。

三、须解决的核心问题

学校基础数据信息质量决定了县级教育统计数据质量。如果一个学校(包括农村教学点)漏报或多计一个学生、教职工,按2018年全国各级各类学校51.89万所计算,全国可能漏报或多统50多万名学生及教职工,严重影响了国家对教育发展的宏观决策。NJ县以前没有对基础数据进行规范管理,导致县级教育统计在核实学校数据时成了"无源之水,无本之木"。

通过建立教育事业统计基础台账管理模式,着重解决以下问题:

(一)解决基础信息规范采集问题

由于基层学校统计人员业务水平参差不齐,各校收集的基础数据均是根据个人的工作习惯设置,小规模学校写在工作笔记本上,规模较大的学校录入在 Excel 表中,采集的内容也各不相同,县级层面无法统一集中管理。学校填报的数据无法进一步核实,因此,县级层面有必要制定规范的基础信息数据采集台账模板,统一信息采集内容、采集时间点以及采集数据的规范。

(二)解决数据长效管理机制问题

个别学校电子数据存储管理不规范,经常丢失数据,到了下个统计年度又要重新收集。加之统计人员变动频繁,一般只注重纸质报表的移交,造成基础数据周而复始重复采集。因此,县级层面必须建立统一的基础信息台账数据管理网络平台,实现与 Excel 之间的导入导出,分年度基础信息台账可通过网络远程上报、更新、查询,县级统计人员通过查询管理平台的基础数据审核学校报表,解决基础信息数据管理长效机制问题。

(三)解决学校录入汇总工作量问题

学生分性别、分年龄段统计,教职工分学历、学科、年龄、职称统计,校舍分结构、功能统计,如果靠手工方式分类汇总,规模较大学校,工作量大,统计人员很难准确分类统计,大多是通过估算,导致统计数据失真。因此要制定规范的 Excel 自动汇总模板,实现通过基础数据台账在单机自动生成复杂分析报表,或导入网络平台自动生成。

(四)解决多平台数据融合共享问题

由于目前教育统计基础数据来源较多,学生信息来源于学籍系统,校舍信息来源于校舍信息管理系统,教职工信息来源于教职工管理系统,资产来源于财务管理系统,从上级管理部门至学校管理人员分工不同,更新的时间节点和频率不同,很难在教育事业统计的截止时点从各个不同的管理系统导出完整的可以使用的数据。因此,统计人员只有从不同部门、不同管理系统导出基础数据后,在此基础上更新,再导入基础数据信息采集台账,解决多平台数据融合的使用问题。

(五)解决县校两级数据审核问题

由于时间紧、任务重,加之 NJ 县各级各类学校(含农村教学点)将近 500 所,数据汇总、审核量大,即便从各学校抽派统计人员组成工作团队,经常加班至深夜,通宵达旦审核数据,也难以开展高质量的数据审核工作。小李和他的工作团队已明显感觉到存在"忙于汇总,疲于审核"的问题,如果全县各级各类学校建立了规范的基础统计数据台账,那么学校、县教育主管部门审核过程中发现的问题,就可以通过网络平台查询基础数据,保证县、校两级审核工作的精准度。

四、工作过程

（一）艰难的探索之路

"如何确保统计基础信息质量，提高统计速度，在较短的时间里完成高质量的教育统计？"NJ县教育局统计人员小李和他的工作团队一直在思考。有人建议："把统计数据汇总审核工作下放到全县10个学区负责，县级层面只负责汇总10个学区的数据。县级层面制定统一的学生、教职工、校舍、资产基础信息采集统计台账，使用Excel公式辅助汇总分析，学校用于采集基础信息存档及审核使用。"2013年，NJ县教育统计数据采取了学校、学区、县级三级数据采集、汇总、审核管理模式，确实减轻了县统计人员小李的工作量。

"为什么统计数据经验性校验错误条数还是居高不下呢？"全县数据汇总后，小李和他的工作团队发现数据质量没有明显的提升，错误校验信息居高不下。通过调研发现，规模较大的学校认为建立Excel辅助台账提高了工作效率，但规模较小的学校反而认为增加了工作量，反对、赞同各占一半。部分学校使用台账时流于形式，致使台账、报表数据"两张皮"，没有达到最初设定的效果。加之学区统计负责人是在当地学校委托的统计兼职人员，受业务水平和工作责任心影响，审核工作效率低，容易漏掉审核重点，最终导致"只追求校验结果的准确，不重视数据本身的准确"，忽视核心问题、核心任务，以软件校验不出问题、上级查找不出问题为核心目标。学校和学区初级审核没有发现问题，致使县级层面很难发现核心数据错误的问题。

"既然Excel基础信息台账分散存在于各个学校，容易丢失，学校不重视，不如把全县的基础台账数据分类汇总在一个工作表里，统一保存，下一年度再返给学校。"小李想到一招。在收集整理汇总过程中，Excel表中学生信息达到10万条，教职工信息6 000多条，加之分类汇总公式多、行数过多，Excel运行速度急速下降，有时打开一张表、保存一次需要等待十多分钟，电脑经常死机，反而影响了统计速度。个别学校还修改破解了Excel公式，填写字段不规范，汇总数据失真，这些办法均未从根本上解决统计基础数据质量与速度问题。

"如何实现教育事业统计基础信息采集，从学校到区县教育局的共建共享，还要减轻学校、县级统计人员的工作量，让大家都能接受？"小李和他的团队与其他县区教育同行多次交流，大家一致建议，"只有通过现代信息技术手段来实现"。NJ县教育局领导给予了支持，联系了几家软件开发商，不是开发成本太高，就是统计信息程序相对固化，加之每年教育事业统计的指标也在更新，如果要修改统计台账表式，还得继续找开发人员修改才能实现。工作程序复杂，反而增加了县级管理人员的工作量。

小李和他的工作团队陷入迷惘，不知从何处突破。

（二）网络平台的二次开发

"柳暗花明又一村"，小李和他的团队通过网上查询，找到了一款面向非专业程序设计人员的系统设计工具与运行平台软件。该Excel服务平台基于互联网开发,后台采用SQL数据库,具有良好的开放性和二次拓展性。设计者无须掌握编程语言和数据库知识,让县级管理人员在熟悉的Excel环境下通过"模板+业务流程+报表"的设计,根据自己的业务需求轻松灵活构建属于自己的"县级教育统计报表管理信息平台",减少了信息化实施的难度。运行端既可以使用客户端软件,也可以采用B/S结构,把业务展现在Web页面上,通过IE浏览器就可以使用,实现远程数据录入、更新、查阅。

小李和他的团队潜下身心,认真研究学习平台的业务功能模块。由于Excel服务平台还没有预先设定具体的业务模块,需要进行简单的二次开发,县级教育部门根据教育事业统计基础信息采集实际需求,把学生、教职工、校舍、资产等基础信息台账和"全国教育统计管理信息系统"对应报表(汇总表)等设计成"模板",导入系统;将县级各业务股室的学籍信息系统、教职工工资系统、人事信息管理系统、固定资产管理系统等业务信息系统的数据模板导入系统,设定县级、校级统计人员数据录入、查阅、比对权限,设定数据管理流程。在使用过程中,学校和县级教育统计人员能通过平台解决统计基础数据导入、自动汇总分析、更新、存储问题,完成了系统的二次开发。建立起了适用于教育事业统计台账信息的工作模块后,该平台还可以用于临时收集下属单位的各类统计数据,实现快速汇总。如图1所示。

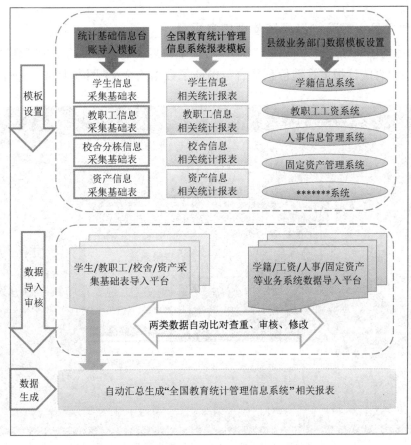

图1 信息平台二次开发模板设置、数据导入审核、汇总流程示意图

五、解决方案

小李和他的团队考虑到各个学校各部门人员对 Excel 办公软件和平台使用的业务水平，采取教育统计基础信息台账"单机＋网络平台"管理模式来解决："单机"即学校各部门人员通过规范的 Excel 模板采集、更新基础数据，也可自动生成各类汇总表；"网络平台"即学校统计人员将各类模板基础数据导入网络平台，也能实现自动汇总，实现学校与县教育局共享学生、教职工、校舍、资产等基础数据，为各校教育统计报表审核提供数据支撑。

主要通过以下"六部曲"完成统计台账收集、整理、汇总、审核、更新（见图2）：

图 2　统计台账解决方案"六部曲"示意图

（一）建立县级教育统计报表管理信息平台

小李和他的团队经过努力，通过二次开发，终于在县级本地教育信息化管理服务器上搭建好了"县级教育统计报表管理信息平台"，保证了数据安全（见图3、图4）。他们将当年9

图 3　教育统计报表管理信息平台登录界面

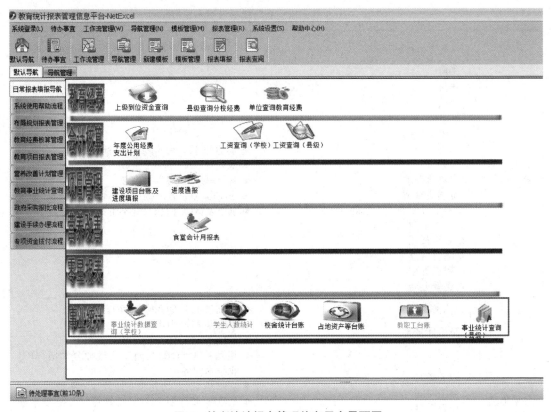

图4 教育统计报表管理信息平台界面图

月教职工工资直发花名册、学籍信息系统学生导出花名册、年终决算固定资产明细表导入系统,作为基础信息校验比对使用。学校完成基础信息采集模板后导入系统,实现数据共享,县教育局可提前开展基础信息审核。

(二)规范设置 Excel 基础信息台账模板

1. 分类建立 Excel 基础信息台账

在充分研究教育事业统计各项指标的基础上,分别设计了学生、教职工、校舍资产等不同类别的 Excel 基础信息台账。每个类别的台账为一个 Excel 工作簿,每个工作簿包含一个基础信息表,多个自动分类汇总表(具体数量需要根据"全国教育统计管理信息系统"核心报表设置)。

2. 规范设置基础信息字段填写

基础信息表的各类字段及填写规范,性别、年龄、工龄通过函数自动计算,专业技术职称、学历层次、任教学科等字段通过"数据有效性"规范设置,保证了报表数据自动提取及汇总。

3. 规范设置汇总报表

根据教育统计基础报表需要,利用 COUNTIFS、SUMIFS、VLOOKUP 等 Excel 统计函数,设立自动分析汇总公式,学校完成基础信息采集表后,自动生成"全国教育统计管理信息系统"要求的各类统计报表。如表1所示。

表 1　Excel 基础信息台账模板设置一览表

类别	基础信息采集字段	自动生成"全国教育统计管理信息系统"报表
学生信息采集基础表	1. 学段 2. 年级 3. 班级 4. 姓名 5. 身份证号码 6. 性别 7. 民族 8. 户籍所在地 9. 走读或寄宿 10. 是否进城务工人员随迁子女 11. 是否留守儿童 12. 是否孤儿 13. 随班就读 14. 残疾类型 15. 送教上门	◆ 基础基311/幼儿园分年龄幼儿数 ◆ 基础基312/小学学生数 ◆ 基础基313/初中学生数 ◆ 基础基314/普通高中学生数 ◆ 基础基315/特殊教育学生数
教职工信息采集基础表	1. 姓名 2. 身份证号码 3. 性别 4. 民族 5. 职工类 6. 参工时间 7. 任教学科 8. 任教学段 9. 政治面貌 10. 专业技术职称 11. 学历层次 12. 年度培训级别及时长	◆ 基础基411/幼儿园教职工 ◆ 基础基412/中小学教职工 ◆ 基础基413/特殊教育学校教职工 ◆ 基础基4211/幼儿园专任教师分学历、分专业技术职务 ◆ 基础基4212/幼儿园专任教师分年龄 ◆ 基础基422/中小学专任教师分专业技术职务、分年龄 ◆ 基础基423/小学专任教师分课程、分学历 ◆ 基础基424/中学专任教师分课程、分学历 ◆ 基础基425/特殊教育学校专任教师分学历、分专业技术职务 ◆ 基础基442/专任教师接受培训情况
校舍分栋信息采集基础表	1. 建筑名称 2. 竣工年份 3. 结构 4. 层数 5. 建筑面积 6. 建筑用地面积 7. 最近维修年份 8. 校舍实际价值 9. 功能分类明细	◆ 基础基511/幼儿园校舍情况 ◆ 基础基512/中小学校舍情况 ◆ 基础基513/特殊教育学校校舍情况
资产信息采集基础表	1. 总占地面积 2. 绿化用地/建筑物占地/运动场地/道路及广场用地面积 3. 足球场/篮球场/跑道/其他运动场地面积 4. 纸质图书册数 5. 计算机/教学用计算机/平板电脑台数 6. 固定资产总值 7. 房屋及建筑物 8. 专用设备/通用设备/图书/档案/文物陈列品/家具用具装具及动植物价值	◆ 基础基521/幼儿园、特殊教育学校占地面积及其他办学条件 ◆ 基础基522/中小学占地面积及其他办学条件

(三）做好县校两级统计人员培训

从 2017 年起，小李组织县校两级教育统计人员参加全国教育事业统计在线培训，每年 8 月底前完成，参培人数及培训合格情况纳入学校年度目标考核，教育统计国家级全员岗前专业化培训合格率达到 100%。

每年 8 月底，小李还组织县级统计人员培训，就统计工作流程、县级教育统计管理信息平台、Excel 基础信息台账模板的使用开展培训。

每年 9 月，学校统计人员对学校相关科室、部门人员组织培训，明确数据采集范围、采集时点、采集规范，对基础信息采集表的相关指标进行解读。

（四）学校分部门规范采集基础信息

学校将县级主管部门统一制定的 Excel 基础数据台账模板分发到学籍、人事、校舍及资产等对应管理科室和部门，分工协作，完成基础信息采集；学校统计人员负责汇总统计工作，并核查各部门采集的基础数据的完整性、规范性。

（五）统计台账导入网络平台审核

各学校将学校审核通过的学生、教职工、校舍、资产 Excel 基础信息台账导入县级教育统计报表管理信息平台，与已导入平台的全县教职工工资直发花名册、学籍信息系统学生导出花名册、年终决算固定资产明细表等由相关业务股室提供的表数据进行初步比对，查找重复、漏统数据，提出初步审核修改意见，学校根据实际情况在平台修改完善基础信息。

（六）填报教育统计正式报表

学校统计人员根据网络平台上统计台账自动生成的学生、教职工、校舍、资产等各类对应的汇总报表，直接填报"全国教育统计管理信息系统"相关报表，相关数据还可从网络平台中直接粘贴到对应报表中。"全国教育统计管理信息系统"数据上报县级主管部门汇总后，县级主管部门再一次与基础台账各类关键指标比对是否一致。

六、实际效果

教育事业统计基础信息台账"单机＋网络平台"管理模式，从"难"走到"易"："难"的是初期基础数据的规范采集，"难"的是学校多部门工作之初协同配合，"难"的是县级团队的持之以恒的指导及数据管理。

NJ 县某所学校，中心校下辖 13 个农村教学点，中心校及教学点均有附设幼儿园，累计下来要填 28 套（含附设幼儿园）教育统计报表，统计人员深有感触："由于校点多，原来很抵触填写统计台账，嫌麻烦，但每年数据绕来绕去弄不清楚，从基础数据收集到汇总填报，至少两周才能完成;自从坚持使用统计台账自动汇总取数后,一周内全部完成,还有时间检查校验各类错误。"全县近500所学校(含农村教学点)第一次基础数据采集完成导入网络平台后,教育事业统计就变成了一件容易而快乐的工作。每年9月,不管是"老统计",还是"新战士",只需花很短的时间维护更新基础数据,各类统计需要的核心汇总数据自动生成,不再为收集、汇总数据而烦恼。统计人员不再往返奔波于县城与学校之间,大部分工作在网上完成,节省了很多时间。小李汇总统计数据后发现一般经验性校验错误信息至少下降了50%,核心信息基本无错误。

教育事业统计基础信息台账"单机+网络平台"管理模式的运行效果主要有两点:

一是建立了基础信息台账长效管理机制。NJ县充分利用现代信息技术,通过规范基础信息采集、自动汇总生成报表、年度基础信息台账上传平台存档,下年度可再次利用,解决了因县校统计人员更换及学校电子信息丢失等原因导致的数据断档,避免了年年重复采集数据、年年数据不能衔接的现象,保证了教育统计基础信息采集的连续性,建立起了教育统计基础信息长效管理机制。

二是保证了教育统计数据质量。实行教育统计基础信息台账"单机+网络平台"管理模式以来,学校统计人员至少节约了三分之二的时间,可把主要精力放在基础信息采集更新及报表分析工作上来;县级统计人员可把工作重心从基础数据核实转移到报表分析上来,基础工作量减少,统计数据质量逐年提高。

七、结语

"9月,教育事业统计月,快乐统计工作月。"县教育统计人员小李开完NJ县教育事业统计的布置会后,和教育局组建的工作团队又开始了新一年的统计审核汇总工作。与往年不同的是,今年的工作有条不紊,不再盲目汇总审核。网络平台上学校上报的学生、教职工、校舍、办学条件第一手基础信息数据有了,教育局各业务部门相关数据有了,工作团队分组快速比对审核后,将重复的学生、教职工、未纳入统计的校舍、教学仪器设备相关信息反馈给学校再次核实,学校修改完善后,相关数据网络平台自动实时汇总。让学校、县级教育统计人员把更多的精力放在"统教育战线智慧,计教育事业发展"上。

回顾统计工作过去,梳理统计工作现状,NJ县教育统计基础信息台账及县教育统计管理信息平台("单机+网络平台"模式)已进入了常态化运行。新时代,新要求,NJ县将进一步优化基础信息台账管理模式,优化平台运行速度,优化台账采集内容,让教育统计工作成为教育统计人员"心目中最真实、最有意义的统计工作"。在大数据的理念下树立大统计的理念,将统计和数据作为教育工作的基础,让高质量的统计数据为高质量的教育服务。

当然,小李明白县域教育统计管理还有两方面保障工作要做。一方面要建立经费保障及人员培训长效机制。人力和经费保障是关键,县校两级必须落实好教育统计保障经费:

一是县级管理平台软件、硬件的维护费用,二是县校两级统计人员的培训费用。建议写入年度教育统计工作实施方案及各级经费管理制度。另一方面要加强基础数据管理,确保个人隐私安全。由于基础信息台账数据涉及学生及教职工个人身份证号码等个人隐私信息,必须加强县校两级统计人员的职业道德教育和法纪教育,确保基础数据安全。

省厅点评

南江县：让统计工作不再"头疼"

四川省教育厅副厅长　戴作安

南江县地处四川东部贫困边远山区，是全国扶贫开发工作重点县，统计人员流动性大，业务素质参差不齐，新技术、新手段在统计工作中的运用程度较低，南江县教育科技体育局为了应对这些现实困难，采取了建立智慧平台的做法，用自己的方式方法让统计工作不再"头疼"。《"单机＋网络平台"建立统计台账管理长效机制》就是南江县教育科技体育局对传统工作方法优化过程的反映。

一是厘清客观实际，实事求是，因地制宜开展教育事业统计工作。南江县教育科技体育局既不墨守成规，固步自封，也不盲目跟风，贪大求全，建立了县级教育统计报表管理信息平台和统一的基础信息台账模板，让兼职统计人员在具体工作中能懂、会做、愿做，实现了一看就会、一会就做、一做就好的工作局面，较好地突破了现有的工作困境。

二是把全县"散点"式的统计机构织到县教育科技体育局的同一张"网"上来，实现了全县教育统计工作一盘棋。南江县教育科技体育局从源头上抓好基础信息采集管理，用"两上两下"方式确保基础数据准确性和延续性，用"单机＋信息平台"的管理模式确保标准数据采集和数据长效管理，所有数据采集单元都被有效地集成到县教育科技体育局的统计大网中来，步调统一，成效显著。

三是强队伍、重保障，支持和培养一大批有能力、有担当的教育事业统计专家。南江县教育科技体育局多措并举，通过组织统计人员参加国家、省、县三级线上线下培训，安排专项资金，提供工作便利，出台政策鼓励等，促使全县涌现出了许多像县教育科技体育局小李一样的专业化复合型基层统计人才，形成了一支颇具战斗力的统计员队伍。

在新时代，移动互联和大数据技术的迅猛发展正颠覆着我们传统的工作观念，这也给教育事业统计工作的发展提供了新思路。

四川省教育厅从提高思想认识、加强制度建设、抓好队伍培训等方面着力提升我省教育事业统计干部队伍的三种能力：一是基础数据的采集能力。通过制度的完善、台账的建立、机制的形成，扎实做好统计基础性工作，全面推动统计工作规范化。严格执行教育事业统计报表逐级布置、培训和逐级上报、审核、汇总的工作程序，确保统计数据真实、准确、完整、及时。二是统计数据的分析应用能力。主动对事业发展数据进行科学分析，按照《教育统计管理规定》的有关要求，提供统计数据、报告和咨询意见，发布教育事业发展统计信息；要帮助业务部门透过数据看变化，通过报表看差距，实行统计检查和办学条件监控。三是各基层单位的创新能力。在未来的工作中，我们将继续搭建平台，鼓励各单位因地制宜、大胆尝试、总结经验，开展交流分享，推广案例应用试点，促进教育事业统计工作水平整体提升。

专家点评

同《基于统计台账的教育事业统计工作规范》专家点评。

以数据质量核查完善制度建设

漯河市第二职业高中　张东亚

　　如何保证基层学校统计数据的真实、准确、完整、及时,是每一位统计人员共同面临的挑战。本案例从这一挑战出发,分享一位地市级统计人员开展数据质量核查、逐步完善制度建设的经验。案例主要从核查背景、方案产生、样本选定、核查效果、制度完善等方面展开介绍,具有较强的实用性、操作性,可供地市级、县级教育行政管理部门的统计管理者和工作者借鉴。

一、核查背景

　　2018年3月8日午饭时分,漯河市教育局统计人员张老师接到漯河市教育局局长从郑州打来的电话,局长焦急地问:"今天会上厅长公布的义务教育大班额数据是不是从你那儿统计的?咱漯河义务教育大班额及超大班额数据是多少?大班额及超大班额数据不会有错吧?你尽快核实一下。"

　　当天河南省基础教育重点工作推进会在郑州召开。省教育厅副厅长毛杰会上明确提出,全省义务教育阶段消除大班额目标:到2018年年底前全省66人以上超大班额的比例控制在5%以内;到2020年年底前56人以上大班额比例控制在10%以内。会上,还公布了各地大班额及超大班额现状。

　　张老师放下电话,心中忐忑不安,第一感觉是"不会就是弄错了吧?"他顾不上吃饭就火速赶到办公室,急急忙忙打开"全国教育事业统计系统"。熟悉的数据又一次跳进他的眼帘。是的,全市大班额数据跟省教育厅通报结果吻合。他舒了一口气。15年细心、敬业的统计工作经验告诉他,这次数据不应该有问题!

　　不过张老师倒是真想弄清楚这些大班额具体分布在哪些学校。他熟练地敲了几下键盘,熟悉的老朋友就站在面前和他"说话"了。他望着全市义务教育阶段所有大班额及超大班额学校名单和大班数列表,进行了冷静的思考。整个下午,他逐校过滤、逐校分析、逐校回忆,精心地进行测算分析。这些学校全是市区、县城的一些所谓名校,生源充足,在一定程度上存在"入学难"现象,大部分学校他以前曾实地查过,的确存在大班额。

　　悬着的心终于放下了,心中敞亮了许多,数据没有问题!这是张老师的职业自信、能力自信、工作自信。另外,他也再次确信,一定要通过数据核查去验证,用事实说话、用数据说话！近年来，教育事业统计数据的应用越来越广泛，社会关注度越来越高，如"中小学生均财政拨款"的核算、"县级义务教育均衡发展八项差异系数"的测算等都与它密切相关，所以，教育事业统计数据的重要性日益彰显，社会各界对数据真实性、准确性、完整性、及时性的要求也越来越高。如何确认数据是否真实呢？只有通过核查去检验。核查能发现真相、识别真相、还原真相，能够推动管理水平不断提高。他向市教育局领导简要汇报了进行数据核查的想法，得到领导的大力支持。于是，他就开始着手谋划全市数据质量核查工作。

二、实施方案

想法有了，具体该如何实施呢？张老师很清楚，核查工作非常重要，一定要做到周密、细致、严谨。他陷入了深深的思考。

"一个篱笆三个桩，一个好汉三个帮。"张老师想到了市级教育事业统计团队，他要集思广益，发挥集体智慧的力量，寻找更完美的解决方案。

说干就干。2018年3月10日，张老师召集市级教育统计骨干（由市级、县级及学校部分统计骨干组成）开会，统一思想，明确会议主题，通报他的想法，要求各位结合工作重点，开动脑筋、挖掘智慧、畅所欲言、献计献策。同志们你一言我一语，展开紧张激烈的讨论。

针对什么时间核查问题，有的认为应尽快开展，越快越好；有的认为不宜太急，要给学校一点准备时间；有的认为不能太晚，必须赶在学生放暑假前，学生一旦离校，在校生数将无法现场清点。最后，他们结合工作台账，达成共识，将核查时间初步定在5月中下旬。

针对核查什么问题，他们一致认为：要讲政治，核查内容既要联系实际、接地气、关注民生，又要解决实际问题。"统计内容繁杂、数据庞大、指标众多、涉及面广，不可能对所有学校、所有指标进行全面核查。所以，核查必须围绕核心、焦点，抓大放小，从有利于工作开展、有利于风险防控、有利于解决现实问题的角度去开展。"

"现实存在哪些问题呢？"张老师仔细翻看了前几年的核查记录，结合多年工作经验，经过思考分析，总结出当前工作中存在的问题或风险主要有：一是部分学校领导重视程度不够，存在轻统计的思想；二是部分档案资料整理过于简单，没有形成体系化；三是部分指标填报口径不明确，数据采集存在偏差；四是存在利用虚假统计资料骗取荣誉称号、物质利益或者职务晋升的风险。所以，核查的内容和方向必须围绕这些问题或风险展开。

针对上述提到的存在问题或风险，他们逐一进行详细具体的分析、研讨、定调，最后商定四项主要核查内容。

（一）查领导组织情况

强有力的领导组织是工作取得成绩的重要保障。学校领导的重视程度，体现着一个学校的统计力度；学校制定的实施方案和制度建设为统计工作的顺利开展保驾护航；统计人员的操作态度影响着统计工作的成败。因此，要查学校的组织领导情况及制度建设情况。将通过听汇报、看实施、查账目、阅档案等途径检查学校是否按要求建立统一领导、分级负责的统计工作管理体制，是否建立正确的统计工作流程，是否制定统计工作实施方案及统计工作制度，是否明确各级统计机构及其工作人员分岗位的数据质量责任，是否建立统计数据质量追溯和问责机制，是否提供统计工作必需的人员、经费和条件等。

（二）查档案建设情况

统计工作档案建设是统计成果的重要体现，它记录着统计工作的过程和成果，凝聚着统计人员的心血和汗水，承载着统计人员的荣誉和责任。统计工作档案要分年度建立，档案内容要涵盖贯彻文件精神、组织领导及分工、统计培训、安排部署、原始报表、台账建立、输机审核等各个环节，重点查看统计资料的审核、签署、交接、归档等制度、手续是否健全，上报的统计资料是否经统计人员、审核人、本单位负责人签名并加盖单位公章等。

（三）查统计培训情况

夯实教育事业统计数据质量保障线，关键在基层，抓手在培训。因此，要检查教育统计队伍建设，是否组织教育统计人员定期开展业务培训，进行专业学习、指标解释、技能、职业道德教育等方面内容培训。要重点检查以下两个方面：

一是核查统计人员是否进行线上培训。漯河市要求"所有统计人员必须报名参加线上培训"。将通过核查在线学习缴费凭证、账户开通、结业证书等内容，检查在线培训的开展情况及培训效果，目的就是推动所有学校都进行在线培训，利用网络在线平台掌握统计专业知识、指标解释、软件操作、审核方法等内容，建立一支专业化、科学化、系统化的统计人员队伍，做到依法依规统计。

二是核查基层学校参加上级培训情况、学校内部培训开展情况等，主要通过座谈、问询、查看档案记录等手段获取，重点检查培训会议材料、影像资料等。

（四）查数据真实情况

由于教育事业统计信息涉及的统计指标太多，不可能——核查，只能抽取部分核心指标检查。经过认真商榷，确定四项检查指标。

（1）大班额相关指标。由于政府将消除大班额及超大班额写进工作报告，是必须完成的政治任务，所以，将重点核查"教学班数与班额情况表"，看大班额及超大班额数量与学校实际情况是否一致。涉及的统计指标主要有年级、班级数、班额、56人以上大班额及66人以上超大班额数、在校生数等，将通过实际清点、查花名册或考试成绩册、学生学籍库等来实现。

（2）民生热点指标。由于近年来农村留守儿童及进城务工随迁子女入学情况是社会关注热点，为充分体现政府对弱势群体的政策倾斜、关爱，体现教育公平，所以，将"学生情况表"纳入核查范围，涉及的主要指标有在校生数、随迁子女数、进城务工随迁子女数、农村留守儿童数等，在实际检查时要看相关证件或证明材料。

（3）均衡验收指标。要对义务教育发展均衡县进行跟踪监测，要将反映学生、教师、校舍、占地等其他办学条件的部分核心指标纳入核查范围,如在校生数、教职工数、专任教师数、占地面积、建筑面积、图书、计算机、教室数、固定资产及教学仪器设备值等关键指标。检查时要通过实际清点、查档案、查总课程表、固定资产账等来核实。

(4)经费核定指标。由于全省已建立统一的各级各类学校公用经费拨款标准制度,将在校生数、寄宿生数、特教学生数、送教上门数、随班就读学生数等涉及经费拨款标准的指标列入核查范围。在实际检查时要清点人数、看相关证件,确保数据准确无误。

核查内容确定,下面该怎么操作呢?他们商定操作一定要简单、可量化、易操作、便比较。经过讨论,他们将确定的检查内容细化成一级指标和二级指标,以百分制方式设置评分标准,制成"2018年全市中初等教育事业统计数据质量核查自查评分表"(见表1)。核查组成员依据此表进行检查、评分,之后检查组长签字,被检查单位负责人签字、加盖单位公章确认,最后进行统计、汇总、分析。

表1　2018年全市中初等教育事业统计数据质量核查自查评分表

单位名称(公章)　　　　　　　　　　　　　　　　核查时间:　　年　　月　　日

核查内容		核查方法	评分标准	得分
一级指标	二级指标			
领导组织情况 (20分)	1.是否建立统一领导、分级负责的统计管理体制	查文件资料	3	
	2.是否明确各级统计机构及其工作人员分岗位的数据质量责任	查档案建立	3	
	3.是否建立统计数据质量追溯和问责机制	查档案建立	3	
	4.是否预算安排统计工作必需的人员	查档案建立	3	
	5.是否列支统计工作专项经费	查账务支出	3	
	6.是否配备必要的统计工作设备	查办公地点及设备	3	
	7.其他特色加分项	体现统计改革创新	2	
档案建设情况 (20分)	8.是否分年度建立统计档案	查分年档案	3	
	9.是否有培训档案	有会议有内容有记录	3	
	10.是否明确有组织机构及统计人员	查文件	3	
	11.是否保留有机构、学生、教师、资产情况等采集档案	查相关原始底稿	3	
	12.是否保存手续完整的基层统计报表	查完整基表	3	
	13.是否保存有多年的电子及纸质统计数据	查看电脑数据及报表	3	
	14.其他特色档案建立情况	有特色档案建立推广	2	
统计培训情况 (10分)	15.是否进行线上培训	查在线账户学习情况及证书取得	3	
	16.是否积极参加上级组织培训	查文件及领导指示	3	
	17.是否组织单位内部培训	查会议记录或文件	3	
	18.其他形式培训	有灵活的培训形式	1	

(续表)

核查内容		核查方法	评分标准	得分
一级指标	二级指标			
数据真实情况（50分）	19. 班数是否相符	实地查	3	
	20. 班额是否相符	实地查	3	
	21. 在校生与学籍数是否一致	实地查、查学籍	3	
	22. 农村留守儿童数是否真实	实地查、查档案	3	
	23. 学生变动情况是否真实	查学籍、学生花名册	3	
	24. 教职工情况是否真实	查教工信息管理系统	3	
	25. 专任教师情况是否真实	查教工信息管理系统	3	
	26. 占地面积是否真实	查土地证或其他依据	3	
	27. 校舍建筑面积是否真实	查产权证或其他依据	3	
	28. 图书数量是否真实	看现场、查书目	3	
	29. 计算机数是否真实	看现场、固定资产账	3	
	30. 教室数是否真实	实地查	3	
	31. 固定资产是否真实	查实物、固定资产账	3	
	32. 教学仪器设备值是否真实	查实物、固定资产账	3	
	33. 其他抽查数据真实性	数据指标随机抽取	8	
综合得分				

被查单位负责人签字： 核查组组长签字：

会议达到预期效果，基本覆盖了核查需要涉及的所有内容。最后，张老师整理了上述各种意见及讨论结果，制定《漯河市教育局关于开展 2018 年全市教育统计数据质量核查工作的通知》和《漯河市教育局关于 2018 年全市教育统计数据质量核查方案》，在征得局领导同意后，下发执行。

三、样本选择

在核查前夕，张老师要选择样本，做好核查对象的选择。

张老师知道，真实完整的统计数据是教育统计工作的生命。开展数据质量核查的核心问题必须要围绕统计资料的生命展开。他要检查的对象是各级各类教育统计机构，全市有 1 149 个，目标太多，范围太广，无法做到逐一核查，所以必须选择有典型性、代表性的核查对象。选哪些学校？从哪个角度选？如何选？这是他需要解决的问题。经过思考，结合核查方案确定的检查指标，他利用教育统计信息系统导出分学校一览表（Excel 格式），再对 Excel

表格进行筛选、排序等操作,从中选择样本。

(一) 选大规模的学校

对 Excel 数据库内的基表数据先按小学、初中等办学类型进行筛选,按在校生数从高到低排序,选择在校生数最多的学校 10 个。要实地调研这些学校部分办学条件的生均指标是否达到义务教育均衡发展的要求,是否存在大班额或超大班额,教学质量能否得到保证,是否存在管理问题、安全隐患等。

(二) 选小规模的学校

对 Excel 数据库内的基表数据按小学主体校筛选,再按在校生数从低到高排序,选择在校生数最少的小学 5 个。查这些对象的目的是要摸清实际情况,综合分析小规模学校存在的原因,调研能否将教育资源重新整合,能否将原学校改为教学点或合并到其他学校,将原校园改建为幼儿园或其他教育机构。

(三) 选大规模的教学点

对分学校一览表(Excel 格式)的数据先筛选教学点,再按在校生数从高到低排序,选择在校生数最多的教学点 5 个。检查这些对象的目的是要摸清这么多学生还设成教学点的原因,调研教学点能否转为主体校。

(四) 选指标变动异常的学校

对近 2 年的 Excel 数据库内的基表数据分学校按在校生数、教职工数、占地面积、建筑面积、图书、计算机、教室数、固定资产及教学仪器设备值等关键指标的变化情况进行对比、分析,精准找到关键指标信息变动幅度超过 20% 的学校,从中抽样,共选择 16 个。通过实地查看,核实数据变化是否属实,分析指标变动的真实原因,为教育事业改革发展提供建议。

(五) 选留守儿童较多的学校

对 Excel 数据库内的基表数据先按小学、初中进行筛选,按留守儿童数从高到低排序,选择留守儿童数最多的学校 10 个。通过对留守儿童数据的核实、调查、分析,调研留守儿童的需求,便于提供更优质的服务,利于留守儿童更健康地成长。

(六) 选择随迁子女数量较多的学校

对 Excel 数据库内的基表数据先按小学、初中进行筛选,按随迁子女数从高到低排序,选择随迁子女数最多的学校 10 个。通过核查相关随迁子女档案资料,分析随迁子女的来源、数量及原因等,核实数据的真实性,为相关教育决策的制定提供参考。

（七）选择存在大班额及超大班额的学校

最后张老师对 Excel 数据库内的基表数据先按小学、初中分别存在 66 人以上、56 人以上的班额进行筛选，按降序选择前 10 个，剔除前面已选择过的样本。核查此项的目的是确认报表中的大班额或超大班额是否属实。

通过上述选定原则，共选择 66 个样本，基本覆盖各级各类学校，具有广泛的代表性。

四、核查效果

2018 年 5 月 21—25 日，由张老师牵头组成 3 个核查小组，按预定方案顺利完成对样本学校的核查。核查工作有条不紊，取得了可喜成绩，达到了预期效果。

（一）取得的成绩

1. 完善了统计工作制度

通过核查，大多数校长开始高度重视教育统计工作，专门成立统计工作领导小组，制定完善统计工作制度、实施方案、工作流程，分工明确，按照教育部门的要求依法开展统计工作，保证了统计质量。

2. 建立了统计工作档案

通过核查，大多数学校统计人员高度重视统计工作档案建设，档案中保存统计制度、政策、各级文件及实施方案，还有大量的文字、图片及影像资料等，能完整反映出当年的统计工作全程痕迹及统计成果，充分体现了统计工作扎实、层层抓落实的责任机制。

3. 统计数据基本真实、准确、完整

通过核查，被检查学校上报的统计数据与学校实际情况基本一致。例如：他们通过进校逐班清点实际在校学生数、查看学籍库在校学生数、检查统计年报中的在校生数，然后将三者进行比对，数据基本吻合，除个别学生因转学信息变动外，在校生数量信息基本能有效衔接、相互印证，比较真实有效地反映学校的在校生状况。

4. 全市数据质量明显提高

在全省、全国汇总会上差错率很少，得到了省教育厅的高度认可。

（二）存在的问题

1. 部分农村学校管理相对薄弱

检查发现部分农村学校没有建立固定资产账；农村学校土地没有确权，没有土地使用证，导致学校占地面积数据采集不科学、不精确等。

2. 部分学校存在大班额及超大班额

义务教育阶段大班额及超大班额主要集中在城市或镇区学校，这些地区人口密度大，办学条件相对较好，教学质量相对较高，是居民心中的理想学校，一定程度存在"入学难""大班额"现象。

3. 部分学校实有学生数、报表学生数、在籍学生数存在一定差异

核查某学校发现,统计报表学生数为341人,核查实有学生数为350人,学籍学生数为346人。原因是:在上年9月份统计报表时实有学生数为341人,几个月后,学生流动,有转入转出现象,造成实有学生数增加9人,但部分学生因种种原因未能及时办理学籍转入转出手续(如学籍网上暂时冻结、部分学校不放学籍等),导致三者数据存在差异。

五、制度完善

数据质量核查结束了,成绩有目共睹,张老师内心充满了兴奋与喜悦。但他也清醒地认识到,不能止步不前,要乘胜追击、总结核查成果。很快他心中又萌发了一个大胆的想法,有了更长远的打算,要在全市教育系统建立更为完善的、系统的、全面的统计工作实施方案。

他和他的团队又认真研读《统计法》《统计法实施条例》《教育统计管理规定》等法律法规,征求、听取河南省教育事业统计专家张琳、姚庚、撒学治等同志的意见,经过不断的思索、研讨,更新统计工作思路,制定了《2018年漯河市教育事业统计工作实施方案》。

(一)将全年统计工作划分为9个阶段

全年的教育事业统计工作从当年7月开始,到下年6月结束,按时间先后顺序,张老师将其划分为9个阶段,即培训部署阶段(2018年7月—9月30日)、代码梳理阶段(9月10日截止)、学校级采集上报阶段(10月中旬)、县级审核汇总阶段(10月下旬)、市级审核汇总阶段(11月上中旬)、统计资料公布阶段(下年度3月份)、数据分析使用阶段(下年度4月份)、数据质量核查阶段(下年度5月份)、工作总结表彰阶段(下年度6月份),每个阶段都有具体目标任务、操作办法及注意事项。

(二)成立市级统计工作领导小组

漯河市教育局成立由局长任组长,分管业务、统计工作的副局长为副组长,相关业务科长为成员的领导小组,领导小组下设办公室,统筹管理全市统计工作。

(三)强化市级统计骨干队伍

漯河市教育局全面加强全市统计骨干队伍建设和培养,从市、县区及基层学校选聘一批热爱统计工作、恪守职业道德、精通统计业务的统计人员壮大市级统计骨干队伍,从事统计培训、数据审核汇总、数据质量核查、数据分析应用等工作,全面提升教育事业统计工作质量和服务教育改革发展水平。

（四）建立制度保障体系

漯河市教育局建立"10个制度"保障统计工作的顺利开展，即：统计培训制度、经费保障制度、代码梳理制度、档案建设制度、工作流程制度、资料公开制度、数据保密制度、质量核查制度、总结奖惩制度、统计监督制度。

1. 统计培训制度

市教育局制定市级统计培训计划，积极组织和指导本地统计人员参加各级教育部门组织的面授培训和线上培训，加强对统计人员的继续教育，使统计人员具备相应的专业知识、业务能力、职业道德等素养，提高综合服务能力。各县区、学校也要设法创造条件，加强对所属统计人员的培训，实现培训的正常化、专业化、制度化。

2. 经费保障制度

各级教育行政部门、各学校应将教育统计工作所需经费列入部门或本单位的年度预算，按时拨付到位，为统计工作提供必要的工作条件、配备必要工作设备等，保障教育统计工作正常、有效开展。

3. 代码梳理制度

各县区严格按照《学校（机构）代码管理办法》的有关要求，遵循"统筹规划，统一管理，分工协作，分级负责，动态更新，信息共享"的原则，按照代码梳理的有关规定，及时与业务部门沟通协调，做好学校（机构）的新建、撤销、合并、恢复、升格、更名等相关信息变动时代码更新和维护工作。

4. 档案建设制度

市、县级教育部门及各学校应当按照国家有关规定设置统计台账、保留统计原始记录；建立健全统计资料的审核、签署、交接、归档等各项管理制度；建立统计档案备查机制，上报及存档的统计资料必须由统计人员、审核人、本单位负责人签名，并加盖单位印章；统计资料的审核、签署人对其审核、签署的统计资料的真实性、准确性和完整性负责。

5. 工作流程制度

根据教育部有关规定，按照"统一管理，分级负责"的管理体制，市、县、学校级要分别制定规范、合理、清晰、权责明确的统计工作流程。

6. 资料公开制度

每年统计资料确定后，市教育局将通过门户网站、统计公报等平台，通报全市教育事业发展情况，公开公布不涉密统计资料，实现统计资源共享，方便社会公众查询、使用。县级部门也采用适当途径公开。

7. 数据保密制度

教育统计调查中获得的能够识别或者推断单个统计调查对象身份的资料，应当依法严格管理，除作为统计执法依据外，不得用于其他目的，任何单位和个人不得对外提供、泄露。确因工作需要，必须提供的，应履行严格的审批手续，由使用单位向市教育局公函申请，经市教育局统计负责人、单位负责人签署意见后，统计人员按照签署意见办理。

8. 质量核查制度

实行数据质量核查，健全统计数据质量保障体系。每年制定切实可行的数据质量核查方案,通过自查、抽查、互查等多种方式相结合,定期或随机对县区教育行政部门或学校报送的教育统计数据进行核查,确保统计数据质量。

9. 总结奖惩制度

每年统计工作结束后,市教育局要根据数据采集、统计汇总、质量核查、数据分析、人员培训、社会评价等多个方面,对全市统计数据进行总结、综合评定,对在教育事业统计工作中做出突出贡献、取得显著成绩的单位和个人,按照国家有关规定给予表彰和奖励;对在教育事业统计工作中有统计违法违规行为的,按照《教育统计管理规定》的有关规定处理。

10. 统计监督制度

市统计局对全市教育统计工作进行监督指导;市教育局依法对统计数据进行管理、抽查监控,并建立舆论行情监测制度,设立应急预案,及时处理突发性统计事件;县区教育部门加强对所属单位数据的监督管理;市纪委监委派驻第九纪检监察组全程参与并监督全市教育事业统计工作;教育统计工作自觉接受社会公众参与社会监督。

漯河市教育事业统计工作实施方案的制定与实施,标志着全市教育事业统计工作制度建设体系已初步完善,形成领导重视、统计队伍稳定、统计人员干劲足、团队凝聚力强、经费有保障、统计质量逐步提高的良好局面,漯河市的教育统计管理水平得到明显提升。

六、后记

漯河市委、市政府高度重视义务教育阶段大班额消除工作。2018 年 8 月,市长刘尚进带领相关部门负责同志专题调研义务教育大班额消除工作。2018 年年底,漯河市制定《漯河市解决城镇中小学大班额问题实施方案》,计划投资 22 亿元,新建、改扩建、续建 20 所中小学,全面消除城镇中小学大班额问题。

据统计,截至 2018 年年底,漯河市义务教育阶段大班额占 18.1%,超大班额占 2.76%,超额完成河南省 2018 年确定的目标任务。在漯河市委、市政府的高度重视下,教育、财政、发展改革、建设规划等相关部门齐心协力,能够在三年内彻底消除中小学大班额及超大班额。

统计源于生活,统计高于生活。张老师在统计道路上不忘初心,继续思考着,探索着,进步着,快乐着……

省厅点评

《以数据质量核查完善制度建设》点评

河南省教育厅发展规划处处长　何秀敏

该案例从一个电话做切入点,引入一个冲突性事件。为解决"数据会不会有错"这一冲突,统计人员陷入疑虑、两难和挑战,内心经过复杂、激烈的斗争和思考,从忐忑不安到心中敞亮,心理活动描写较为细腻。经过一番严密思考、分析和商议,制定了《漯河市教育事业统计工作实施方案》(以下简称《方案》),决定开展数据质量核查,并对核查工作的全过程进一步分析、总结、应用,归纳总结为"10项统计制度",确保了全市教育事业统计工作管理水平得到较为全面、快速的提升。《方案》的实施,大大提高了全市各级领导对统计工作的认识,规范了教育统计工作流程,提供了人财物等方面保障,确保了统计数据质量得到提升,提高了教育统计工作管理水平。

一、领导更加重视

全市教育系统各级领导都能站在讲政治的高度去重视教育统计工作,成立了由局长任组长的教育统计工作领导小组,县、乡、学校自上而下联动,都成立了组织,设置了统计机构和岗位,明确工作分工,列支统计工作专项经费,建立了一支精干、富有战斗力的统计队伍;层层压实责任,狠抓落实,成效显著,全市上下已经形成统一领导、政令顺通、分工明确、务实高效的局面。

二、制度更加完善

全市各县各校均按全年教育统计任务时间节点和工作内容进行分解细化,分别制定了代码梳理制度、培训制度、统计工作流程制度、数据审核汇总制度、核查制度、公告公开制度、分析应用制度、奖惩制度等,形成以制度约束人,以制度为依据去干统计、管统计,确保开展的每项统计工作都能找到制度依据,充分保证统计人员不受外界干扰,依法独立开展工作,有力保证了数据的真实、准确、完整。

三、培训更加到位

全市已建立全方位的培训体系,以国家6个培训基地为依托,在省内设立培训点,省外与省内培训相互配合,同时充分利用全国教育事业统计在线培训平台,采取线上与线下培训相互补充,面授与自学有机结合的形式,领导干部与统计人员共同参与、深入交流研讨,培训形式多样,气氛活跃,培训内容接地气,统计人员热情高涨,统计有激情、有拼劲、有活力,指标理解更透彻,数据填报更精准,形成了一支以德艺双馨、爱岗敬业、乐于奉献、文明和谐的统计工作队伍,培训效果显著。

四、数据更加准确

全市基层学校统计人员都能准确掌握指标填报口径,在数据采集时,充分发挥智慧,主动设计表格,建立明细台账,将指标数据采集工作往深里走、往实里走、往心里走,确保数出有据,最大限度降低出错率。审核关是确保数据质量的关键环节,为此设置了五关审核。第一关是统计台账审核关,确保台账数据真实有效;第二关是录入数据审核关,数据录入完毕,安排统计人员交叉互审;第三关是使用统计软件审核关,充分利用国家和我省自行开发的工具软件,多角度进行数据审核;第四关是业务部门审核关,结合报表中的数据分类,请教育局有关科室进行审核;第五关是数据分析关,有的指标单纯从绝对数上审核没有问题,为此要从生均角度、内部构成角度、横向纵向对比等角度对指标进行分析,最终确认数据质量。同时要求,审核工作采取层层签字把关,坚持"谁签字、谁负责"的原则,使数据管理更加精细化、合理化、科学化。

五、汇总更加顺畅

全市已建立市、县(区)两级汇总模式,制定了详细的汇总方案,充分利用了"全国统计信息系统""全国教育统计核查工具""河南省教育事业统计基表校验软件"和"河南省教育统计软件辅助管理系统"四套软件,极大节约了基层单位人力、物力、财力,提高了工作效率,使全市汇总工作时间更短、效率更高、质量更好。为了避免"视觉疲劳"和"过分偏爱自己数据"现象发生,近年该市采取了"走出去汇总"工作模式,主动与一个或多个省辖市联合汇总,从而达到多角度汇总、交叉互审汇总的目的。

六、服务更加周到

全市年度统计工作结束后,市、县统计人员马上起草《年度教育事业发展统计公报》,通过对指标的定量分析,进而对本地教育事业发展过程中取得的成绩和存在的问题进行深入分析,并提出解决问题的建议和措施。根据教育决策的需要,每年还结合教育热点、焦点问题进行专题分析,如《面对城市化进程的加快,如何更好地解决好进城务工人员随迁子女入学问题》《如何有效解决城区义务教育超大班额问题》等。为了更好地服务社会各界,市县统计人员每年还编印本地《教育统计年鉴》或《教育统计提要》,全面记录反映当年当地各级各类教育事业发展状况。同时利用"河南省教育统计分析系统",及时分析分县(市)区、分乡(镇)、分村(庄)教育发展现状,及时分析分学校发展现状,做到服务更全面、更周到。

《方案》是河南省教育系统全面贯彻落实《教育统计管理规定》的具体体现,《方案》中总结的"10项统计制度"是开展教育统计工作的行动纲领,实用性很强,对其他市级、县级教育部门顺利开展教育统计工作有一定借鉴意义,可以起到事半功倍的效果。但是,因各地在开展教育统计工作过程中,工作条件有多有少、有好有差,有关单位在具体使用过程中,可以充分结合本地情况,取长补短。

近年来,中央高度重视统计管理体制改革,要求各部门完善统计法律法规,健全统计数据质量责任制,强化监督问责,依纪依法惩处弄虚作假,确保统计资料真实、准确、完整、及时。我们要以习近平新时代中国特色社会主义思想和党的十九大精神为指引,把党的初心、党的使命铭刻于心,发扬钉钉子精神,按照《教育统计管理规定》要求,不断完善《方案》,形成《河南省教育事业统计工作实施方案》,适时上报教育部,争取在全国范围内进行推广使用,进而带动全国教育事业统计工作再上新台阶。

专家点评

同《学校教育统计档案的 5S 管理方法》专家点评。

同济大学土木工程学院的教师信息管理系统建设

同济大学　周昕

　　同济大学土木工程学院历时九年，探索性地建设了同济大学第一个教师信息管理系统。通过商定系统数据需求、确定系统功能、实现系统数据对接、完成个人数据填报，该系统解决了数据不全、数据质量不高、重复填报、无法一站式集成，以及系统对接障碍等基层单位数据统计的主要问题。该系统特别强化了数据使用和分析功能，使数据统计工作化繁为简，化被动为主动，极大地提高了工作效率，增强了数据的积累、展示、统计、分析、预测、监督和管控功能。

一、导言

　　2008年7月15日20:50，同济大学土木大楼。"学科评估马上要开始了，这是对我们土木工程学科近年发展的一次全面体检和诊断。我们建筑工程系作为学院最大的系，要积极配合学院做好各项统计工作。请大家做好准备，分工合作，一定要保证数据的完整和准确。"看着各位行政人员埋在电脑后的疲倦面容，同济大学土木工程学院建筑工程系时任系主任顾祥林教授和副系主任童乐为教授不禁想到了不久前的国家重点实验室评估、研究生院评估还有每年的教师年度考核。由于每次考核、评估所需数据时间跨度长，常需近五年的历年数据，对数据积累要求高。同时，归属于人才类别、教学、科研、外事等不同口径的统计任务，其内容重复较多，且时间要求紧。巧妇难为无米之炊，为高质量地完成任务，各基层单位经常需要专业教师们提供或核对个人数据，而教师本身又要面对各项教学和科研工作压力，因此对于烦琐的重复表格提交，往往颇有微词。一线的行政人员只得一边不断地做着动员、解释，一边眼不离屏地对数据进行收集处理。每次统计前，行政办公室都灯火通明，宛如一场攻坚战。

　　作为院系领导，顾祥林教授和童乐为教授有着丰富的管理经验，他们深深地意识到，随着时代的发展和高校管理体制改革的不断深化和推进，国家、社会和高校对数据统计工作的要求和定位不断提高。数据不仅要能及时反映工作现状，为学校优化资源配置、提高办学效益服务，更要成为学校进行动态监控和评估的重要手段以及制定未来发展规划的重要依据。

数据统计工作越来越凸显出在高校教学、科研、管理等各项工作中不可替代的地位。土木工程学院的院领导一致认为，"信息化时代的统计工作，必须依靠信息化手段"。

二、案例背景

2009年的同济大学，在信息化建设方面已经走在了国内高校前列，学校的原OA办公系统、人事信息系统、科研管理系统、教务管理系统、出国申报系统等平台系统或正在建设，或已经建成并全面投入使用。

但由于对统计信息化和管理现代化关系的认识不足，当时的统计信息化工作大多是简单地用IT工具来模仿传统的管理逻辑，以完成学校职能部门的某一项管理职能为出发点，围绕某一类型数据按照特定要求进行收集和管理，并未充分考虑教职工的填报意愿和基层单位的使用需求，导致数据不全不准的现象时有发生，基层单位在使用过程中的获得感不高，统计效率较低。

政治与国际关系学院前教务员M老师说："每年有无数的统计需要完成——教学状态表、年度考核、研究生招生资格审核，以及各级各类评估。因为数据质量和交互问题，我们每填一个表，每进行一次统计，都需要重复花费大量精力，对数据进行人工手动查找、录入、核对、编排，不仅占用大量时间，而且增加错误风险。"同样对填表感到无所适从的，还有为数众多的教师。海洋与地球科学学院讲师H老师在进行科研秘书工作交接时提到："教师的重复填表量太大了。科研业绩在学校科研系统中登记以统计业绩点，在人事考核系统中登记以完成学校年度考核，在学院绩效考核、各类评估、各类申报时还要重复填写这些数据，的确需要耗费太多的时间和精力。"

凭着对先进管理理念的敏锐嗅觉和得天独厚的计算机专业基础，土木工程学院的院、系领导深刻地意识到，信息化是管理的影子，统计信息化是管理现代化的基础和前提。要提高统计效率，提升管理水平，必须加强统计信息化建设。建筑工程系当时的系主任童乐为教授接过上任系主任顾祥林教授的接力棒，继续积极倡导和推动这项工作。他认为，建工系在学院五系中规模相对较大、教师人数最多、管理比较完善，但也面临着日益增加的数据统计和管理上的困难。经与院、系各领导研究磋商，他决定在建工系先行开展统计信息化试点建设，"在学校里做第一个吃螃蟹的人"。

三、核心问题

2009年9月21日，这是土木工程学院建筑工程系专职信息管理员顾敏博士工作报到的第一天。系主任童乐为教授和系副主任赵宪忠教授对她语重心长地说了这样一番话："数据统计对于学校、学院的教学、科研、管理工作意义重大，但目前传统的人工统计方式导致及时性不够，统计管理没有形成制度，数据对于工作的总结、分析、支撑、参考作用没有得到充分发挥，这种情况必须得到改变。我们希望以信息化手段提高统计效率，考虑建设一个满足本单位需要的教师信息管理系统。做好了，能极大地提高工作效率，为学科规划、评估考核和各项申报工作提供支撑、分析和引导，为系所、学院和学校创造巨大的效益。虽然没有前人的经验可以借鉴，困难很大，但也正因如此，它的意义更为重大。"

顾敏博士顿时感到责任重大。她深深了解建设这样一个信息系统是一项非常具有挑战性的事情。它意味着要对过去的管理理念、管理制度和管理流程主动进行重新审视，将信息技术融入学校各项教育统计、信息化管理模式和方法中，同时要结合本学科的特点，对教师的科研、教学、对外交流、社会兼职等进行一个全面的描述。

于是她不得不慎重思考，学校层面已经有了系统、积累的数据，为何领导还要花费如此多的精力来建设一个教师信息系统呢？原因主要有以下三点。

一是缺乏真正的数据主体责任人。同一类数据的获取源头不一，有的是学校职能部门的信息管理系统直接导出，有的是院系管理部门提供，有的是师生个人填报，导致数据标准不一，准确性不高。

二是系统对接存在问题。同一类数据的字段名称或数据标准，在不同系统中存在差异，导致校内不同系统并非能够完全对接，数据交互困难。

三是数据更新不够及时，导致数据不全不准的情况时有发生。

这时，她突然想起在某次教师座谈会上一些老师的讨论："现在有些系统很鸡肋，虽然有数据，但不全，统计时，还得一项项问我们（教师）要。学校有 n 次统计，我们就得被问 $n \times m$ 次，m 等于人事、教学、科研、国际化等若干部分。秘书苦，教师变成秘书的秘书，更苦。"顾敏终于找到了问题的症结所在：数据源头不一，导致数据不全，准确性不高，且无法一站式集成，这就是基层统计工作要解决的核心问题，也是教师信息系统的价值和建设宗旨。

四、工作过程及解决方案

说干就干。为提高数据完整性和准确性，实现一站式集成，建设一个数据准确、适应性强、适用面广的教师信息管理系统，土木工程学院与建筑工程系相关领导、具体负责人与相关专家开始深入研究系统的设计。他们计划自下而上，先从建筑工程系开始建设。

（一）探索—雏形：土木工程学院建筑工程系教师信息管理系统

2009年9月，在系主任童乐为教授的带领下，时任系副主任赵宪忠教授、副所长张伟平教授开始思考信息系统的定位、整体框架和实施步骤。

基于一种先行的探索性考虑，他们对建工系教师信息系统的定位是一个麻雀虽小，但架构相对简单，五脏基本齐全，基本覆盖的产品需求。在此目标指导下，专职信息管理员顾敏博士结合教师们的建议和意见，收集了大量评估考核的各类表格，并尝试搭建信息系统的整体框架,进行了大量的系统调试和优化工作——麻雀的骨架终于搭建起来,接下来就需要填充血肉(数据)了。

数据的全面性和准确性一直是困扰信息统计工作的重大问题,然而,数据的收集并不容易。为提高效率,系领导一方面进行了大量的动员和宣传工作,鼓励教职工提供核对一些基础数据。同时与学校各部门积极沟通,实现数据共享。还每年两次请教师补充一些系统尚未掌握的数据,如具有很强土木专业特点的规范编写、颁布、SCI、EI论文检索情况,主办国际会议、特邀报告,等等。三管齐下,保证数据采集的便捷以及数据本身的全面和准确。

经过三年(2010—2012年)的运行和积累,系统建设成效显著。对于系级的各项数据统计需求,系统都能在很短时间内经过简单处理即提交使用,甚至能自动生成本系和研究所的年报,使建工系的统计效率大大提高。到了2016年,随着系统的不断运行维护和更新,建工系教师信息系统不但没有在日新月异的时代浪潮中落伍,反而迸发出越来越强的活力。系统强大的数据积累和检索功能,能非常方便地追溯系、研究室、教师个人近若干年的工作业绩。在新一轮的学科评估中,大大减少了教师的重复填表量,快捷地提供了各项数据。

现任土木学院院长、前系副主任赵宪忠教授意识到,建工系教师系统作为统计信息化萌芽期的探索实践已经成熟,有必要尽快将建工系的教师信息系统推广到全院。于是,分管学院信息建设工作的副院长蒋欢军教授带领顾敏,以建工系教师信息系统为蓝本,计划新建一个土木学院教师信息管理系统,将统计信息化的成功经验推广到整个学院。

(二) 完善—推广:土木工程学院教师信息管理系统

赵宪忠院长和蒋欢军副院长深知,在系层面,建工系的教师系统完成比较出色。但从院级层面看,其架构相对简单,涵盖面较窄,没有囊括学院层面的部分数据,与学校各管理系统的对接也不够畅通,且随着学院的发展,系统需要向更高层面拓展。要想建设一个满足大型教学研究型学院需要的教师信息管理系统,必须以系为基础,以学校为牵引,夯实数据基础,强化数据使用。

1. 商定系统数据需求

为全面确定系统的必要字段,尽量减少冗余数据,系统相关负责人员认为,必须充分了解全院不同系所教职工对教师信息系统的需求,以及一些常规统计与考核表格的信息要求。为此,他们对校内各管理系统的运行现状进行了深入摸底和学习探索。同时,对学院人事、教学、科研、外事等各个口子所涉及的统计、考核表格进行认真分析,并充分考虑了新颁布的《土木工程学院(试点学院)教职试点岗位教师评聘办法》的要求,在此基础上,进一步召开各系所领导会议,听取各系所的意见和建议。

调研发现:历年所需填写的数据表格可归为教师信息、科学研究、人才培养、对外交流、教师考核管理等64个方面。但"64个条目太多了"。为了遵循与时俱进、包罗万象、简约不简单的原则,他们一次次地展开讨论,逐项逐条逐字地斟酌、删减、合并、修改,并充分利用了

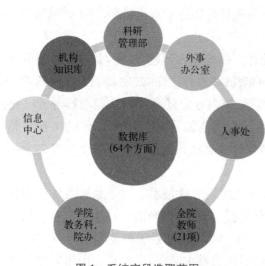

图 1　系统字段选取范围

学校、学院职能部门的数据（如同济大学图书馆知识机构库、科研管理部、外事办公室、人事处、学院教务科、学院办公室，尤其是前者，有着囊括论文各项信息的强大认领功能），最终化繁为简，将 64 项减为 21 项，足足减少了 2/3。如图 1 所示。

2. 确定系统功能

随着模块和字段的确定，系统架构也逐渐在蒋欢军副院长和顾敏的眼前明晰，他们联系了一家有经验的专业公司进行建设。"技术上的困难不大，难的是他们不了解学校情况，不理解我们意图，因此呈现的东西总和计划有出入。"这一问题直到系统调试阶段仍然存在。"整个教师系统就是一个完整软件，而我就是系统纠错员。为了上线后少出问题，我们必须在上线前对每一个字段、每一个数据进行调试查阅。"为了解释清楚一个问题，顾敏有时甚至一天要和 IT 公司通几十个电话，或者上门与公司的程序员当面讨论交流，以保证系统的功能符合需求。

3. 实现系统数据对接，完成个人数据填报

数据是系统的最关键环节。蒋欢军副院长认为，数据源是源头，是起点，不同的数据来源将导致不同的数据质量，因此必须采取"分类采集、同步推进"的策略。在具体操作中，他们将数据分为三类：

一是可完全由各级行政部门提供的数据，它既包括一些固定不变的数据，如姓名、性别、籍贯、毕业院校等；又包括那些必须经过学校、院系相关部门认定才能生效的数据，如职称、科研项目到款、学时数、指导学生优秀学位论文等。这类数据从学校和院系的行政部门共享获取，教职员工对其进行核对和反馈。它们动态性不强，数据量适中，数据质量较高，可进入系统，由教师核对确定。

二是学校各级行政部门或业务系统有部分收录但不完整的数据，如论文、专著、科研获奖、教学成果奖励、教改项目、主编教材等。这类数据在职能部门共享数据的基础上，请教师本人进行核对、补充、完善。因为有部分基础数据，教师补充的数据量一般不大。

三是学校各级行政部门或业务系统完全没有收录的数据，如主办或参加国内外会议、学术任职期刊任职、国外团队来访等。这类数据只能请教师自己填写，在采集和审核上困难最大。如图 2 所示。

"将年终对系所和个人的考核与教师信息系统的数据关联，既可减少教师填表量，提高工作效率，又能推广系统。这就是统计信息化对管理的推动作用——用制度提醒督促每个角色自主配合，而不是用强压或仅依赖个人的自觉性。"土木工程学院现任院长赵宪忠说。正如他所预测，有了教师的主动配合，困难最大的部分也平稳过渡，他们以极高的效率实现

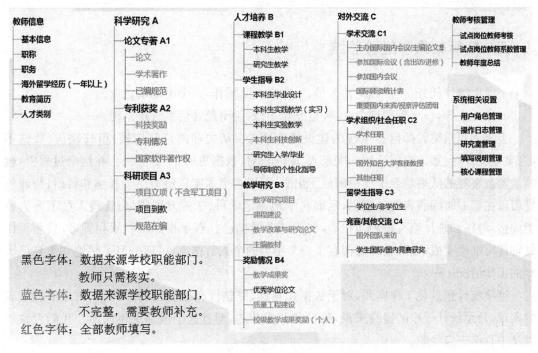

图 2 分类采集数据

了对所有人员、所有重要信息项的收集。

经过五个月的调研、系统架构、建设、调试、历年数据入库,2017 年 10 月,带着不安和忐忑,承载着希望和寄托,几乎囊括土木学院四百余位教师各方面信息数据的一站式教师信息管理系统,上线了!

4. 不仅是统计信息化,更是管理现代化

土木工程学院教师信息系统上线后的一年间,不仅便捷准确地完成了试点学院教师考核、教师年终考核(系统可一键自动生成文本,节省了每位教师 2~3 天整理文本的时间),还为以下材料提供了数据:同济大学学位授权点自我评估、重点实验室评估、土木工程国家级实验教学示范中心评估、系所年报生成、近三年出国情况、科研获奖及图片、科研业绩、国际师资表、教学成果申报等,满足不同用途。

"这个系统太重要了,能提供很强的支撑数据。"2018 年 4 月,土木工程学院教学秘书任晓丹副教授在使用系统数据撰写同济大学学位授权点自我评估报告时说。2018 年 7 月,建工系科研秘书罗金辉博士在对比土木工程学院五系的 SCI 论文、人才计划、专利授权转让、教学科研获奖等数据后,也对系统大加赞扬。

土木工程学院教师信息系统通过合理的字段设置、齐全的功能使用、完整准确的基础数据、畅通的系统对接,可以快速准确地完成各级各类统计任务,并实现现代化管理需求。系统自 2018 年年初至今,运转良好,反响较大,不仅多个兄弟院系前来考察学习,甚至成为 2018 年同济大学信息化建设专项行动的一次专题调研项目。目前,同济大学已有部分学院在考察调研后,开始建设或研究建设本院的教师信息系统。

五、实际效果和经验总结

一项项统计任务，一位位统计人员，一次次人工操作，一个个不眠之夜。

一任任领导，一个管理理念，一种信息化手段，一个教师信息管理系统。

土木工程学院教师信息系统的建设颇有成效：从之前的反复填报、审核缺位、数据零散、重复统计，到系统建成后的一次录入、限时核对、数据集成、一键导出。在这个过程中，教师从繁杂重复的低端填表工作中解放了出来，可以将更多宝贵精力用于教学和科研；行政领导可以在第一时间获得统计数据，从而科学地制定学科、学院发展规划；管理人员不再为各类评估、考核和统计填写报表而担心，各类基础数据已经有了很好的积累和管理，只须稍作处理即可准确完成；全院教师都拥有了一个小型的个人数据库，可以一目了然地知道自己历年的工作情况……

这项统计信息化工作实践，对于数据积累性、完整性和准确性的提升、一站式信息集成的实现，乃至统计效率的提高来说，都是非常成功的，而且这个成功绝不偶然。我们大致可以从中总结三点经验。

一是先进的理念，历任领导对统计信息化的高度重视是这项工作得以实施的前提。从2009到2018年，从建工系教师信息系统到土木工程学院教师信息系统，从前任系主任顾祥林教授、童乐为教授，到现任院领导赵宪忠教授、蒋欢军教授、张伟平教授等，他们都坚定地秉承同一观点，"信息化时代要做好统计工作，必须依靠信息化手段"。正是有了这样的理念引领，他们才敢于在没有前人经验、没有校编岗位的情况下，学院自筹经费来进行这项工作。从前期调研到系统架构，从数据采集到推行使用，历时9年，他们深切关注并无私地给予大量指导支持，终于创建了同济大学第一个教师信息管理系统，在推动统计效率的提高上发挥了突出作用，在统计信息化建设过程中迈出了引领性的重要一步。

二是扎实的筹备，深入细致的调研是完善系统架构、保证工作正常开展的基础。为了保证建成的系统既能保持鲜明的学科特色，又能满足各类人群、各项工作需要，团队成员针对不同人群、不同业务，开展了多维度、多形式的前期调研。深入扎实的调研为系统框架设计提供了翔实的信息支撑，保证了系统架构的全面简洁合理。

三是稳定的队伍，专职专业人才是系统有序运行和数据真实准确最有效的保障。土木工程学院的教师信息系统之所以广受好评，最直接原因在于人员安排到位。建一个系统不难，难的是保证它的持续顺畅运行。"学科的发展，是几代人心血的积累。我们的教学、科研、外事的各项数据积累，是学科的支撑，非常重要。在教师信息系统建立维护过程中，要及时更新数据以保证它的准确完整、符合标准；要与时俱进，时常增改系统功能，以满足变化中的统计需求；要对导出数据进行一定的处理，以使其符合统计要求；要密切关注网络安全，不能让黑客进入导致不公开数据的泄露……因此，哪怕没有校编岗位，我们也自筹经费聘请适合的人才长期专职从事这项工作，只有这样，才能真正实现提高统计效率的初衷。"赵宪忠院长说。

六、思考与建议

统计信息化建设目前还处于发展阶段,土木工程学院的教师信息系统已经彰显了信息化对于提高统计效率的重要作用,但新的挑战和问题仍不断涌现。同济大学在 2018 年开展了一项学校信息化建设的需求调研和论证工作,梳理出若干亟待解决的重要问题,其中属于统计信息化范畴的包括:信息系统多而零散,管理困难;各信息系统接口不一,对接困难;不同系统关键字段编码不一、数据标准不一,交互困难;信息管理员配备不足,水平不高,执行困难;等等。

面对困难,任重而道远;面向未来,希望与挑战并存。通过对土木工程学院教师信息系统这一实践经验的深入思考,我们可以对高等教育系统的统计信息化工作领会三点启示:

一是加强组织领导和统筹规划。在全校内推行统计信息化建设工作,必须由各级各单位达成充分共识,无论是平台架构搭建,还是数据资源收集与共享、统计服务形式确定等,都需要各单位统一步调,统一推进。树立标准化统计理念,制定相应管理制度。同时,通过顶层设计和基层探索的不断深入,共同加强统计信息化研究,健全科学的统计指标体系,不断改进统计调查方法。

二是加强信息维护更新和使用效率。有了信息平台,更要维护好平台,对平台持续做好更新完善,做好各类管理平台的衔接。充分利用和发挥既有建设成果。同时还要与时俱进,加强业务应用和数据开发利用建设,加强对信息技术的研究、利用,发挥信息技术的引领作用,推进技术与业务良性互动,做到既满足教育管理需要,又适应学科发展需要,深化应用,持续提升统计信息化应用成效。

三是加强人才队伍建设,提升专业素养。工作的有效落地要靠人的努力。要加强专职信息技术人员配备,同时加强培训力度,选派优秀技术人员参加各级单位组织的技术培训,参加国家计算机类技术资格(水平)考试及专业认证技术考试。同时,积极推动技术人员轮岗,起到为基层培养锻炼骨干的作用。

七、结语

2018 年 12 月,又到了年终考核的时间。在多数学院还在为收集全年数据忙得不可开交的时候,土木工程学院已经先人一步,有条不紊、准确及时地完成各项信息的整理和分析。"我们平时认真梳理,注意积累,且充分使用计算机,等到提出数据需求时,我们就不紧张了。"赵宪忠院长笑着说。

随着时代的发展和高校管理体制改革的不断深化和推进,国家、社会和学校对统计工作的要求和定位在不断提高。为了满足高校人才培养、科学研究、文化传承、成果转化等多种职能的实现，统计管理将不再仅局限于对过去或现状的总结和展示，而应该起到分析、预测、监督和控制作用。数据不仅要能及时反映学校各项工作现状，为学校优化资源配置、提高办学效益服务，更要成为学校进行动态监控和评估的重要手段和制定未来发展规划的重要依据，数据统计工作越来越凸显出它在高校教学、科研、管理等各项工作中不可替代的地位。

同济大学土木工程学院的教师信息管理系统，从一个院系层面作了良好的尝试，它明确了数据的主体责任者，保证了数据的质量、完整和及时，实现了与校内各系统的对接，增强了数据的积累、展示、统计、分析、预测、监督和管控功能，让数据管理者、使用者和填报者都享受到了数据统计所带来的便捷与高效。

然而，在一个拥有几千名教职员工、具有理工医文社科艺术等多个不同学科的综合性大学，统计信息化建设永远是一项既艰巨又复杂的系统工程。不同学科的基础和具体情况大相径庭，如何在充分考虑问题特殊性的前提下，建设较具普遍性的一站式统计信息化平台？如何提高应用系统的适配性，保证应用系统与不同操作系统的兼容、应用系统与不同浏览平台的兼容、应用系统之间的兼容，提高使用效率，避免后期开发维护困难？如何保证统计工作队伍的稳定和高效，确保数据的及时与质量？……

一切都还任重而道远，一切又亟待变革。站在新的时代潮头，如何进一步突破传统的教育统计工作模式束缚，使信息化建设工作日益成为高校教学科研的重要驱动力，成为管理工作的重要支撑与辅助……这些工作又为新一代的高等教育系统统计工作者们提出了全新的命题。

省厅点评

同《建立数据仓库,提升统计质量》省厅点评。

专家点评

《同济大学土木工程学院的教师信息管理系统建设》点评

计量经济学教育部重点实验室（厦门大学）副主任　钟锃光

高校数据的收集和应用向来是高校信息化工作、统计工作的一大难点和痛点。知网数据显示，国内每年发表的相关论文就高达一万多篇。痛在哪里？难在何处？同济大学土木工程学院的教师信息管理系统给我们展示了一个很好的案例。

作为教师信息数据的提供者，教师头痛在"婆婆很多"，不仅人事、科研、教学、财务多个部门都需要填表，学院考核评估需要报送，学校考核评估需要报送，在填报教育部、基金委的各项申报书、结题书时，类似的表格还是躲不开。作为教师信息数据的管理使用部门，痛在受夹板气还得坚持工作，上要面对主管部门，下要面对一线教师，简单的命令转发已很难让已经忙得不可开交的老师配合。好不容易收集的数据又面临数据不准不全的困境，最为尴尬的是好不容易积累的数据和上级部门要求的数据差了几个字段，不得不从头再来，功夫都白费。

既然痛得这么真切，全国各大高校都有类似的问题，研究的文献汗牛充栋，知易行难的原因何在？同济大学在案例分析中指出：

一是多头管理。缺乏真正的数据主体责任人。同一类数据的获取源头不一，有的是学校职能部门的信息管理系统直接导出，有的是院系管理部门提供，有的是师生个人填报，导致数据标准不一，准确性不高。

二是历史路径依赖。在学院的长期发展中，不同条条块块的系统由于关注点不同，收集的数据格式和内容都不一致，导致数据很难对接，数据交互困难。

三是推行困难。数据更新不够及时，导致数据不全不准没法使用，管理者和用户在实践中经常不得不另起炉灶，恶性循环进一步导致推行困难，严重打击用户的信心，甚至影响到类似系统乃至新一代系统的推行。

根据同济大学建工系教师信息管理系统到土木工程学院教师信息管理系统的近十年发展历史，我们可以从案例中总结几点关键的经验，可以简称为"三个一"：

一是一把手的强力支持。信息化工程通常都是一把手工程，离开一把手和领导班子的理解和强力支持，系统是推行不下去的。在系统开发运维中，前任系主任顾祥林教授、童乐为教授，现任院领导赵宪忠教授、蒋欢军教授、张伟平教授等都认同和全方位支持这项工作，他们的高瞻远瞩和执行力、持续地投入人力和财力是项目成功的根本保证。

二是一支稳定的内部支撑队伍。专职专业人才是系统有序运行和数据真实准确最有效的保障。高校的信息系统通常通过外包或者自主研发完成，而这两种模式各有利弊，外包给专业公司开发,由于专业公司技术力量较强,能够较快交付,但是在长期的维护过程中,容易遇到公司业务结构变化、开发团队变化、高校系统需求变化等难以预测的特点导致维护出现困难。自主研发的可控性较高,但主要问题是高校薪酬和开发团队激励不对等、研发队伍缺乏规模效应导致工作人员能力难以提高等。作为折中,可以引进一个类似产品经理的角色,长期稳定地把控项目的进行。本案例中的专职信息管理员顾敏博士正是这样的定心骨,她的协调以及与有经验的专业公司的配合保证了长达10年的队伍稳定。

三是一致的改进体验。一项工作的开展,离不开人的支持。在见证了太多的信息系统被束之高阁后,我们必须坚持一个好的信息系统,必须能够给各方干系人带来改进体验,只有所有的干系人都能从中获益而不会损坏任何一方的利益,才能获取最大限度的支持,这在经济学上叫作"帕累托改进"。在本案例中,来自行政人员的支持是显而易见的,关键是让老师从项目中获得实实在在的好处。同济大学特别区分了"可以从学校和院系的行政部门共享获取的数据,教职员工对其进行核对和反馈""部分收录但不完整的数据,教师只需要做少量修改",还把系所和个人的考核与教师信息系统的数据关联起来,使得教师填报的数据用得上,减少教师填表量,提高工作效率。

这"三个一"和笔者在厦门大学以及厦门大学经济学院推行教师信息系统的经验也是一致的。2016年,厦门大学在分管人事工作的校领导的强力支持下,通过聘期考核系统推行校级教师信息采集工作。在工作中,打通了科技处、社科处、财务处、教务处、研究生院、图书馆等多个部门的数据壁垒,建立了统一的科研信息数据库。在大力汇总收集数据后,学校摒弃了把数据藏起来的陋习,不仅为学院提供数据导出的接口,以方便学院在此基础上二次开发院系一级的信息系统,同时也考虑到老师在基金申请书、部委各种表格、百度学术、Google Scholar等处需要用到相关数据,也给老师提供了各种格式的数据导出功能,在给教师带来填写、校对数据的短期麻烦的同时,也给教师带来了更多的长期便利。

在大数据时代,数据的收集和使用受到高度重视,但是如何实实在在地把统计信息化工作做到实处,产生实实在在的效益,同济大学土木工程学院的教师信息管理系统给出了一个经受了时间考验的答案,也给我们带来了新的思考。结合同济大学的案例和厦门大学的工作经验,高校可以也应该在以下三个方面做进一步的工作:

一是推动新型的多级的数据联动。高校各类数据的运动通常是一个双向数据流:要求从上至下逐步细化,数据从下而上逐步宏观。下级单位的数据准备尽可能详细、精准,以便能逐级汇总统计上报。目前,网络条件和IT技术已经相当成熟,上级部门可以直接实时地掌握具体的微观数据,在此基础上直接生成各类报表,进行统计分析,完全不需要下级部门报送,而且可以促进下级部门实现数据的实时管理。近几年从财政部发起,由教育部配合在全国高校推广的固定资产直报系统就是一个很好的例子,目前各高校的数据需要用Web Service的方式实时上传到教育部、财政部的数据库,从而实现了对高校固定资产账目的全面掌控。当然,受限于各单位IT技术发展的不平衡,完全实现这个目标还需要一段时间。

二是制定数据交换的国家标准。在厦门大学整合部门数据的时候,一项困难就是这些系统运行在不同操作系统平台、以不同程序语言开发、使用不同数据库。例如社科和理工科的科研成果平台就由不同的公司开发,数据格式完全不同;即使是同一单位的系统,经过多年的开发,也可能因为开发公司或开发平台的变化导致数据不能简单集成。建议国家能在广泛征求意见的基础上制定颁发指导性的数据交换规范,各高校在开发采购信息系统时,应严格遵循相关规范。

  三是推动数据的进一步开发利用。攻克数据壁垒不仅要克服技术问题,更重要的是克服封闭的管理和心理问题。不要把数据当成某个部门的私有财产,在不违反法律法规的情况下,应该在相应的层级推动数据共享,鼓励对现有的数据进行开放和利用,通过数据挖掘、大数据分析等现代统计手段,让数据发挥更大的作用。

构建县域内教育事业统计体系提高数据质量

云南省昆明市西山区教育局　李锦

昆明市西山区以台账数据为依托,以建立制度、建立流程、建立台账三项建立为基础,本案例通过对西山区"三项建立"和"两个层级"的县域内教育事业统计台账体系的建立过程进行介绍,总结了县域内学校和县教育管理部门教育事业统计工作的经验,探讨两个层级如何做好教育事业统计工作,如何建立县级和学校级的教育事业统计模式和体系。该案例适合学校及教育管理部门的教育事业统计工作者和管理者阅读。

2006年9月初的一天,云南省昆明市西山区马街中心学校的景校长找到了刚调入学校的李老师,递给他一份2006版纸质"小学基层统计报表"和相关资料,并说:"你对计算机比较熟悉,数学基础也好,这份表格就由你来组织填写上报,学校各部门都会配合提供数据的。"至此从未接触过教育统计的李老师,开始了教育事业统计生涯。

李老师在从事学校统计工作时,学校里发生了一件事。一位六年级毕业学生的家长找到了学校,这位家长拿出了一张毕业证,很气愤地说:"孩子名字打错了,孩子叫郑清溇,而不是郑清溪。"这件事对李老师触动很大,也引发了他对提高数据质量的渴望,分析总结了学校各业务部门信息系统多、兼容性差、数出多门、重复工作多、管理较乱等诸多问题和原因,提出了整合学校数据、建立"大数据"的建议,得到了校长的肯定和支持。

在没有出台一套规范的县域教育事业统计体系的背景下,2011年,通过五年的学校教育事业统计工作及管理经验,李老师建立起一套学校级的教育统计管理体系,从建立制度、建立台账,到建立数据采集、汇总、整理、归档的统计流程,再到开发"学校级教育统计辅助系统",通过辅助工具,减轻了学校工作量,整个体系提高了统计数据的质量。

2011年,李老师开始负责整个县域的教育统计工作,也开始了县域统计模式的探索。通过基层学校工作的经验积累,他了解到台账的重要性。以台账为基础,逐步优化整个统计流程,提高整个统计数据质量,建成一套县域内教育事业统计体系,形成自己的模式。

2014年,李老师的模式得到了全市范围内的推广和运用。2016年,他参与制定的全省统一的教育统计制度、流程和台账模板,经省里各州(市)试点运用后,2017年在全省范围内试用。

一、学校级教育事业统计体系的背景和发展历程

刚接触教育事业统计的基层学校老师，大多不了解什么是教育事业统计，也没有接受过培训，临时接手此项工作，不了解指标、流程、方法，也没有一份详细的"说明书"，从而一脸茫然，无处下手。

2006年接手学校教育事业统计工作后，数学和信息技术基础好的李老师，先研究了手里的资料，尽快了解了报表需要哪些数据和表内关系，再通过仔细阅读各项指标及说明，基本清楚了表间关系，还将纸质报表编制成电子表格。

但对李老师来说，"数据收集"才是"第一道坎"。首先，涉及部门多，需要和各部门对接获取数据，例如：从教务处获取学生信息和教师任教情况，从财务处获取教师信息和固定资产信息，从总务处获取房屋、仪器、设备等资产信息等；其次，项目多、数据量大，例如：学校学生就有近2 000人，教师近百人，校舍近万平方米等；第三，统计还有时间限制，要获取时间节点9月1日的数据。可见"数据收集"工作不简单啊。李老师首先把数据按学校部门进行拆分整理，重新制作相应采集表；再联系对应的部门提供数据，形成了"学校级台账"模板的雏形。接着，把收集来的各种数据，通过Excel表格的简单公式编辑和筛选，李老师一个一个单元格填完报表后，心想这项工作也没有传说的那么难嘛！直到县级汇总上报时，校验出了一大堆逻辑问题和经验问题（例如：上、下年数据衔接问题、变化原因、表间逻辑关系等，还要补充一些证明材料），他才知道这项工作的烦琐和难度。

如何整理、汇总、审核、上报的"统计流程"就是"第二道坎"。经过第一年的实际接触，李老师开始认识到教育统计的重要性及其作用，与校长沟通后得到了校长的鼓励和支持，他开始进入学校的各个业务部门，了解各部门的日常工作，利用信息技术帮助各部门解决一些技术问题，特别是电子表格在具体工作中的灵活运用。

在教务处，他参与新生招生，根据统计指标配合学籍系统和业务部门要求，制作更详细的学生信息采集表，并统一格式，生成学籍信息表，完善学籍系统；再按学籍号的顺序制作班级信息表，发给班主任和相关任课教师。这下体育老师可高兴了，有了统一的学生名单和信息，在测试和上报国家学生体质健康测试数据时，既方便又准确，不会出现原来的学生成绩和学生信息难以"对号入座"的情况。

在总务处，他参与了校舍普查、固定资产上报、教育技术装备上报等工作，涉及多个系统的信息，整合汇总生成学校的校舍、资产、装备、图书等明细及汇总表，建立学校办学条件相关资料库。

再与教务、财务和人事等部门对接教师信息，包括人事信息、工资信息、授课情况、师训情况等，建立起较完善的教师信息资料库。

2010年，完成了学校管理各方面信息的整合后，李老师开始编制"学校级教育统计辅助系统"，建立了学生信息采集模板、教师信息采集模板、资产信息采集模板，利用模板导入学

生、教师信息后,系统可以直接自动生成与学生、教师相关的教育事业统计报表,资产模板可以根据资产明细,自动汇总出统计报表所需相关数据。

"学校级教育统计辅助系统"具备了自动整理汇总数据、自动审核数据的功能,从而大大提高了统计数据汇总效率和质量,降低了学校统计的难度,也把学校从大量的统计工作中解放了出来。

二、初探学校级台账体系模型结构

直到学生毕业了,才发现学籍里的名字是错的,类似的问题不是唯一的,还有身份证号码错了、民族错了……问题出在哪呢?是学生入学登记时就填错了?还是老师在录入信息时输错了?新生信息登记录入后,就直接进入学籍系统,除了部分学生信息发生过变更(如更名等)外,其他学生的学籍信息可能也就进入"休眠"了。

真实的原因已经无法查找了,但李老师在不断思考着几个问题:如何能做到对数据质量的把关,避免类似问题的出现?怎样做统计数据才可以溯本求源?是否能借鉴财务工作的台账管理?工厂里如何提高产品的合格率?

财务制度的管理要求做到一分不差,中国中车制造要求零失误……如何做到的?李老师脑海里渐渐地浮出一幅"结构图",那就是只有通过建立台账(类似账本)留下"统计痕迹",通过规范数据采集流程来把关数据的"生产环节",通过制定规范的学校统计工作规程来做"制度保障",才可能做到对数据来源与质量的把关。

因此,根据台账、流程和制度这三点要素,李老师初步搭建出了学校级教育事业统计体系的正四面体模型结构图。建立台账档案是整个统计的基础,统计数据以台账数据为依托,可称为"台账体系"。这一体系的建立是以建立制度、建立流程、建立台账"三项建立"为基础的,那么学校级台账体系也就包括学校级统计制度、学校级统计流程、学校级统计台账三项内容。三项建立是缺一不可的,否则学校级教育事业统计体系就会发生倾倒。

三、建立学校级教育事业统计台账体系

如何建立学校级台账体系?李老师花了五年时间搭建结构,又花了五年时间完善,直到2016年推广至全省,形成全省运用的模式,探索的过程是相对漫长的。

(一)建立学校级教育事业统计制度

李老师在刚接手教育统计工作时,手里并没有一份明确的学校级统计制度,而是通过每年的培训和布置会了解工作重点和指标变化,对于统计流程也没有一份详细的文件来参考和约束,每个学校都是自行想办法完成统计工作。统计人员根据文件精神,也知道要提高数

据质量,但如何提高、如何做?学校只能根据自身条件各出奇招。那些规模相对较小、人员相对较少的学校或幼儿园等,困难就更多些,多数采用全手工统计,不利于数据质量的提高。

学校级教育事业统计制度的建立,是学校统计工作能否顺利开展的制度保障(如人、财、物的保障),也是统计工作从日常、惯性工作转变为制度化、规范化工作的保障。"建立制度"属于"上层建筑",最好由上级教育部门统一制定后下发。当然也可以由学校根据各自条件制定。

"建立制度"成为李老师遇到的"第三道坎"。在学校工作时,他是根据自己学校情况和条件制定的。2016年他与宋老师、赵老师等全省的教育统计专家,一起制定了全省统一的《县级教育事业统计工作规定》和《学校级教育事业统计工作规定》。

省里在年度统计工作汇总时创造了机会,让这些老师可以集中在一起面对面讨论,十几位老师在一起讨论十分激烈,各抒己见,例如:学校工作规定应该包含哪些内容?统计工作中遇到什么困难和问题?为了统计工作的顺利开展需要哪些保障?如何通过规范流程提高数据质量?……李老师说:"人、财、物肯定要保障,这是物质基础啊!"宋老师说:"必须以各项法律法规做依据,要有约束性,还要有奖惩制度。"赵老师补充道:"要尽可能细化,要让学校教育统计每项工作目标明确、分工明确、责任明确、时间明确、流程明确,让学校一看就懂,一学就会。"

经过十多天的讨论,他们终于拟定出了包含成立领导小组、代码维护、培训、制定工作方案、召开工作会议、建立台账、规范流程、审核上报、归档管理九个方面内容的《学校级教育事业统计工作规程》初稿,并分发给各州(市)征集意见后作了修订,于2017年下发全省试行。

(二) 建立学校级教育事业统计流程

李老师遇到的"郑清溇"和"郑清溪"的例子,如果有了规范的统计流程并制作了统计台账的话,完全可以避免这样的错误。李老师制作的《班级学生信息台账》,在统计流程中一个重要的环节,就是家长要确认学生信息并签字。如果学生信息有错误,家长可以直接在纸质台账上修改后,再签字。这样就很好地避免了学生信息长期"休眠"、一成不变的状况,也就不会出现毕业时才发现名字错了的案例。所以,虽然有了制度的保障,但还需要有科学合理的学校级统计工作流程。为此,李老师总结了多年的学校统计工作经验,制作了"学校级教育事业统计工作流程图"。

李老师建立的工作流程,最下一层是以台账为基础的,从中间往上是与台账相关的部门、负责人及审核流程,学校每年统计工作中都要严格按照制度和流程,分部门、分责任、分步骤、分时间来实施,规范采集、整理、上报及存档等工作流程。仅《班级学生信息台账》,建立流程就分七个步骤。经过了家长、班主任、教务处和分管领导的层层确认签字,保证了数据质量。

从流程可以看出方法,同样,统计方法的科学性就可以从统计流程体现。李老师建立《班级学生信息台账》的流程,体现了五个特点:一是分工明确、责任明确、程序清晰。避免了学校各部门提交的数据出问题时,无人负责或互相推诿,数据质量难以保障的情形。二是信息更新和维护有保障。学生信息的准确性首先得到家长认可,而且班级台账每年核对一次,有差异或变动,信息可得到及时修正和维护,避免"老生"信息一成不变。三是审核有力、环环相扣。由最了解情况的班主任首先负责审核学生信息和材料,把住了最重要的一关,从而数据质量有了最基本的保障。四是数据有根、核查有据。有了台账作基础,数据核查可以一查到底。五是统计数据反哺学校。整个统计过程都是围绕便于学校管理、运用和提高数据质量而设计的,可以建立和完善学校的数据资源库,形成统一的学校"大数据",可以服务于学校各项工作,避免重复工作。

(三)建立学校级教育事业统计台账

李老师一开始利用Excel表格汇总整合学生信息,这是建立台账模板的雏形。他建立台账的目的:第一是为了整合学校数据,建立"大数据",方便管理和使用;第二是为了提高数据质量,做到"数有所依";第三是为了避免重复工作;第四是归档管理便于数据的衔接,具备存储价值。

当一张学校的基本情况汇总表递到校长手里时,校长可以一目了然地了解学校现状,因为他知道数据是通过建立台账和严格的统计流程汇总上来的,所以清楚通过统计数据不仅可以全面掌握学校基本情况,而且可信度也非常高。因此,李老师在县域内刚推行台账体系,马上就得到很多学校的响应和支持。那么李老师是如何建立学校台账的呢?

首先,李老师制作了学校基本信息台账模板、班级学生信息台账模板、学生体质健康检测台账模板、教师培训台账模板、教师信息台账模板、校舍台账模板、固定资产台账模板等,可以说尽可能地包含了学校方方面面的数据了。再把模板统一发给学校,规范了县域内的台账建立,也方便了县级教育统计数据的汇总。

第二,学校通过使用统一的台账模板采集数据,对数据进行整理和汇总,就可以生成填报教育统计报表的数据。数据整理和汇总的方法和手段有很多种,统计过程的科学性也可以体现在这一阶段。传统的统计方法是"全手工统计模式",由于信息技术的大量运用逐渐发展为"手工结合信息技术的模式",甚至通过开发软件(辅助工具)的"自动汇总模式"。

李老师开发的"学校级教育统计辅助系统",不仅可以自动整理并汇总数据,还可以自动检查数据存在的问题,从而高质量地完成数据整理和汇总。其主要特点是:一是辅助系统完成了主要的汇总计算工作,从而将学校教育统计工作的重点转化为对学生、教师、校舍、固定资产等信息和台账的更新和维护;二是重视台账的建立和审核,每项数据都有纸质和电子版台账双重支撑;三是一次从统计方法、统计过程控制上改进的尝试,尽可能地做到了有据可依、有据可查,解决了"质"的问题;四是简化了统计工作,提高了统计质量,同时也降低了对统计人员业务水平的要求,便于普及,解决了"人才"的问题。

第三,台账的审核不能完全依赖计算机完成,李老师为此建立了台账的审核流程。为了便于直观了解,他还绘制了审核流程图。首先,由学校业务部门的工作人员,制作、打印出相应的行政记录台账(可用统一的台账模板),交相关人员确认签字(例如学生信息,必须有家长和班主任的确认签字),有问题的数据要及时返回修改维护,确认无误后,交业务部门负责人审核签字;然后,教育统计工作人员收集相关行政记录台账并核实,再整理制作相关教育统计台账,报学校分管领导和法人审核签字;最后,教育统计工作人员将各类台账和数据,进行整理汇总后上报并分类存档。在整个流程中,教育统计工作人员要担负起各部门的工作衔接，并保障统计工作的顺利开展，要对教育统计相关台账负责。

第四，台账审核后，最终就要归档和应用。李老师建立的台账可分为纸质台账和电子版台账两大类。其中纸质台账按 A 至 F 六大类分类存档，电子版台账用于建立学校的数据资料库（"大数据"），提供给学校各部门共享。

四、县域教育事业统计体系发展历程

2011 年，李老师被县教育局抽调去负责县域教育事业统计工作，从一名学校级统计人员成长为县级统计人员。一个学校和一个县的数据量是无法比的，一个学校的问题和一个县的问题也是无法衡量的。做好一个学校数据容易，但一个县的数据收上来后才知道不容易！例如："基础基111表"的电话号码竟然有很多学校填错，不是多一位数就是少一位数；"电子邮箱"漏填"@"；"进城务工人员随迁子女""随班就读"等项目漏填"其中女"；一个年级几百名学生真的只有一至两个岁数段？寄宿生都是男生？……这些问题都是李老师没有想到的。如何解决和避免这些问题的出现，成了"必答题"，那就是"如何提高县级统计数据的质量？"

李老师常常问自己：一个学校或几个学校做好了，就可以提高一个县域的教育统计数据质量吗？答案是否定的。必须整个县域都做好了，才可能提高，县级教育管理部门就要统一组织、统一管理。在三年时间里，他不断完善"学校级教育统计辅助系统"，制作了"学校级教育事业统计流程图"，分发县内学校使用。明确数据产生的流程，明确分工及职责划分，明确建立台账是数据的基础。2014 年，李老师在县域内建立了专用的档案室，集中收集并分类整理全县所有学校的年度台账档案，真正让数据有了坚实的基础，还绘制了"县（区）级教育部门教育事业统计流程图"。

2016 年，在省、市级教育统计领导和专家的支持下，李老师与专家们一起拟定了《县级教育事业统计工作规程》和《学校级教育事业统计工作规程》，让整个统计体系有了更具体、更规范的制度保障，形成以"制度为保障、流程为方法、台账为依托"的三位一体的结构体系。

五、初探县域台账体系模型结构

2014 年，李老师组建了县域教育事业统计档案室，以存储台账档案作为整个统计的基础，统计数据以台账数据为依托，称为"县域内教育事业统计台账体系"，简称为"台账体系"。这一体系的建立可分为"三项建立"和"两个层级"：三项建立是建立制度、建立流程、建立台账；两个层级为学校级和县级。

（一）三项建立：建立制度、建立流程、建立台账

建立制度：县级统计制度、学校级统计制度。

建立流程：县级统计流程、学校级统计流程。
建立台账：县级统计台账、学校级统计台账。

（二）两个层级：学校级、县级

学校级台账体系：学校级统计制度、学校级统计流程、学校级统计台账。
县级台账体系：县级统计制度、县级统计流程、县级统计台账。

（三）结构模型：正四面体结构

县级结构模型和学校级一样，与建立制度、建立流程、建立台账，组成了一个正四面体结构，"三项建立"组成了底面，也是整个四面体的基础，而教育统计作为顶点与三者的关系是相互依托和支撑的，"三只脚"即"三项建立"是缺一不可的，否则都会发生倾倒。

六、建立县级教育事业统计台账体系

建立县级台账体系也包含三个部分，分别为：建立县级统计制度、建立县级统计流程和建立县级统计台账。

（一）建立县级教育事业统计制度

刚接手县级教育事业统计工作时，李老师就遇到下面的情况：学校数据汇总上报时间要求为每年的10月15日前，但部分学校直到最后一天（截止时间）才姗姗来报，一间机房挤得满满的，审核的老师根本无法细看学校数据，一些问题就容易遗漏，直到数据汇总后才发现，电话号码位数错了、女生数漏填等问题层出不穷。

问题出在哪？怎么办呢？学校为什么最后一天才来报？是时间给得不够吗？第二年李老师就试着给学校放宽了几天，但学校还是最后几天才扎堆来。看来不是时间的问题，而应该是学校工作态度的问题：或者是学校不够重视这项工作，没有按计划安排好工作；或者是没有县级统计制度，学校表现松散，对学校统计工作的约束力不够。

2014年，李老师召开统计工作布置会时，将学校校长现场签订《教育事业统计工作责任书》纳入重要议程，明确了第一责任人，明确了各项工作任务及完成时间节点，并对学校统计工作人员进行统计流程、台账建立流程等业务培训，开始尝试对县域内的教育事业统计工作进行规范。

李老师开始思考：如果能通过制定一份制度，将责任、分工、流程、时间、任务、方法、奖惩等明确，并有效执行，那么出现的很多问题就能避免。而这份县域教育事业统计制度的建立，首先要明确依法依规统计，做到人、财、物的保障；其次从制度上管理统计的全过程，建立保障机制、监察机制、问责机制、归档机制、发布机制、诚信机制等，从而保障整个县域统计工作能高质量完成。

2016年,省里组织各州市统计专家集中研讨县级和学校级统计工作规程的制定。他与宋老师、赵老师等专家,一起制定了全省统一的《学校级教育事业统计工作规程》和《县级教育事业统计工作规程》,包含了九个方面的内容,并于2017年全省试行。

(二)建立县级教育事业统计流程

每年李老师布置完统计工作,规范了学校的统计工作后,如何做好县级数据的采集、统计、汇总、整理、审核、上报、存档等环节,是不得不面对的难题。首先,县级层面几乎没有专设教育事业统计的部门和人员岗位,工作人员流动性大,工作承接难度大,造成数据质量难以保证;其次,县级数据汇总、审核工作量大,不是一己之力能完成的,需要有足够多的教育事业统计专业人员保障。在几年的县级统计工作中,李老师注意发现做得好的学校统计工作人员,有意识地挖掘培养他们,成为具备县域特点的县级统计专家,建立起县级专家库,每年从中选取人员组成专家组,负责审核学校上报数据,共同完成县级汇总工作,这些专家还可以作为他们周边学校的有力技术支持。有了人才保障,才有了高质量完成县级统计工作的可能性。

李老师明白不仅要有人才的保障,还必须要有科学合理的统计方法。统计方法的科学性可以从统计流程上体现出来,也就是说县级层面要通过科学、规范、有效的统计方法来控制统计全过程,要做到每个统计环节分工明确、责任明确,从而提高数据质量。李老师绘制了包括采集、统计、汇总、整理、审核、上报、存档等环节的"县级教育事业统计流程图",具体操作时可以分为五个步骤。

(三)建立县级教育事业统计台账

2016年5月20日,教育事业统计专家与相关部门专家到县里调研农村留守儿童学生的情况。李老师通过县级统计电子版台账,很快查找出全县的农村留守儿童学生分布情况,再根据学校上报的《班级学生信息台账》电子版台账,查找出了学生信息并制作出名册。由此可见,有了台账的支撑,数据完全可以做到溯本求源。

李老师从学校统计工作经验得出:虽然信息技术的大量运用可以简化统计工作,但数据的真实性、准确性却取决于数据收集及整理的每一个环节,特别是人工操作环节。因此,建立一份严谨的按流程生成的台账,就成为保障数据质量的基础。而台账的基础则是统一规范的台账模板。因此2011年开始,李老师就制作并下发全县统一的统计模板,并根据每年的统计情况,不断地升级和完善。2014年李老师建立的县级教育事业统计档案室,就集中收集和分类整理了纸质和电子版的学校上报台账、系统上报文件、系统导出台账、机构代码台账、综表台账、县级汇总台账等。

七、县级教育事业统计台账资料归档与应用

前面所述李老师查找农村留守儿童信息的案例,就是应用电子版台账的案例。县级电

子版台账同样可以建立县级的"大数据",可以提供给县级各业务部门共享。

另外在县级汇总工作中,往往实际管理的教育行政区划与民政部行政区划不同,造成管辖范围的不同,数据需求也就不同了,统计口径也肯定不同。李老师注意同县级教育主管部门各业务科室的对接,了解他们对统计数据指标、口径等的需求情况,有针对性地采集、汇总、整理出具备地域特点的数据,更利于实际工作中的数据应用。

县级台账资料的归档主要可以采用两种模式:一是分散归档,简单说就是由每个学校准备专柜管理。这种模式较易执行,但缺点也显而易见,主要是统计数据和资料的安全性、规范性、延续性等方面难以保障。二是集中归档,由县级教育局组建教育事业统计专用档案室,进行集中存档管理。这种模式相对而言比较正规,属于档案管理的常用方式。

李老师组建的县级教育事业统计档案室,就属于集中归档模式。他组建的档案室地方不大,是由一间十多平方米的档案室和一间有 45 台电脑的汇总专用机房组成。虽然条件简单,但它却是整个县域数据的坚实基础。

八、小结

学校级教育事业统计工作是教育事业统计工作的基础,是数据之根,是重中之重。抓好了学校级教育事业统计工作,就抓好了教育事业统计工作的基础和根本。如何提高教育事业统计数据质量的问题,最终的落脚点仍然是学校级统计工作。

我国的行政区划主要分为省、市、县、乡四级。教育行政部门可以分为中央教育行政部门和地方教育行政部门两类。地方教育行政部门分为省、市、县三级,它受同级人民政府统一领导,并受上级教育行政部门的领导或者业务指导。县级教育部门是我国最基础的教育行政部门了。县域是教育管理和落实政策最根本的教育行政区域,只有管理好了县级统计,才可能管理好整个教育事业统计。

李老师建立的"三项建立和两个层级"的台账体系,已经给我们指出了一条清晰的道路:学校级统计是整个教育事业统计的数据基础,只有把好源头关,才可能提供真实的数据;科学合理的统计流程和方法是数据准确的保证,通过建成以"制度为保障、流程为方法、台账为依托"的三位一体的结构体系,提高县域统计数据质量是我们的目标。

学校级台账体系搭建过程中,由于基层学校差异性较大,情况较复杂,类型较多,问题也层出不穷。学校在搭建时要注意把握数据真实、客观性原则;要注意结合地域特点和实际情况。以下是搭建中的三点建议:

一是制度先行。就是首先要建立制度,这也是整个教育统计管理体系的难点。有了制度的保障,才便于统计工作的顺利开展。第一,需要领导支持和重视。要让领导清楚教育统计工作的重要性,重视统计方法和流程的科学性,明白统计工作和方法需要进行合理、科学改变的必然性。第二,制度中重点要明确。必须建立规范的台账,必须建立统一的统计流程,必须责任明确、奖惩明确。第三,做好人、财、物的保障工作。

二是整合学校资源。第一，数据资源的整合与管理。以学校为单位建立自己的数据资源库，规范学校的管理体系，各部门资源共享，减少重复工作。第二，培训学校级统计人员。使统计人员认识新建立的统计制度，深入理解"依法统计"，熟悉整个统计流程，做到必须按程序统计。学校统计人员将成为学校的骨干，组织、协调学校的整个统计工作。

三是合理运用信息技术手段提高数据质量。第一，结合实际情况选择技术手段，从简单的模板规范，到开发或引进学校辅助系统，再到开发网络化的上报、审核和汇总系统。第二，信息化手段与台账的有机结合，保证电子版台账和纸质台账的一致性。第三，以提高数据质量并减轻统计工作量为目标。

而作为县级教育事业统计工作者和管理者，应该先分析所在地教育事业统计现状，分析存在的问题，然后才能针对问题寻找解决方法。下面列举了可能存在的一些共性问题：

（1）教育统计的重要性认识不够。

① 法律意识淡薄，不明白什么是依法统计。

② 对教育事业统计工作、教育统计数据的重要性认识不到位。

（2）统计人员保障问题。

① 基层统计几乎无专职人员，兼职性强，流动性大，难以保证延续性。

② 基层统计人员业务水平难以保障和提高。

（3）统计专用设备和经费保障问题。

① 基层单位专用于教育事业统计的计算机设备和存储设备难以保障。

② 基层单位统计经费和数额未形成制度化保障。

（4）基层学校统计流程混乱不规范。

① 只知按时按要求完成工作，不知如何保障数据质量，统计加估计的意识难以剪断。

② 统计工作分工、责任划分不明确，统计人员承包制较普遍。

③ 部门间衔接、时间节点衔接不对应，数出多门，一致性差。

（5）基层学校统计方法、手段科学性不够。

① 手工、半手工统计，出现误差甚至错误的可能性较大。

② 大错不犯，小错不断，总计、其中女、少数民族人数不错，其他不重要。

（6）数据无根，难以溯本求源。

① 教育统计资料管理体系不完善，台账依据不全，数据难以核查。

② 数据存在问题和虚报、瞒报等情况难以核查。

（7）统计可能变成为指标服务的工具。

统计成了为指标服务的工具，应该根据真实的统计情况，来合理制定指标计划，而不是为了数据漂亮去修改统计数据。要通过真实的数据反映出真实的问题，才能寻找解决问题的办法，而不是忽略问题的存在。如果这样，问题将一直存在。

李老师搭建县域台账体系，目的就是为了尽可能解决上述的类似问题，县域台账体系在搭建时就要注意把握数据真实、客观性原则，注意结合县域特点和实际情况来建立制度、建立流程和建立台账，最终解决实际存在的问题。

省厅点评

昆明市西山区教育统计工作案例点评

昆明市教育体育局副局长　方宁

教育事业统计是我国覆盖面最广、战线最长、类型最多的部门统计,也是全世界最为庞大的部门统计。教育统计如何贯彻落实中央深化统计管理体制改革,提高统计数据真实性的工作要求,云南省昆明市西山区教育统计工作案例提供了较好的诠释。

一、西山区教育统计工作案例在实际工作中取得的成效

西山区于2011年开始,对区县级教育统计模式进行探索,形成了以"制度为保障、流程为方法、台账为依托"的三位一体的教育统计结构体系,以下简称"西山模式"。该模式于2014年在昆明市辖区内各县级单位推广运用,于2017年在云南省全省范围内推行运用。从实际工作成效上来看:**一是**建立统计台账,在思想认识上,实现了各级领导和各级各类学校统计人员逐渐由抵触到认同再到认可最后到主动做的思想转变。**二是**建立了学校和区县级教育统计工作流程,规范了采集、整理、上报、存档各个环节的程序和方法,明确了各级的职责和任务,实践性、操作性较强,便于各个环节的工作能落地生根。**三是**建立了学校和区县级教育统计工作制度,能让各级教育统计工作有章可循,便于教育统计工作按制度办、管长远,不因统计人员和领导的变化而变化。**四是**每年学校各部门统计人员只要对上年台账数据进行更新,就可依据台账得出新年度学校小基报表,减轻了学校教育统计工作负担。**五是**通过近五年的实践运用,各级各类学校人、财、物科学化管理水平得到明显提升。

二、西山区教育统计工作案例的意义及价值

一是建立了较为规范的管理制度。俗话说"没有规矩,不成方圆"。规矩就是规章制度,是用来规范教育统计工作的规则和条文,它能保证良好的教育统计工作秩序,是完成教育事业统计工作的重要保证。西山区建立的学校和区县级教育工作规程和教育统计管理制度,是对学校和区县级教育统计工作规律性的再认识。该区明确了学校和区县级在实施年度教育统计工作时,应成立领导小组,加强对教育统计工作的领导,主要职责是协调解决本单位年度教育统计工作重点难点问题,从组织上进行了保障;另外,从完成年度教育统计工作任务进行区分,以时间为横轴,以工作内容为纵轴,逐一进行细化规范,明确了学校和区县级教育统计工作每个环节的目标任务、程序方法、时间规定,并建立了相应的保障机制、监察机制、问责机制、归档机制、发布机制、诚信机制等,从制度上全过程管理教育统计,使学校和区县级教育统计工作从日常工作、常规性工作变为制度化和规范化的工作,从而保障了整个区

县级教育统计工作能高质量、高标准完成,具有较强的实践指导意义。

二是建立了切实可行的工作流程。流程即程序,程序即方法。西山区建立的学校和区县级教育统计工作流程,明确了学校各部门、机关各科室的任务、职责以及完成任务的时间要求,调动了学校和行政部门一切可调动的力量,杜绝了统计人员唱独角戏的统计工作局面。规范了学校和区县级数据采集、整理、汇总、审核、上报、存档等环节的方法,具有五个方面特点:一是分工明确,责任到人;二是任务清晰,流程规范;三是层层把关,环环相扣;四是数据有根,核查有据;五是反哺学校,服务管理。学校和区县级统计工作流程体现了统计方法的科学性和规范性,具有较高的实践指导价值。

三是建立了较为完善的统计台账。建立统计台账,可保障数据有根,可使统计数据溯本求源,这是西山模式的价值核心。西山区对学校和区县级统计台账进行了规范,建立了统一的台账模板,并根据每年指标变化,适时进行更新;同时开发了辅助系统,在保障台账信息准确无误的情况下,可直接由台账信息生成学校小基报表。学校统计人员不需要多少统计业务知识,每年只须负责台账信息的更新、维护和审核即可,较好地解决了学校统计人员变化大、更新快的现实问题。学校的数据更新、维护和审核,西山区也给出较好回答,由学校各部门同步组织、同步实施、共同负责。学校各部门统计人员,根据年度数据变化情况进行更新维护后,报部门负责人进行审核把关,再由学校分管领导进行审核把关,层层落实责任。各部门统计数据汇总到学校综合牵头部门处,由学校综合牵头部门统计人员进行数据整理汇总,如发现问题数据再返回部门进行修改确认,无误后召开学校领导小组会议,对年度数据进行分析确认,经学校领导小组审核后才可上报。统计台账是数据真实性的有力反映,其中,纸质台账是过程反映,是痕迹管理;电子台账是成果反映,是质量数据。纸质台账可归档备查,电子版台账可用于建立学校的数据资料库,提供给学校各部门共享。区县级台账包括纸质和电子版的学校上报台账、系统上报文件、系统导出台账、机构代码台账、综表台账、县级汇总台账等,西山区将这些台账资料进行归类整理,建立了全区统一的教育统计档案室,为整个区域教育统计数据实现资源共享打下了坚实的基础。

三、对未来做好教育事业统计工作的期待

如何做好区县级教育事业统计工作,西山模式是一个较好模式,是经过实践检验过的可落地的模式,值得推广借鉴。真实性和准确性是教育统计数据的价值核心。目前,教育统计的最大缺点就是数出多门,各部门有自己的业务系统,统计的标准和统计的时点又不太统一,教育事业统计是教育系统综合性基础性统计,数据来源又依赖教育系统各业务部门数据。期待创设一个平台,综合管理各业务部门数据,强化各业务系统的日常管理与维护,实现教育系统各业务部门数据共享,提升教育事业统计数据质量。另外,期待建立国家级学校数据采集网络直报系统,开设学校账户,由各级各类学校分终端填报,各级教育行政部门开设端口直接生成教育统计综合报表。这样,各级教育行政部门职能由数据统计转化为数据核查。期待这一天早日到来!

专家点评

同《基于统计台账的教育事业统计工作规范》专家点评。

后 记

党的十八大以来,党和国家高度重视统计工作。党的十八届三中全会审议通过的《中共中央关于全面深化改革若干重大问题的决定》提出推进国家治理体系和治理能力现代化,党的十九大作出完善统计体制的重大部署,习近平总书记等中央领导同志多次对统计工作作出重要讲话和指示批示,党中央、国务院下发一系列关于统计工作的重要文件,作出一系列关于统计改革的重大部署。国家统计整体改革的顶层设计按照新时代要求已初步完成,统计工作迎来了重大战略机遇期和黄金发展期。

2018年,教育部对1986年发布的《教育统计工作暂行规定》进行了修订,以教育部令第44号发布《教育统计管理规定》(以下简称"《规定》"),并于2018年8月1日开始施行。《规定》对教育统计机构和人员、教育统计调查和分析、教育统计资料的管理和公布、教育统计监管等方面进行了明确要求,是教育统计工作的重要遵循文件,标志着我国教育统计工作法治化建设迈上了新台阶,充分体现了更好地服务于教育事业改革发展的需要。

教育统计工作的改革创新,离不开基层统计工作的实践探索。从2017年开始,教育部以专项经费支持开展教育事业统计数据质量核查,组织高水平国家级专家团队赴各地开展数据质量实地核查。工作过程中,专家们发现各地各校在数据采集、台账建设、校验程序开发、档案资料管理等教育统计工作各环节领域形成了很多独特、有效的经验做法,既提高了工作效率,又有效保障了数据质量。为更好地总结、分享和推广基层教育统计工作经验、亮点,鼓励教育事业统计工作改革创新,激发教育事业统计人员的工作热情,持续提升教育事业统计服务水平,专家组建议开展教育事业统计案例征集活动。

教育事业统计案例征集活动历时一年多,获得了各方面的大力支持,历经省级初审、专家盲审、复审和终审等多个环节,最终37篇优秀案例脱颖而出,我们精心遴选其中15篇优秀案例结集成册出版。活动开展过程中,各省教育厅积极组织并完成案例初审,教育统计专家在案例专家盲审、复审、终审中始终秉持公平公正原则,复旦大学管理学院案例中心从确定案例撰写框架到呈现形式给予了专业指导,联合国儿童基金会对征集活动持续给予高度关注和支持,在此,向所有关心、参与和支持征集活动的领导、专家和老师表示衷心感谢!向特别能吃苦、特别能战斗的教育统计队伍致敬!

时间所囿,水平所限,本书难免有疏漏之处,敬请专家学者和教育统计工作者不吝指正。

编 者

2019年5月

图书在版编目(CIP)数据

教育事业统计工作优秀案例. 第一辑/教育部发展规划司,教育部学校规划建设发展中心,复旦大学管理学院编. —上海:复旦大学出版社,2019.11
 ISBN 978-7-309-14371-3

Ⅰ.①教… Ⅱ.①教…②教…③复… Ⅲ.①教育统计-案例-中国 Ⅳ.①G526.6

中国版本图书馆 CIP 数据核字(2019)第 221745 号

教育事业统计工作优秀案例(第一辑)
教育部发展规划司　教育部学校规划建设发展中心　复旦大学管理学院　编
责任编辑/陆俊杰

复旦大学出版社有限公司出版发行
上海市国权路 579 号　邮编:200433
网址:fupnet@ fudanpress.com　http://www.fudanpress.com
门市零售:86-21-65642857　团体订购:86-21-65118853
外埠邮购:86-21-65109143
上海四维数字图文有限公司

开本 787×1092　1/16　印张 15.75　字数 336 千
2019 年 11 月第 1 版第 1 次印刷
印数 1—4100

ISBN 978-7-309-14371-3/G·1983
定价:42.00 元

如有印装质量问题,请向复旦大学出版社有限公司发行部调换。
版权所有　侵权必究